2025 시험대비

소방승진(소방교)

모의고사 정답 및 해설

문항 및 시험시간

승진시험 평가영역	문항수	시간
소방교	75	75분

※ 이 책은 저작권법에 의해 보호를 받는 저작물이므로 무단전재와 복제를 금합니다.
※ 본 교재의 저작권은 이패스코리아에 있습니다.

제1회 모의고사 해설 ·· 2
제2회 모의고사 해설 ·· 16
제3회 모의고사 해설 ·· 30
제4회 모의고사 해설 ·· 43
제5회 모의고사 해설 ·· 56

최단기 소방승진 이패스 소방사관 www.kfs119.co.kr

소방교 소방승진

제1회 모의고사 해설

문 항 수 : 75문항
응시시간 : 75분

과목	01	02	03	04	05	06	07	08	09	10	11	12	13	14	15	16	17	18	19	20	21	22	23	24	25
소방법령 I	②	③	③	①	④	③	②	④	③	①	③	④	④	②	①	②	①	③	③	①	②	④	③	①	④
소방법령 II	④	④	①	①	③	①	③	④	②	①	③	④	③	②	③	①	③	③	①	④	④	②	③	③	①
소방전술	④	④	①	③	③	②	③	③	①	③	①	④	①	④	①	④	②	③	④	③	②	④	①	③	③

소방법령 I (25문항)

01   정답 ②

기본교육훈련	신임교육	· 시보임용이 예정된 사람 · 시보임용된 사람으로서 시보임용 전에 신임교육을 받지 않은 사람	교육훈련기관에서의 교육으로 실시
	관리역량 교육	소방위 계급 (승진후보자를 포함) 소방경 계급 (승진후보자를 포함) 소방령 계급 (승진후보자를 포함)	
	소방정책 관리자교육	소방정 계급 (승진후보자를 포함)	
전문교육훈련		소방령 이하	직장훈련으로 실시. 다만, 직장훈련으로 실시하기 곤란한 경우에는 교육훈련기관에서의 교육으로 실시하되, 교육훈련기관에서의 교육으로도 실시하기 곤란한 경우에는 위탁교육훈련으로 실시
기타교육훈련		모든 계급	직장훈련으로 실시
자기개발 학습		모든 계급	

02   정답 ③

영 제27조의 규정에 의하여 위탁교육훈련을 받고 그와 관련된 직위에 보직된 자는 다음 각호의 기간내에는 소방공무원교육훈련기관의 교관 또는 당해교육훈련내용과 관련되는 직위외의 직위로 전보할 수 없다(소방공무원임용령 시행규칙 제20조 제2항).
1. 교육훈련기간이 6월 이상 1년 미만인 경우에는 2년
2. 교육훈련기간이 1년 이상인 경우에는 3년

03   정답 ③

③ (×) 임용권자 또는 임용제청권자는 시보임용소방공무원 또는 시보임용예정자에 대하여 소방학교 또는 각급 공무원교육원 기타 소방기관에 위탁하여 일정한 기간 직무수행에 필요한 교육훈련(실무수습을 포함한다)을 시킬 수 있다(소방공무원임용령 제24조 제1항). 제1항의 규정에 의하여 교육을 받는 시보임용예정자에 대하여는 예산의 범위안에서 임용예정계급의 1호봉에 해당하는 봉급의 80퍼센트에 상당하는 금액 등을 지급할 수 있다(제3항).

04   정답 ①

① (×) 강등은 1계급 아래로 직급을 내리고(고위공무원단에 속하는 공무원은 3급으로 임용하고, 연구관 및 지도관은 연구사 및 지도사로 한다) 공무원신분은 보유하나 3개월간 직무에 종사하지 못하며 그 기간 중 보수는 전액을 감한다(국가공무원법 제80조 제1항).

05   정답 ④

① (×) 선발예정인원의 3배수 범위이다(소방공무원임용령 제46조 제1항).
② (×) 공고내용을 변경하고자 할 때에는 시험실시 7일전까지 그 변경 내용을 공고하여야 한다(제35조 제2항).
③ (×) 소방사 채용시험의 출제수준은 소방업무수행에 필요한 기본적인 능력·지식을 검정할 수 있는 정도로 한다(제45조).

06   정답 ③

③ (×) 징계에 관하여 소방공무원과 다른 법령의 적용을 받는 공무원이 소방공무원으로 임용된 경우, 종전의 신분에서 강등의 징계처분을 받고 그 처분 종료일부터 18개월이 지나지 않은 사람과 근신·군기교육이나 그 밖에 이와 유사한 징계처분을 받고 그 처분 종료일부터 6개월이 지나지 않은 사람(소방공무원 승진임용 규정 제6조 제1항 제3호)

07 정답 ②

② (×) 임용권자 또는 임용제청권자는 시간선택제전환소방공무원을 지정한 경우에는 그 공무원의 남은 근무시간의 범위에서 「공무원임용령」에 따른 시간선택제임기제공무원을 채용할 수 있다(소방공무원 임용령 제30조의3 제3항).

08 정답 ④

④ (×) 공무원의 자해행위가 원인이 되어 부상·질병·장해를 입거나 사망한 경우 공무상 재해로 보지 아니한다. 다만, 그 자해행위가 공무와 관련한 사유로 정상적인 인식능력 등이 뚜렷하게 저하된 상태에서 한 행위로서 대통령령으로 정하는 사유가 있으면 공무상 재해로 본다(공무상 재해보상법 제4조).

09 정답 ③

③ (×) 소방공무원 복무규정 제9조의2(복무점검 등) ② 소방청장은 소방기관(소방청은 제외한다. 이하 이 조에서 같다)에 대하여 제1항에 따른 복무점검 또는 조치의 적정성을 확인하기 위해 필요한 자료의 제출을 요구할 수 있다. 다만, 소방청장은 필요하다고 인정되는 경우에는 직접 복무점검을 하거나 의무 위반행위를 조사할 수 있다. ③ 소방청장은 제2항 단서에 따라 복무점검을 하거나 의무 위반행위를 조사한 경우에는 그 결과를 해당 소방기관의 장에게 통보해야 한다.

10 정답 ①

① 박사학위 취득 - 0.5점
② 2급 컴퓨터활용능력 자격 취득 - 0.3점
③ 자체 우수제안 우수상 수여 - 0.3점
④ 소형선박조종사 자격 취득 - 0.2점

11 정답 ③

③ (×) 징계위원회는 제2항의 기피신청이 있는 때에는 재적위원 과반수의 출석과 출석위원 과반수의 찬성으로 기피 여부를 의결하여야 한다. 이 경우 기피신청을 받은 위원은 그 의결에 참여하지 못한다(소방공무원 징계령 제15조 제3항).

12 정답 ④

④ (×) 「소방공무원 교육훈련규정」 제17조에 따른 수료요건 또는 졸업요건을 갖추지 못한 사람에 대한 교육훈련성적은 평정하지 않는다(소방공무원 승진임용 규정 제10조 제3항).

13 정답 ④

보직 없이 근무하게 할 수 있는 경우를 말한다(소방공무원임용령 제25조 제1항). ①은 6개월이 아니라 2개월이고, ②는 1개월이 아니라 2주이며, ③은 3주가 아니라 2주이다.

14 정답 ②

② (×) 다음 각 호의 소방공무원을 근속승진임용하는 경우에는 해당 각 호의 구분에 따른 기간을 근속승진 기간에서 단축할 수 있다(소방공무원 승진임용 규정 제6조의2 제2항).

1. 「공무원임용령」 제48조 제1항 제1호(註: 인사혁신처장이 인력의 균형 있는 배치와 효율적인 활용, 행정기관 상호간의 협조체제 증진, 국가정책 수립과 집행의 연계성 확보 및 공무원의 종합적 능력발전 기회 부여 등을 위하여 필요한 경우 수립·실시)에 따른 인사교류 기간 중에 있거나 인사교류 경력이 있는 소방공무원 : 인사교류 기간의 2분의 1에 해당하는 기간
2. 국정과제 등 주요 업무의 추진실적이 우수한 소방공무원이나 적극행정 수행 태도가 돋보인 소방공무원 : 1년

15 정답 ①

다음 각 호의 어느 하나에 해당하는 경우 그 적부(適否)를 심사하게 하기 위하여 임용권자 또는 임용제청권자 소속으로 임용심사위원회를 둔다(소방공무원 임용령 제22조의2 제1항).

1. 제21조 제5호의 사유(* 채용후보자로서 품위를 크게 손상하는 행위를 함으로써 소방공무원으로서의 직무를 수행하기 곤란하다고 인정되는 경우)로 채용후보자 자격상실 여부를 결정하려는 경우
2. 시보임용소방공무원을 정규소방공무원으로 임용 또는 임용 제청하려는 경우
3. 시보임용소방공무원을 면직 또는 면직 제청하려는 경우

16 정답 ②

시·도 소방본부장 또는 소방서장 직위에 임용된 소방공무원이 해당 직위에 2년 이상 근무한 경우에는 다른 직위로 전보해야 한다. 다만, 인사 운영상 필요한 경우에는 제외한다(소방공무원임용령 시행규칙 제19조의2 제1항). 제1항에도 불구하고 임용권자 또는 임용제청권자는 소방여건과 정기인사 주기 등을 고려하여 1년의 범위에서 전보시기를 조정할 수 있다(제3항).
임용권자는 소속 소방공무원을 연속하여 3회 이상 소방서장으로 보직해서는 안 된다. 다만, 인사 운영상 필요한 경우에는 제외한다(제2항).

17 정답 ①

① (×) 소방공무원의 채용시험에 응시하고자 하는 자는 최종시험 예정일이 속한 연도에 영 별표 2의 응시연령에 해당하여야 한다. 다만, 영 별표 2의 응시상한연령을 1세 초과하는 자로서 1월 1일 출생자는 응시할 수 있다(소방공무원임용령 시행규칙 제23조 제6항).

18 정답 ③

③ (×) 〈순직한 사람을 특별승진임용하는 경우〉 재직 중 사망한 경우는 사망일의 전날, 퇴직 후 사망한 경우는 퇴직일의 전날을 임용일자로 한다(소방공무원임용령 제5조).

19 정답 ③

강등은 9년, 정직은 7년, 감봉은 5년, 견책은 3년이다(소방공무원임용령 시행규칙 제14조의2 제1항).

20 정답 ①

① (×) 소방공무원이 휴직, 직위해제나 그 밖의 사유로 근무성적평정 대상기간 중 실제 근무기간이 1개월 미만인 경우에는 근무평정을 하지 아니한다(소방공무원 승진임용 규정 제8조 제1항).

21 정답 ②

② (×) 6개월이 아니라 1년 이상이다. 1년 이상 파견인 경우 별도 정원이 인정되는 사유는 다음과 같다.

〈소방공무원임용령 제30조 제1항의 파견사유〉
1. 다른 국가기관 또는 지방자치단체나 그 외의 기관·단체에서 국가적 사업을 수행하기 위하여 특히 필요한 경우
2. 다른 기관의 업무폭주로 인한 행정지원의 경우
3. 관련 기관간의 긴밀한 협조가 필요한 특수업무를 공동수행하기 위하여 필요한 경우
4. (제외)
5. 「공무원 인재개발법」에 따른 공무원교육훈련기관의 교수요원으로 선발되거나 그 밖에 교육훈련 관련 업무수행을 위하여 필요한 경우
6. 국제기구, 외국의 정부 또는 연구기관에서의 업무수행 및 능력개발을 위하여 필요한 경우
7. 국내의 연구기관, 민간기관 및 단체에서의 업무수행·능력개발이나 국가정책 수립과 관련된 자료수집 등을 위하여 필요한 경우

22 정답 ④

① (×) 국외 유학을 하게 되어 휴직한 경우에 그 휴직 기간의 50퍼센트에 해당하는 기간
② (×) '파면·해임·강등 또는 정직에 해당하는 징계 의결이 요구 중인 자'에 해당하여 직위해제처분을 받은 사람의 처분 사유가 된 징계처분이 소청심사위원회의 결정 또는 법원의 판결에 따라 무효 또는 취소로 확정된 경우(징계의결 요구에 대하여 관할 징계위원회가 징계하지 아니하기로 의결한 경우를 포함)
③ (×) 검사가 불기소를 한 경우에도, 소방청장 등이 「소방공무원 징계령」 제9조에 따른 징계의결 요구를 하지 않기로 한 경우 등 다른 요건을 충족해야 한다.

23 정답 ③

③ (×) ① 및 ②를 제외한 평정점이 없는 평정단위기간이 있는 경우 : 평정점이 없는 평정단위기간의 직전 및 직후에 평정한 평정단위기간평정점의 평균점(소방공무원 승진임용 규정 시행규칙 제19조 제4항)

24 정답 ①

■ 청원휴직의 사유 및 휴직기간

휴직사유	휴직기간
1. 국제기구, 외국 기관, 국내외의 대학·연구기관, 다른 국가기관 또는 대통령령으로 정하는 민간기업, 그 밖의 기관에 임시로 채용될 때	그 채용 기간. 다만, 민간기업이나 그 밖의 기관에 채용되면 3년 이내
2. 국외 유학을 하게 된 때	3년 이내로 하되, 부득이한 경우에는 2년의 범위에서 연장 가능
3. 중앙인사관장기관의 장이 지정하는 연구기관이나 교육기관 등에서 연수하게 된 때	2년 이내
4. 8세 이하 또는 초등학교 2학년 이하의 자녀를 양육하기 위하여 필요하거나 여성공무원이 임신 또는 출산하게 된 때	자녀 1명에 대하여 3년 이내
5. 부모, 부모(배우자의 부모를 포함), 배우자, 자녀 또는 손자녀를 부양하거나 돌보기 위하여 필요한 경우(다만, 조부모나 손자녀의 돌봄을 위하여 휴직할 수 있는 경우는 본인 외에 돌볼 사람이 없는 등 대통령령등으로 정하는 요건을 갖춘 경우로 한정)	1년 이내로 하되, 재직 기간 중 총 3년을 넘을 수 없음
6. 외국에서 근무·유학 또는 연수하게 되는 배우자를 동반하게 된 때	3년 이내로 하되, 부득이한 경우에는 2년의 범위에서 연장할 수 있다.

7. 대통령령등으로 정하는 기간 (* 5년 이상) 동안 재직한 공무원이 직무 관련 연구과제 수행 또는 자기개발을 위하여 학습·연구 등을 하게 된 때	1년 이내

25 정답 ④

④ (×) 2분의 1이 아니라 3분의 1이내이다(소방공무원임용령 제15조 제9항).

소방법령 II (25문항)

01 정답 ④

소방기본법 제25조(강제처분 등)
① 소방본부장, 소방서장 또는 소방대장은 사람을 구출하거나 불이 번지는 것을 막기 위하여 필요할 때에는 화재가 발생하거나 불이 번질 우려가 있는 소방대상물 및 토지를 일시적으로 사용하거나 그 사용의 제한 또는 소방활동에 필요한 처분을 할 수 있다.
② 소방본부장, 소방서장 또는 소방대장은 사람을 구출하거나 불이 번지는 것을 막기 위하여 긴급하다고 인정할 때에는 제1항에 따른 소방대상물 또는 토지 외의 소방대상물과 토지에 대하여 제1항에 따른 처분을 할 수 있다.
③ 소방본부장, 소방서장 또는 소방대장은 소방활동을 위하여 긴급하게 출동할 때에는 소방자동차의 통행과 소방활동에 방해가 되는 주차 또는 정차된 차량 및 물건 등을 제거하거나 이동시킬 수 있다.
④ 소방본부장, 소방서장 또는 소방대장은 제3항에 따른 소방활동에 방해가 되는 주차 또는 정차된 차량의 제거나 이동을 위하여 관할 지방자치단체 등 관련 기관에 견인차량과 인력 등에 대한 지원을 요청할 수 있고, 요청을 받은 관련 기관의 장은 정당한 사유가 없으면 이에 협조하여야 한다.
⑤ 시·도지사는 제4항에 따라 견인차량과 인력 등을 지원한 자에게 시·도의 조례로 정하는 바에 따라 비용을 지급할 수 있다.

02 정답 ④

소방기본법 제19조(화재 등의 통지)
① 화재 현장 또는 구조·구급이 필요한 사고 현장을 발견한 사람은 그 현장의 상황을 소방본부, 소방서 또는 관계 행정기관에 지체 없이 알려야 한다.
② 다음 각 호의 어느 하나에 해당하는 지역 또는 장소에서 화재로 오인할 만한 우려가 있는 불을 피우거나 연막(煙幕) 소독을 하려는 자는 시·도의 조례로 정하는 바에 따라 관할 소방본부장 또는 소방서장에게 신고하여야 한다.
  1. 시장지역
  2. 공장·창고가 밀집한 지역
  3. 목조건물이 밀집한 지역
  4. 위험물의 저장 및 처리시설이 밀집한 지역
  5. 석유화학제품을 생산하는 공장이 있는 지역
  6. 그 밖에 시·도의 조례로 정하는 지역 또는 장소

제57조(과태료)
① 제19조 제2항에 따른 신고를 하지 아니하여 소방자동차를 출동하게 한 자에게는 20만원 이하의 과태료를 부과한다.

03 정답 ①

소방기본법 제16조의4(소방자동차의 보험 가입 등)
① 시·도지사는 소방자동차의 공무상 운행 중 교통사고가 발생한 경우 그 운전자의 법률상 분쟁에 소요되는 비용을 지원할 수 있는 보험에 가입하여야 한다.
② 국가는 제1항에 따른 보험 가입비용의 일부를 지원할 수 있다.

04 정답 ①

① (×) 소방안전교육훈련의 대상은 어린이집의 영유아, 유치원의 유아, 학교의 학생, 장애인복지시설에 거주하거나 해당 시설을 이용하는 장애인이다.
② (○), ③ (○), ④ (○) 소방안전교육훈련의 시설, 장비, 강사자격 및 교육방법 등의 기준 (소방기본법 시행규칙 [별표 3의3])

05 정답 ③

「소방기본법 시행규칙」 제4조의2(소방체험관의 설립 및 운영)
① 법 제5조제1항에 따라 설립된 소방체험관(이하 "소방체험관"이라 한다)은 다음 각 호의 기능을 수행한다.
  1. 재난 및 안전사고 유형에 따른 예방, 대처, 대응 등에 관한 체험교육(이하 "체험교육"이라 한다)의 제공
  2. 체험교육 프로그램의 개발 및 국민 안전의식 향상을 위한 홍보·전시
  3. 체험교육 인력의 양성 및 유관기관·단체 등과의 협력
  4. 그 밖에 체험교육을 위하여 시·도지사가 필요하다고 인정하는 사업의 수행
② 법 제5조제2항에서 "행정안전부령으로 정하는 기준"이란 별표 1에 따른 기준을 말한다.

분야	체험실
생활안전	전기안전 체험실, 가스안전 체험실, 작업안전 체험실, 여가활동 체험실, 노인안전 체험실
교통안전	버스안전 체험실, 이륜차안전 체험실, 지하철안전 체험실
자연재난안전	생물권 재난안전 체험실(조류독감, 구제역 등)
사회기반안전	화생방·민방위안전 체험실, 환경안전 체험실, 에너지·정보통신안전 체험실, 사이버안전 체험실
범죄안전	미아안전 체험실, 유괴안전 체험실, 폭력안전 체험실, 성폭력안전 체험실, 사기범죄 안전 체험실
보건안전	중독안전 체험실(게임·인터넷, 흡연 등), 감염병안전 체험실, 식품안전 체험실, 자살방지 체험실
기타	시·도지사가 필요하다고 인정하는 체험실

06 정답 ①

「소방기본법」 제6조(소방업무에 관한 종합계획의 수립·시행 등)
① 소방청장은 화재, 재난·재해, 그 밖의 위급한 상황으로부터 국민의 생명·신체 및 재산을 보호하기 위하여 소방업무에 관한 종합계획(이하 이 조에서 "종합계획"이라 한다)을 5년마다 수립·시행하여야 하고, 이에 필요한 재원을 확보하도록 노력하여야 한다.

「소방기본법 시행령」 제1조의3(소방업무에 관한 종합계획 및 세부계획의 수립·시행)
① 소방청장은 법 제6조제1항에 따른 소방업무에 관한 종합계획을 관계 중앙행정기관의 장과의 협의를 거쳐 계획 시행 전년도 10월 31일까지 수립해야 한다.
② 법 제6조제2항제7호에서 "대통령령으로 정하는 사항"이란 다음 각 호의 사항을 말한다.
  1. 재난·재해 환경 변화에 따른 소방업무에 필요한 대응 체계 마련
  2. 장애인, 노인, 임산부, 영유아 및 어린이 등 이동이 어려운 사람을 대상으로 한 소방활동에 필요한 조치
③ 특별시장·광역시장·특별자치시장·도지사 또는 특별자치도지사(이하 "시·도지사"라 한다)는 법 제6조제4항에 따른 종합계획의 시행에 필요한 세부계획을 계획 시행 전년도 12월 31일까지 수립하여 소방청장에게 제출하여야 한다.

07 정답 ③

「소방기본법」 제52조(벌칙) 다음 각 호의 어느 하나에 해당하는 자는 300만원 이하의 벌금에 처한다.
  1. 제25조제2항(* 제1항 이외의 소방대상물 및 토지의 일시적 사용 또는 사용제한) 및 제3항(* 소방활동에 방해가 되는 주차 또는 정차된 차량 및 물건 등의 제거 또는 이동)에 따른 처분을 방해한 자 또는 정당한 사유 없이 그 처분에 따르지 아니한 자

「소방기본법」 제54조(벌칙) 다음 각 호의 어느 하나에 해당하는 자는 100만원 이하의 벌금에 처한다.
1. 삭제 〈2021. 11. 30.〉
1의2. 제16조의3(* 생활안전활동) 제2항을 위반하여 정당한 사유 없이 소방대의 생활안전활동을 방해한 자
2. 제20조제1항을 위반하여 정당한 사유 없이 소방대가 현장에 도착할 때까지 사람을 구출하는 조치 또는 불을 끄거나 불이 번지지 아니하도록 하는 조치를 하지 아니한 사람
3. 제26조제1항(* 화재, 재난·재해, 그 밖의 위급한 상황이 발생하여 사람의 생명을 위험하게 할 것으로 인정할 때에는 일정한 구역을 지정하여 그 구역에 있는 사람에게 그 구역 밖으로 피난할 것을 명령)에 따른 피난 명령을 위반한 사람
4. 제27조제1항을 위반하여 정당한 사유 없이 물의 사용이나 수도의 개폐장치의 사용 또는 조작을 하지 못하게 하거나 방해한 자
5. 제27조제2항(* 가스·전기 또는 유류 등의 시설에 대하여 위험물질의 공급을 차단)에 따른 조치를 정당한 사유 없이 방해한 자

08 정답 ④

「소방기본법」 제21조의2(소방자동차 전용구역 등)
① 「건축법」 제2조제2항제2호에 따른 공동주택 중 대통령령으로 정하는 공동주택의 건축주는 제16조제1항에 따른 소방활동의 원활한 수행을 위하여 공동주택에 소방자동차 전용구역(이하 "전용구역"이라 한다)을 설치하여야 한다.

> 「소방기본법 시행령」 제7조의12(소방자동차 전용구역 설치 대상)
> 법 제21조의2제1항에서 "대통령령으로 정하는 공동주택"이란 다음 각 호의 주택을 말한다. 다만, 하나의 대지에 하나의 동(棟)으로 구성되고 「도로교통법」 제32조 또는 제33조에 따라 정차 또는 주차가 금지된 편도 2차선 이상의 도로에 직접 접하여 소방자동차가 도로에서 직접 소방활동이 가능한 공동주택은 제외한다.
> 1. 「건축법 시행령」 별표 1 제2호가목의 아파트 중 세대수가 100세대 이상인 아파트
> 2. 「건축법 시행령」 별표 1 제2호라목의 기숙사 중 3층 이상의 기숙사

09 정답 ②

「소방기본법」 제21조의3(소방자동차 교통안전 분석 시스템 구축·운영)
① 소방청장 또는 소방본부장은 대통령령으로 정하는 소방자동차에 행정안전부령으로 정하는 기준에 적합한 운행기록장치(이하 이 조에서 "운행기록장치"라 한다)를 장착하고 운용하여야 한다.
② 소방청장은 소방자동차의 안전한 운행 및 교통사고 예방을 위하여 운행기록장치 데이터의 수집·저장·통합·분석 등의 업무를 전자적으로 처리하기 위한 시스템(이하 이 조에서 "소방자동차 교통안전 분석 시스템"이라 한다)을 구축·운영할 수 있다.
③ 소방청장, 소방본부장 및 소방서장은 소방자동차 교통안전 분석 시스템으로 처리된 자료(이하 이 조에서 "전산자료"라 한다)를 이용하여 소방자동차의 장비운용자 등에게 어떠한 불리한 제재나 처벌을 하여서는 아니 된다.
④ 소방자동차 교통안전 분석 시스템의 구축·운영, 운행기록장치 데이터 및 전산자료의 보관·활용 등에 필요한 사항은 행정안전부령으로 정한다.

10 정답 ①

「소방기본법 시행령」 제8조(소방활동구역의 출입자)
법 제23조제1항에서 "대통령령으로 정하는 사람"이란 다음 각 호의 사람을 말한다.
1. 소방활동구역 안에 있는 소방대상물의 소유자·관리자 또는 점유자
2. 전기·가스·수도·통신·교통의 업무에 종사하는 사람으로서 원활한 소방활동을 위하여 필요한 사람
3. 의사·간호사 그 밖의 구조·구급업무에 종사하는 사람
4. 취재인력 등 보도업무에 종사하는 사람
5. 수사업무에 종사하는 사람
6. 그 밖에 소방대장이 소방활동을 위하여 출입을 허가한 사람

11 정답 ③

「소방기본법」 제3조(소방기관의 설치 등)
① 시·도의 화재 예방·경계·진압 및 조사, 소방안전교육·홍보와 화재, 재난·재해, 그 밖의 위급한 상황에서의 구조·구급 등의 업무(이하 "소방업무"라 한다)를 수행하는 소방기관의 설치에 필요한 사항은 대통령령으로 정한다.
② 소방업무를 수행하는 소방본부장 또는 소방서장은 그 소재지를 관할하는 특별시장·광역시장·특별자치시장·도지사 또는 특별자치도지사(이하 "시·도지사"라 한다)의 지휘와 감독을 받는다.
③ 제2항에도 불구하고 소방청장은 화재 예방 및 대형 재난 등 필요한 경우 시·도 소방본부장 및 소방서장을 지휘·감독할 수 있다.
④ 시·도에서 소방업무를 수행하기 위하여 시·도지사 직속으로 소방본부를 둔다.

12 정답 ④

「소방기본법」 제4조(119종합상황실의 설치와 운영)
① 소방청장, 소방본부장 및 소방서장은 화재, 재난·재해, 그 밖에 구조·구급이 필요한 상황이 발생하였을 때에 신속한 소방활동(소방업무를 위한 모든 활동을 말한다. 이하 같다)을 위한 정보의 수집·분석과 판단·전파, 상황관리, 현장 지휘 및 조정·통제 등의 업무를 수행하기 위하여 119종합상황실을 설치·운영하여야 한다.

13 정답 ③

특수가연물 (화재예방법 시행령 [별표 2])

품명		수량
면화류		200킬로그램 이상
나무껍질 및 대팻밥		400킬로그램 이상
넝마 및 종이부스러기		1,000킬로그램 이상
사류(絲類)		1,000킬로그램 이상
볏짚류		1,000킬로그램 이상
가연성 고체류		3,000킬로그램 이상
석탄·목탄류		10,000킬로그램 이상
가연성 액체류		2세제곱미터 이상
목재가공품 및 나무부스러기		10세제곱미터 이상
고무류·플라스틱류	발포시킨 것	20세제곱미터 이상
	그 밖의 것	3,000킬로그램 이상

14 정답 ②

특급 소방안전관리대상물의 범위 (화재예방법 시행령 [별표 4])
「소방시설 설치 및 관리에 관한 법률 시행령」 [별표 2]의 특정소방대상물 중 다음의 어느 하나에 해당하는 것
1) 50층 이상(지하층은 제외)이거나 지상으로부터 높이가 200미터 이상인 아파트

2) 30층 이상(지하층을 포함)이거나 지상으로부터 높이가 120미터 이상인 특정소방대상물(아파트는 제외)
3) 2)에 해당하지 않는 특정소방대상물로서 연면적이 10만제곱미터 이상인 특정소방대상물(아파트는 제외)

15 정답 ③

화재예방법 제37조(소방안전관리대상물 근무자 및 거주자 등에 대한 소방훈련 등)
④ 소방본부장 또는 소방서장은 소방안전관리대상물 중 불특정 다수인이 이용하는 대통령령으로 정하는 특정소방대상물의 근무자등에게 불시에 소방훈련과 교육을 실시할 수 있다. 이 경우 소방본부장 또는 소방서장은 그 특정소방대상물 근무자등의 불편을 최소화하고 안전 등을 확보하는 대책을 마련하여야 하며, 소방훈련과 교육의 내용, 방법 및 절차 등은 행정안전부령으로 정하는 바에 따라 관계인에게 사전에 통지하여야 한다.

시행령 제39조(불시 소방훈련·교육의 대상)
법 제37조 제4항에서 "대통령령으로 정하는 특정소방대상물"이란 소방안전관리대상물 중 다음 각 호의 특정소방대상물을 말한다.
1. 「소방시설 설치 및 관리에 관한 법률 시행령」 별표 2 제7호에 따른 의료시설
2. 「소방시설 설치 및 관리에 관한 법률 시행령」 별표 2 제8호에 따른 교육연구시설
3. 「소방시설 설치 및 관리에 관한 법률 시행령」 별표 2 제9호에 따른 노유자 시설
4. 그 밖에 화재 발생 시 불특정 다수의 인명피해가 예상되어 소방본부장 또는 소방서장이 소방훈련·교육이 필요하다고 인정하는 특정소방대상물

16 정답 ①

화재예방법 시행령 제24조(화재안전취약자 지원 대상 및 방법 등)
① 법 제23조 제1항에 따른 어린이, 노인, 장애인 등 화재의 예방 및 안전관리에 취약한 자(이하 "화재안전취약자"라 한다)에 대한 지원의 대상은 다음 각 호와 같다.
 1. 「국민기초생활 보장법」 제2조 제2호에 따른 수급자
 2. 「장애인복지법」 제6조에 따른 중증장애인
 3. 「한부모가족지원법」 제5조에 따른 지원대상자
 4. 「노인복지법」 제27조의2에 따른 홀로 사는 노인
 5. 「다문화가족지원법」 제2조 제1호에 따른 다문화가족의 구성원
 6. 그 밖에 화재안전에 취약하다고 소방관서장이 인정하는 사람

17 정답 ③

소방안전관리자 자격시험에 응시할 수 있는 사람의 자격 (화재예방법 시행령 [별표 6])
2. 1급 소방안전관리자
 가. 대학 또는 고등학교에서 소방안전관리학과를 전공하고 졸업한 사람(법령에 따라 이와 같은 수준의 학력이 있다고 인정되는 사람을 포함)으로서 해당 학과를 졸업한 후 2년 이상 2급 소방안전관리대상물 또는 3급 소방안전관리대상물의 소방안전관리자로 근무한 실무경력이 있는 사람
 나. 다음의 어느 하나에 해당하는 요건을 갖춘 후 3년 이상 2급 소방안전관리대상물 또는 3급 소방안전관리대상물의 소방안전관리자로 근무한 실무경력이 있는 사람
  1) 대학 또는 고등학교에서 소방안전 관련 교과목을 12학점 이상 이수하고 졸업한 사람
  2) 법령에 따라 1)에 해당하는 사람과 같은 수준의 학력이 있다고 인정되는 사람으로서 해당 학력 취득 과정에서 소방안전 관련 교과목을 12학점 이상 이수한 사람
  3) 대학 또는 고등학교에서 소방안전 관련 학과를 전공하고 졸업한 사람(법령에 따라 이와 같은 수준의 학력이 있다고 인정되는 사람을 포함)
 다. 소방행정학(소방학 및 소방방재학을 포함) 또는 소방안전공학(소방방재공학 및 안전공학을 포함) 분야에서 석사 이상 학위를 취득한 사람
 라. 5년 이상 2급 소방안전관리대상물의 소방안전관리자로 근무한 실무경력이 있는 사람
 마. 법 제34조 제1항 제1호에 따른 강습교육 중 이 영 제33조 제1호 및 제2호에 해당하는 사람을 대상으로 하는 강습교육을 수료한 사람
 바. 2급 소방안전관리대상물의 소방안전관리자로 선임될 수 있는 자격을 갖춘 후 특급 또는 1급 소방안전관리대상물의 소방안전관리보조자로 5년 이상 근무한 실무경력이 있는 사람
 사. 2급 소방안전관리대상물의 소방안전관리자로 선임될 수 있는 자격을 갖춘 후 2급 소방안전관리대상물의 소방안전관리보조자로 7년 이상 근무한 실무경력(특급 또는 1급 소방안전관리대상물의 소방안전관리보조자로 근무한 실무경력이 있는 경우에는 이를 포함하여 합산한다)이 있는 사람
 아. 산업안전기사 또는 산업안전산업기사의 자격을 취득한 후 2년 이상 2급 소방안전관리대상물 또는 3급 소방안전관리대상물의 소방안전관리자로 근무한 실무경력이 있는 사람
 자. 제1호에 따라 특급 소방안전관리대상물의 소방안전관리자 시험응시 자격이 인정되는 사람

18 정답 ③

「화재의 예방 및 안전관리에 관한 법률」 제2조(정의)
① 이 법에서 사용하는 용어의 뜻은 다음과 같다.
 3. "화재안전조사"란 소방청장, 소방본부장 또는 소방서장(이하 "소방관서장"이라 한다)이 소방대상물, 관계지역 또는 관계인에 대하여 소방시설등(「소방시설 설치 및 관리에 관한 법률」 제2조제1항제2호에 따른 소방시설등을 말한다. 이하 같다)이 소방 관계 법령에 적합하게 설치·관리되고 있는지, 소방대상물에 화재의 발생 위험이 있는지 등을 확인하기 위하여 실시하는 현장조사·문서열람·보고요구 등을 하는 활동을 말한다.

19 정답 ①

① (○) "성능위주설계"란 건축물 등의 재료, 공간, 이용자, 화재 특성 등을 종합적으로 고려하여 공학적 방법으로 화재 위험성을 평가하고 그 결과에 따라 화재안전성능이 확보될 수 있도록 특정소방대상물을 설계하는 것을 말한다.
② (×) "화재안전성능"이란 **화재를 예방**하고 **화재발생 시 피해를 최소화**하기 위하여 소방대상물의 재료, 공간 및 설비 등에 요구되는 안전성능을 말한다.
③ (×) "소방용품"이란 **소방시설등**을 구성하거나 소방용으로 사용되는 제품 또는 기기로서 대통령령으로 정하는 것을 말한다.
④ (×) "특정소방대상물"이란 건축물 등의 규모·용도 및 수용인원 등을 고려하여 소방시설을 설치하여야 하는 소방대상물로서 **대통령령**으로 정하는 것을 말한다.

20 정답 ④

① (×) **소방시설법 제22조(소방시설등의 자체점검)** ① 특정소방대상물의 관계인은 그 대상물에 설치되어 있는 소방시설등이 이 법이나 이 법에 따른 명령 등에 적합하게 설치·관리되고 있는지에 대하여 다음 각 호의 구분에 따른 기간 내에 스스로 점검하거나 제34조에 따른 점검능력 평가를 받은 관리업자 또는 행정안전부령으로 정하는 기술자격자(이하 "관리업자등"이라 한다)로 하여금 정기적으로 점검(이하 "자체점검"이라 한다)하게 하여야 한다. 이 경우 관리업자등이 점검한 경우에는 그 점검 결과를 행정안전부령으로 정하는 바에 따라 관계인에게 제출하여야 한다.
  1. 해당 특정소방대상물의 소방시설등이 신설된 경우: 「건축법」 제22조에 따라 건축물을 사용할 수 있게 된 날부터 **60일**
  2. 제1호 외의 경우: 행정안전부령으로 정하는 기간
② (×) **법 제22조(소방시설등의 자체점검)** ② 자체점검의 구분 및 대상, 점검인력의 배치기준, 점검자의 자격, 점검 장비, 점검 방법 및 횟수 등 자체점검 시 준수하여야 할 사항은 **행정안전부령**으로 정한다.
③ (×) **법 제23조(소방시설등의 자체점검 결과의 조치 등)** ③ 특정소방대상물의 관계인은 제22조제1항에 따라 자체점검을 한 경우에는 그 점검 결과를 행정안전부령으로 정하는 바에 따라 소방시설등에 대한 수리·교체·정비에 관한 이행계획(중대위반사항에 대한 조치사항을 포함)을 첨부하여 **소방본부장 또는 소방서장**에게 보고하여야 한다. (이하 생략)
④ (○) **법 제22조(소방시설등의 자체점검)** ⑥ 관계인은 천재지변이나 그 밖에 대통령령으로 정하는 사유로 자체점검을 실시하기 곤란한 경우에는 대통령령으로 정하는 바에 따라 **소방본부장 또는 소방서장**에게 면제 또는 연기 신청을 할 수 있다. (이하 생략)

21 정답 ④

소방시설법 제18조(소방기술심의위원회)
① 다음 각 호의 사항을 심의하기 위하여 <u>소방청</u>에 <u>중앙소방기술심의위원회</u>(이하 "중앙위원회"라 한다)를 둔다.
  1. 화재안전기준에 관한 사항
  2. 소방시설의 구조 및 원리 등에서 공법이 특수한 설계 및 시공에 관한 사항
  3. **소방시설의 설계 및 공사감리의 방법**에 관한 사항
  4. **소방시설공사의 하자를 판단하는 기준**에 관한 사항
  5. 제8조 제5항 단서에 따라 신기술·신공법 등 검토·평가에 고도의 기술이 필요한 경우로서 중앙위원회에 심의를 요청한 사항
  6. 그 밖에 소방기술 등에 관하여 대통령령으로 정하는 사항
② 다음 각 호의 사항을 심의하기 위하여 **시·도**에 <u>지방소방기술심의위원회</u>(이하 "지방위원회"라 한다)를 둔다.
  1. <u>소방시설에 **하자가 있는지의 판단**에 관한 사항</u>
  2. 그 밖에 소방기술 등에 관하여 대통령령으로 정하는 사항
③ 중앙위원회 및 지방위원회의 구성·운영 등에 필요한 사항은 <u>대통령령</u>으로 정한다.

22 정답 ②

특정소방대상물의 관계인이 특정소방대상물에 설치·관리해야 하는 소방시설의 종류 (소방시설법 시행령 [별표 4])
간이스프링클러설비를 설치해야 하는 특정소방대상물은 다음의 어느 하나에 해당하는 것으로 한다.
  3) 의료시설 중 다음의 어느 하나에 해당하는 시설
    가) 종합병원, 병원, 치과병원, 한방병원 및 요양병원(의료재활시설은 제외)으로 사용되는 바닥면적의 합계가 600㎡ 미만인 시설
    나) 정신의료기관 또는 의료재활시설로 사용되는 바닥면적의 합계가 300㎡ 이상 600㎡ 미만인 시설
    다) 정신의료기관 또는 의료재활시설로 사용되는 바닥면적의 합계가 300㎡ 미만이고, 창살(철재·플라스틱 또는 목재 등으로 사람의 탈출 등을 막기 위하여 설치한 것을 말하며, 화재 시 자동으로 열리는 구조로 되어 있는 창살은 제외)이 설치된 시설

23 정답 ③

소방시설법 제13조(소방시설기준 적용의 특례)
① 소방본부장이나 소방서장은 제12조 제1항 전단에 따른 대통령령 또는 화재안전기준이 변경되어 그 기준이 강화되는 경우 기존의 특정소방대상물(건축물의 신축·개축·재축·이전 및 대수선 중인 특정소방대상물을 포함한다)의 소방시설에 대하여는 <u>변경 전의 대통령령 또는 화재안전기준을 적용한다.</u> 다만, 다음 각 호의 어느 하나에 해당하는 소방시설의 경우에는 <u>대통령령 또는 화재안전기준의 변경으로 강화된 기준을 적용할 수 있다.</u> (이하 생략)

시행령 제13조(강화된 소방시설기준의 적용대상) 법 제13조 제1항 제2호 각 목 외의 부분에서 "대통령령으로 정하는 것"이란 다음 각 호의 소방시설을 말한다.
1. 「국토의 계획 및 이용에 관한 법률」 제2조 제9호에 따른 공동구에 설치하는 소화기, 자동소화장치, 자동화재탐지설비, 통합감시시설, 유도등 및 연소방지설비
2. <u>전력 및 통신사업용 지하구</u>에 설치하는 소화기, 자동소화장치, 자

동화재탐지설비, 통합감시시설, 유도등 및 연소방지설비
3. 노유자 시설에 설치하는 간이스프링클러설비, 자동화재탐지설비 및 단독경보형 감지기
4. 의료시설에 설치하는 스프링클러설비, 간이스프링클러설비, 자동화재탐지설비 및 자동화재속보설비

24 정답 ③

「소방시설 설치 및 관리에 관한 법률」 제8조(성능위주설계)
① 연면적·높이·층수 등이 일정 규모 이상인 대통령령으로 정하는 특정소방대상물(신축하는 것만 해당한다)에 소방시설을 설치하려는 자는 성능위주설계를 하여야 한다.
② 제1항에 따라 소방시설을 설치하려는 자가 성능위주설계를 한 경우에는 「건축법」 제11조에 따른 건축허가를 신청하기 전에 해당 특정소방대상물의 시공지 또는 소재지를 관할하는 소방서장에게 신고하여야 한다. 해당 특정소방대상물의 연면적·높이·층수의 변경 등 행정안전부령으로 정하는 사유로 신고한 성능위주설계를 변경하려는 경우에도 또한 같다.

25 정답 ①

「소방시설 설치 및 관리에 관한 법률」 제10조(주택에 설치하는 소방시설)
① 다음 각 호의 주택의 소유자는 소화기 등 대통령령으로 정하는 소방시설(이하 "주택용소방시설"이라 한다)을 설치하여야 한다.
  1. 「건축법」 제2조제2항제1호의 단독주택
  2. 「건축법」 제2조제2항제2호의 공동주택(아파트 및 기숙사는 제외한다)
② 국가 및 지방자치단체는 주택용소방시설의 설치 및 국민의 자율적인 안전관리를 촉진하기 위하여 필요한 시책을 마련하여야 한다.
③ 주택용소방시설의 설치기준 및 자율적인 안전관리 등에 관한 사항은 특별시·광역시·특별자치시·도 또는 특별자치도(이하 "시·도"라 한다)의 조례로 정한다.

「소방시설 설치 및 관리에 관한 법률 시행령」 제10조(주택용소방시설)
법 제10조제1항 각 호 외의 부분에서 "소화기 등 대통령령으로 정하는 소방시설"이란 소화기 및 단독경보형 감지기를 말한다.

소방전술 (25문항)

01 정답 ④

저속방수 요령 및 특성

방수 요령	① 간접공격법에 가장 적합한 방수방법이다. ② 방수위치는 개구부의 정면을 피하고, 분출하는 증기에 견딜 수 있도록 방호한다. ③ 연소가 활발한 구역에서는 공간 내의 고열이 있는 상층부를 향해 방수한다. ④ 분출하는 연기가 흑색에서 백색으로 변하고 분출속도가 약해진 때에는 일시 정지하여 내부의 상황을 확인하면서 잔화를 소화한다.
방수 특성	① 입자가 적어서 기류의 영향을 받기 쉬우며 증발이 활발하다. ② 수손피해가 적고 소화시간이 짧다. ③ 벽, 바닥 등의 일부를 파괴하여 소화하는 경우에 유효하다.
안전 관리	① 소구획 화점실은 증기의 분출이 특히 강렬하므로 방수위치의 선정은 신중히 한다. ② 방수목표 측의 개구부 면적을 적게 하고 외벽면의 개구부를 크게 하면 배연, 배열효과가 크고 대원의 피로를 적게 할 수 있다.

02 정답 ④

화재대응매뉴얼의 종류(표실특대)

표준 매뉴얼	• 대부분의 화재대응에 공통적으로 적용하기 위해 작성되는 것 • 필수적인 처리절차와 임무, 기관별 처리사항을 규정하여 기관별 또는 부서별 실무매뉴얼을 수립하는데 활용 ※ 재난현장표준작전절차, 긴급구조대응계획, 소방방재 현장조치 행동매뉴얼, 다중밀집시설 대형사고 표준매뉴얼 등
실무 매뉴얼	• 표준매뉴얼에 규정된 필수적인 처리절차와 임무, 기관별 처리사항을 근거로 각 기관별 또는 부서별로 작성되는 것 • 화재대응분야별 현장조치 및 처리세부절차를 규정 ※ 고층건물 화재진압 대응매뉴얼, 다중밀집시설 대형화재 실무매뉴얼, 원전(방사능)화재 등
특수화재 대응매뉴얼	• 지하철화재 등과 같은 특수시설 및 특수유형화재에 대한 일반적 대응매뉴얼 • 화재특성에 따른 대응시 유의사항 등으로 이루어진 매뉴얼로 대상별 매뉴얼 작성과 화재진압대원의 전문성 향상을 목적으로 작성되었다.
대상별 대응매뉴얼	화재진압활동은 신속, 정확하고 효과적이어야 한다. 이를 위하여 소방대의 현장행동을 통제하고 피해의 경감과 대원의 안전 확보를 위해 주요대상별 화재대응 매뉴얼의 필요성이 제기되었는데, 사회발전과 첨단복합건물의 등장으로 그 중요성이 커지고 있어 점차 작성대상이 확대되고 있다.

※ 중요목조문화재나 고층건물, 지하연계복합건축물 등
※ 주요작성 대상
① 인적, 물적 피해가 매우 큰 대상물
② 연소확대가 빠르고 처음부터 화재의 최성기를 예측하여 필요한 소방력을 투입하여야 할 대상물
③ 문화재 등 사회적 영향이 크고 특별한 보호를 필요로 하는 대상물
④ 폭발, 유독가스 등의 발생위험이 있어 소방대원의 안전확보상 필요한 대상물
⑤ 특수한 장비, 특수한 소화수단을 필요로 하는 대상물
⑥ 특이한 소방대 운용과 현장행동을 필요로 하는 대상물

03 정답 ①

질식소화

불연성기체로 덮는 방법	• 공기보다 무거운 불연성기체를 연소물 위에 덮어 불연성기체와 산소가 희석 또는 차단되게 하여 소화하는 방법을 말한다. ※ 불연성기체는 이산화탄소, 질소, 할로겐 화합물 등이 있다.
불연성의 폼으로 연소물을 덮는 방법	• 연소물을 공기, 이산화탄소, 질소 등으로 발포시킨 폼(Foam)으로 덮어 소화하는 방법을 말한다. • 유지류 등의 소화에 가장 많이 사용되고 있는 폼으로는 화학포, 공기포가 있다.

화학포 소화약제	공기포 소화약제제
주로 소화기용이며 알카리성의 A약제와 B약제를 수용액으로 혼합시켜 화학변화를 일으켜 콜로이드 상태의 수용액을 만들고 이것이 탄산가스를 포함한 홈을 형성한다.	• 공기포는 유지류 화재용으로서 효과적인 소화제이며 소화제는 3% 또는 6%의 수용액으로서 발포기를 사용하여 공기와 교반 혼합하여 사용한다. • 소화제의 종별은 일반 기름화재용과 알콜, 케톤류와 같은 수용성 액체 화재에 쓰이는 것이 있다. • 공기포의 발포배율은 저발포에서 5~10배, 고발포에서 80~100배이다.

고체로 연소물을 덮는 방법	• 후라이팬 화재 시 연소물을 수건이나 담요 등으로 덮어 소화하는 방법을 말한다. • 불연성가스 또는 물속에서도 연소가 계속될 때(금속화재) 건조사로 덮어 소화하는 경우도 이에 해당한다.
연소실 완전밀폐 소화방법	창고나 선박의 선실 등을 밀폐하여 산소의 공급을 차단시킴으로서 소화하는 방법을 말한다.
팽창질석 소화방법	팽창질석, 팽창진주암을 고온 처리하여 경석상태로 만든 분말을 사용하여 질식 소화하는 방법도 있다. 이것은 비중이 작고 모세관현상과 같은 가는 틈이 있으며 흡착성이 크기 때문에 알킬알루미늄이나 용융나트륨 등에 사용하여 흡착, 유출을 방지하고 표면을 피복하는 질식효과가 크다.

팽창질석 : 질석을 약 1,000도에서 가열하여 약 10배 팽창시켜서 만든 소화약제
팽창진주암 : 천연유리를 조각으로 분쇄한 것을 말하며, 조각에 형성된 얇은 공기막으로부터 반사되어 진주와 같은 빛을 발산한다.

04 정답 ③

성장기 진행과정
플레임오버-백드래프트-롤오버-플래시오버

05 정답 ③

소화전 흡수
1. 펌프로 이물질이 들어가는 것을 막기 위하여 흡수관은 결합하기 전에 소화전을 개방하여 관내의 모래 등을 배출시킨다.
2. 흡수관의 결합을 확실하게 하고 반드시 확인한다.
3. 배관 말단의 소화전에는 유입되는 물의 양이 적기 때문에 방수구의 수를 제한한다.
4. 소화전으로부터 흡수중일 때에 타대로부터 송수를 받으면 송수된 물이 펌프를 경유하여 수도배관 속으로 역류할 수도 있으므로 유의한다.
5. 지하식 소화전의 뚜껑은 허리부분의 부상을 방지하기 위해서 안정된 자세로 개방함과 동시에 손발이 끼이지 않도록 충분히 주의한다.

06 정답 ②

현장정보수집 순위

제1순위	• 대피지연자가 있는가 • 전원 피난완료 했는가 • 부상자가 있는가 등 인명에 관한 정보
제2순위	• 가스누설과 폭발 • 유독가스 등에 의한 2차 화재발생 및 위험에 관한 정보
제3순위	• 연소확대 위험여부 • 계단, 건축시설 및 옥내소화전 등의 소방용 설비 사용가부 • 소방활동상 필요한 정보
제4순위	• 피해상황 • 출화원인 등 예방 • 진압상 문제점

07 정답 ③

현장지휘관의 바람직한 자질과 성향
- 대원의 임무에 대한 존중 자세
- 냉정하고 침착한 지시와 통제능력
- 훈련과 경험에 의한 전문적 지휘지식
- 행동지향적이 아니라 지시지향적 태도(의사결정 중심의 태도)
- 상황을 안정시킬 수 있는 대안제시능력(문제해결능력)
- 심리적 체력적 대응능력

- 의사전달능력(무전기사용능력 등)
- 안전이 확보된 타당한 위험의 감수능력
- 모든 직원에 대한 관심과 공정성 유지
- 자신과 다른 사람, 장비, 그리고 전략과 전술적 접근법에 대한 한계인식능력
- 지휘에 대한 존중태도 및 훈련되고 일관성이 있는 태도

08 정답 ③

진입 및 행동요령

① <u>진입은 반드시 2명 1조로, 생명로프를 신체에 결착하여 진입하고 단독행동은 피해야 한다.</u>
② 2개 이상의 계단통로가 있고 급기계단, 배기계단으로 나뉘어 있을 때는 연기가 적은 급기계단으로 진입한다.
③ 어두운 곳에 진입할 때는 조명기구로 발밑을 조명하면서 자세를 낮추고 벽체 등을 따라 진입한다.
④ 자동폐쇄식 방화문을 통과하여 진입하는 경우는 쐐기 또는 빗장 등을 사용하여 퇴로에 필요한 폭의 개구부를 확보한다.
⑤ 넓은 장소에 <u>여러 진입팀이 진입하는 경우는 검색봉을 활용해서 바닥을 두드리면서 진입하고 이 소리로 상호위치를 판단한다.</u>
⑥ 공기용기의 잔량에 주의해서 <u>경보 벨이 울리면 즉시 탈출한다.</u>

09 정답 ③

구조대상자 확인 상황판단

요구조자의 존재여부가 불명확할 때는 요구조자가 있다고 가정하고 확인될 때까지 검색을 실시해야 한다.
ⓐ 정보가 없는 경우에도 요구조자가 있다고 판단한다.
ⓑ 약간 조용한 현장은 요구조자가 있다고 판단한다.
ⓒ 야간대의 주택 등의 화재는 요구조자가 있다고 판단한다.
ⓓ 공동주택 등에서 야간전등이 꺼져 있는 주거는 <u>경계대상으로 한다.</u>
ⓔ 문에 도어첵크가 걸려 있는 경우는 요구조자가 있다고 판단한다.
ⓕ 가스미터기, 간판 등에 유의한다.

10 정답 ①

상업용 고층건물 화재 시 배연을 하지 않는 4가지 구체적인 이유

① 굴뚝효과로 인해, 당신은 건물 내부의 대류 흐름을 예측할 수 없다.
② 배연은 불꽃 폭풍을 촉발할 지도 모르고, 거주자들과 소방대원들을 위층에 가두면서 계단실을 짙은 연기로 가득 차게 만들 수 있다.
③ 건물 내에서의 대류 흐름은 예측할 수 없기 때문에 배연으로 인하여 오히려 청정구역에 짙은 연기를 끌어들이는 결과를 초래할 수 있다.
④ 기류에 포함된 산소로 인하여 화재의 크기와 강도를 증가시킬 수 있다.

11 정답 ③

간접공격법의 요령

㉠ 연소물체 또는 옥내의 온도가 높은 상층부를 향하여 방수한다.
㉡ 고온에 가열된 증기의 증가에 의해서 대원이 피해를 받지 않는 위치를 선정한다.
㉢ 방수 시 개구부는 가능한 한 작게 하는 것이 위험성을 감소시킨다.
㉣ 가열증기가 몰아칠 염려가 있는 경우는 분무방수에 의한 고속분무로 화점실 천정 면에 충돌시켜 반사방수를 병행한다.
  ※ 외부에서 실내로 간접공격 시 물줄기의 형태는 직사방수하여, 분무방수 시 물줄기를 타고 화점실로 공급되는 공기의 양을 최소화 한다.
㉤ <u>옥내의 연소가 완만하여 열기가 적은 연기의 경우는 간접공격의 전법을 이용하는 것은 효과는 적으므로 유의한다.</u>

12 정답 ①

분무방수에 의한 배연요령

화점실의 연소상황에 따라서 확산방수를 하거나 또는 분무방수로 전환하여 간다.
(급기구측에서 분무방수하여 기류를 이용하는 방법)
① <u>노즐 전개각도 60도 정도로 급기구를 완전히 덮을 수 있는 거리를 방수 위치로 선정하고, 개구부가 넓은 경우에는 2구이상의 분무방수로 실시한다.</u>
② <u>노즐압력은 0.6Mpa이상 분무방수를 한다.</u>
③ 배기구측에 진입대가 있을 때는 서로 연락을 취해 안전을 배려하면서 방수한다.
  ※ 특히 화염과 배기구 사이에 구조대상자, 구조대원이 있다면 위험하다.

13 정답 ④

화재실 소화요령

① 진입구에서 실내에 충만한 짙은 연기를 통해 희미한 화점 또는 연소가 확인된 때 ➡ 화점에 직사방수 및 확산방수를 병행해서 실시한다.
② 화재 초기로 수용물 또는 벽면, 바닥면 혹은 천장 등이 부분적으로 연소하고 있을 때 ➡ 실내로 진입해 직사방수 또는 분무방수에 의해 소화한다.
③ 실내전체가 연소하고 있는 화재중기의 경우 ➡ 직사방수에 의해 진입구로부터 실내전체에 확산 방수한다.
④ <u>방수목표 ➡ ㉠ 천장 ㉡ 벽면 ㉢ 수용물 ㉣ 바닥면 등의 순서로 한다.</u>
⑤ 칸막이 가구 및 가구집기류 등의 목조부분에 대해서는 직사방수 등에 의한 부분파괴하고 물의 침투를 조절해서 소화한다.
⑥ 조명기구를 활용해서 발밑을 주의하면서 서서히 진입한다.
⑦ 천장, 선반 위 등에서의 낙하물 및 가구류의 도괴에 주의하며 상황에 따라서 천장에서의 낙하물을 제거 후 진입한다.

14 정답 ①

위험물의 특성 및 소화방법

① 1류 : 가열 등에 의하여 급격하게 분해, 산소를 방출하기 때문에 다른 가연물의 연소를 조장(助長)하고 때로는 폭발하는 경우도 있다.
② 1류 : 위험물의 분해를 억제하는 것을 중점으로 대량방수를 하고 연소물과 위험물의 온도를 내리는 방법을 취한다.
③ 4류 : 액체이며 인화점이 낮은 것은 상온에서도 불꽃이나 불티 등에 의하여 인화한다.
④ 6류 : 유출사고 시는 유동범위가 최소화되도록 적극적으로 방어하고 소다회, 중탄산소다, 소석회 등의 중화제를 사용한다. 소량일 때에는 건조사, 흙 등으로 흡수시킨다.

15 정답 ④

헬기유도수신호

하강	우선회	좌선회	전진
손바닥을 아래로 팔을 뻗고 아래로 움직임을 반복한다.	왼팔은 수평으로, 오른팔을 머리까지 위로 움직인다.	오른팔은 수평으로, 왼팔을 머리까지 위로 움직인다.	손바닥은 몸쪽으로, 팔로 끌어당기는 동작을 반복한다.

16 정답 ②

소방용수 설치기준

① 소방호스(호스, hose)연장은 다음과 같이 도로를 따라서 연장한 경우 소방호스의 굴곡을 고려하여 기하학적으로 산출하면 반경 약 100m의 범위 내가 된다.
② 소방용수는 도시계획법상의 공업 및 상업지역, 주거지역은 100m 이내, 그 밖의 지역은 140m 이내에 설치하도록 되어 있다.
- 소방대의 유효활동 범위와 지역의 건축물 밀집도, 인구 및 기상상황을 고려하여 평상시의 설치기준으로서 소방기본법시행규칙 제6조에 정해져 있다.
- 평상시의 소방대의 유효활동 범위는 소방 활동의 신속, 정확성을 고려하여 연장 호스 10본(150m) 이내일 것으로 하고 있다.

17 정답 ③

재해의 기본원인 4M

Man (인간)	① 심리적 원인 : 망각, 걱정거리, 무의식 행동, 위험 감각, 지름길 반응, 생략행위, 억측판단, 착오 등 ② 생리적 원인 : 피로, 수면부족, 신체기능, 알코올, 질병, 나이 먹는 것 등 ③ 직장적 원인 : 직장의 인간관계, 리더십, 팀워크, 커뮤니케이션 등
Machine (작업시설)	① 기계·설비의 설계상의 결함 ② 위험방호의 불량 ③ 본질 안전화의 부족(인간공학적 배려의 부족) ④ 표준화의 부족 ⑤ 점검 정비의 부족
Media (작업)	① 작업 정보의 부적절 ② 작업자세, 작업동작의 결함 ③ 작업방법의 부적절 ④ 작업공간의 불량 ⑤ 작업환경 조건의 불량
Management (관리)	① 관리조직의 결함 ② 규정·매뉴얼의 불비, 불철저 ③ 안전관리 계획의 불량 ④ 교육·훈련 부족 ⑤ 부하에 대한 지도·감독 부족 ⑥ 적성배치의 불충분 ⑦ 건강관리의 불량 등

18 정답 ④

장비 선택 시 유의사항

① 사용 목적에 맞는 것을 선택(절단 또는 파괴, 잡아당기거나 끌어올리는 등)
② 현장상황을 고려하여 특성에 맞는 것(활동공간이 협소하거나 인화물질의 존재, 감전위험성, 환기 등)
③ 긴급 상황에 맞는 것을 선택, 급할 때는 가장 능력이 높은 것
④ 동등의 효과가 얻어지는 경우는 조작이 간단한 것을 선택
⑤ 확실하게 효과를 기대할 수 있는 것을 선택
⑥ 위험이 적은 안전한 장비를 선택
⑦ 다른 기관이나 현장 관계자 등이 보유하는 것과 현장에서 조달이 가능한 것으로 효과가 기대되는 것이 있으면 활용을 적극적으로 검토한다.

19 정답 ③

공동현상 (Cavitation)	① 소방펌프 내부에서 흡입양정이 높거나, <u>유속의 급변 또는 와류의 발생, 유로에서의 장애 등에</u> 의해 압력이 국부적으로 포화증기압 이하로 내려가 기포가 발생되는 현상이 일어날 수 있는데, 이 현상을 공동현상(케비테이션)이라 한다.
	② 소방펌프 회전부 입구부분에서 발생하는 경향이 크고, 만들어진 기포가 액체의 흐름에 따라 이동하여 고압부에 이르러 급격히 붕괴하는 현상이 되풀이됨에 따라 소방펌프의 성능저하, 진동, 소음발생 등 불안정한 펌프 상태를 나타내며 나중에는 양수 감소 또는 불능이 된다.
	※ 캐비테이션 발생 시 조치사항★
	  - 흡수관측의 손실을 가능한 작게 한다.
	  - 소방펌프 흡수량을 높이고, 소방펌프의 회전수를 낮춘다.
	  - 동일한 회전수와 방수량에서는 방수밸브를 조절한다.
	  - 흡수관의 스트레이너 등에 이물질이 있는 경우 이를 제거한다.

수격현상 (Water hammer)	① 관내에 물이 가득 차서 흐르는 경우 그 관로의 끝에 있는 밸브를 갑자기 닫을 경우 물이 갖고 있는 운동에너지는 압력에너지로 변하고 큰 압력상승이 일어나서 관을 넓히려고 한다. 이 압력상승은 압력파가 되어 관내를 왕복한다. 이런 현상을 수격작용이라고 한다. ② 압력파가 클 경우에 가장 약한 부분이 파손될 수 있어 원심펌프에서는 임펠러 파손을 막기 위해 역류방지밸브(논리턴밸브)를 설치하고 있다.
맥동현상 (Surging)	<u>소방펌프 사용 중에 한 숨을 쉬는 것과 같은 상태가 되어, 소방펌프 조작판의 연성계와 압력계의 바늘이 흔들리고 동시에 방수량이 변화하는 현상</u>이다. 마치 스프링에 충격을 가했을 때 발생하는 진동 즉 서어징(Surging)과 같다하여 붙여진 이름이다. ※ 맥동현상은 주로 수원이 부족할 때 흡수하여 방수하거나 중계 송수할 때 연성계의 수치를 확인하여 <u>연성계 이상 압력으로 방수하지 않도록 주의해야 한다.</u>

20 정답 ②

소방자동차 진공펌프 및 오일
진공 펌프가 작동되면 펌프내부는 대기압 이하가 됨으로 윤활유 흡입구를 통해 오일이 자동적으로 흡입되어 진공펌프 냉각과 윤활 기능을 수행하게 된다. 진공오일 탱크 용량은 흡수고 3m인 흡수관 1개로 3회 이상 진공 할 수 있는 용량을 저장할 수 있는 용량이어야 하며, <u>1회 진공 시 소모되는 진공오일의 양은 0.5리터 이하이어야 한다.</u>
ⓐ 진공오일의 작용은 윤활, 냉각, 밀봉작용이다.
ⓑ 진공오일 용량은 1.5리터 이상이다.

21 정답 ④

㉠ 질소마취 : 스포츠 다이빙에서는 30m 이하까지 잠수하지 않는 것이 좋다.
㉡ 탄산가스중독 : 크고 깊은 호흡을 규칙적으로 하는 것
㉢ 공기색전증 : 부상할 때 절대로 호흡을 정지하지 말고 급속한 상승을 하지 않으며, 해저에서는 공기가 없어질 때까지 있어서는 안 된다.

22 정답 ①

각 placard의 색상이 가지는 의미
1. 빨간색 : 가연성(Flammable)
2. 오렌지 : 폭발성(Explosive)
3. 노란색 : 산화성(Oxidizer)
4. 녹 색 : 불연성(Non-Flammable)
5. 파란색 : 금수성(Not Wet)
6. 백 색 : 중독성(Inhalation)

23 정답 ③

심장근육은 의식에 의해 통제할 수 없는 불수의근 형태로 신경자극 없이 독자적으로 수축할 수 있는 능력이 있다.

24 정답 ②

환자자세의 유형

구 분	환자자세	기대효과★★	자세유형
바로누운 자세	등을 바닥면으로 하고 해부학적 자세를 유지한 채 똑바로 누운 자세	신체의 골격과 근육에 무리한 긴장을 주지 않는다.	
옆 누움 자세	환자가 옆으로 누운 채 양 팔을 앞으로 하고 무릎과 엉덩관절을 굽힌 자세	외상환자들은 척추손상을 예방하기 위해서 바로누운자세를 취해주고 임부의 경우, 원활한 순환을 위해 이 자세를 취해준다.	
엎드린 자세	환자가 엎드린 상태에서 머리를 옆으로 돌린 자세	의식이 없거나 구토 환자의 경우 질식방지에 효과적이다.	
트렌델렌버그 자세	등을 바닥에 대고 누워, 침상다리 쪽을 45° 높여 머리가 낮고 다리가 높은 자세	쇼크 시에 사용하지만 장시간 사용시 호흡을 힘들게 할 수 있어 이 체위를 사용하지 않도록 권하고 있다.	

변형된 트렌델 렌버그 자세	머리와 가슴은 수평되게 유지하고 다리를 45°로 올려주는 자세	혈액이 심장으로 돌아오는 정맥 환량을 증가시켜 심박출력을 강화하는 데 효과가 있기 때문에 쇼크자세로 사용된다.	
반 앉은 자세	윗몸을 45~60° 세워서 반쯤 앉은 자세	흉곽을 넓히고 폐의 울혈완화 및 가스교환이 용이하여 호흡상태 악화를 방지한다.	

25   정답 ③

순환계

순환계는 3가지 주요 요소(심장, 혈관, 혈액)★로 구성되어 있으며 인체의 모든 부분에 혈액을 공급하는 기능을 갖고 있다.

혈액은 허파로부터의 산소, 소화기계로부터의 영양 그리고 세포의 생산·노폐물을 이송하는 역할을 하고 있다.

동맥은 심장으로부터 조직으로 혈액을 이동시키며 오른심실에서 허파로 혈액을 이동시키는 허파동맥을 제외하고는 모든 동맥은 산소가 풍부한 혈액으로 되어 있다. 또한 동맥은 탄력 있는 불수의근으로 두꺼운 벽을 갖고 있다.

소방교 소방승진

제2회 모의고사 해설

문 항 수 : 75문항
응시시간 : 75분

과목	01	02	03	04	05	06	07	08	09	10	11	12	13	14	15	16	17	18	19	20	21	22	23	24	25
소방법령 I	②	③	③	②	②	④	④	②	④	②	④	③	④	②	②	④	②	①	②	①	③	④	③	④	④
소방법령 II	②	④	③	③	④	④	④	①	②	②	②	④	①	②	③	③	②	①	③	②	④	②	①	①	②
소방전술	④	③	②	③	④	②	①	④	④	③	②	④	③	②	④	①	①	②	④	④	④	①	④	④	④

소방법령 I (25문항)

01
정답 ②

소방청장은 다음에 해당하는 경우 시·도 상호 간 소방공무원의 인사교류계획을 수립하여 실시할 수 있다(소방공무원임용령 제29조 제1항).

1. 시·도 간 인력의 균형있는 배치와 소방행정의 균형있는 발전을 위하여 시·도 소속 소방령 이상의 소방공무원을 교류하는 경우
2. 시·도 간의 협조체제 증진 및 소방공무원의 능력발전을 위하여 시·도 간 교류하는 경우
3. 시·도 소속 소방경 이하의 소방공무원의 연고지배치를 위하여 필요한 경우

02
정답 ③

③ (×) 3개월이 아니라 6개월이다(소방공무원임용령 제31조 제1항 2호).

03
정답 ③

㉠ 소방공무원법 제4조 제2항, ㉡ 소방공무원임용령 제13조

04
정답 ②

통상적인 근무시간보다 짧게 근무하는 시간선택제전환소방공무원의 경우 승진소요최저근무연수에 포함되는 기간은 다음과 같다.

1. 해당 계급에서 시간선택제전환소방공무원으로 근무한 1년 이하의 기간은 그 기간 전부
2. 해당 계급에서 시간선택제전환소방공무원으로 근무한 1년을 넘는 기간은 근무시간에 비례한 기간
3. 해당 계급에서 육아휴직을 대신하여 시간선택제전환소방공무원으로 지정되어 근무한 기간은 대상 자녀별로 3년의 범위에서 그 기간 전부

05
정답 ②

위원회는 제4항에 따른 사항을 심의함에 있어 대통령령으로 정하는 바에 따라「소방공무원법」제3조에 따른 소방경 이하 계급의 소방공무원의 의견을 들어야 한다(소방공무원 보건안전 및 복지 기본법 시행령 제6조 제5항).

06
정답 ④

유형	전보 제한
• 퇴직소방공무원의 재임용 • 5급 공채시험 합격자 또는 사법시험 합격자등	최초로 그 직위에 임용된 날부터 2년 이내(휴직·직위해제 및 정직기간은 포함하지 아니함)에 다른 직위 또는 임용권자를 달리하는 기관에 전보할 수 없다. (예외 생략)
• 임용예정 직무에 관련된 자격증 소지자의 임용 • 임용예정직에 상응하는 근무실적 또는 연구실적이 있거나 소방에 관한 전문기술교육을 받은 사람의 임용 • 외국어에 능통한 사람의 임용 • 경찰공무원을 그 계급에 상응하는 소방공무원으로 임용	최초로 그 직위에 임용된 날부터 5년 이내에 다른 직위 또는 임용권자를 달리하는 기관에 전보할 수 없다. (예외 생략)
• 소방 업무에 경험이 있는 의용소방대원을 소방사 계급의 소방공무원으로 임용하는 경우	최초로 그 직위에 임용된 날부터 5년 이내에 최초 임용기관 외의 다른 기관으로 전보될 수 없다. (예외 생략)

07
정답 ④

④ (×) 소방공무원의 특별승진은 소방청장 또는 시·도지사가 필요하다고 인정하면 수시로 실시할 수 있다(소방공무원 승진임용 규정 제40조).

08　정답 ②

승진심사를 하려는 경우 다음 각 호의 서류를 갖추어야 한다(소방공무원 승진임용 규정 시행규칙 제21조).

- 승진심사계획서
- 승진심사요소에 대한 평가기준
- 승진심사대상자명부
- 개인별 인사기록
- 승진심사 사전심의표
- 승진심사 대상자 자기역량기술서
- 역량평가·다면평가 결과(실시한 경우에 한정)
- 청렴도조사 결과
- 기타 승진심사에 필요한 서류

09　정답 ④

④ (×) 소방공무원 고충심사위원회의 회의는 위원장과 위원장이 회의마다 지정하는 5명 이상 7명 이내의 위원으로 성별을 고려하여 구성한다. 이 경우 민간위원이 3분의 1 이상 포함되어야 한다(공무원고충처리규정 제3조의3 제7항).

10　정답 ②

① (×) 근무성적평정의 결과는 공개하지 아니한다. 다만, 「소방공무원 임용령」 제2조 제3호에 따른 소방기관의 장은 근무성적평정이 완료되면 평정 대상 소방공무원에게 근무성적평정 결과를 통보할 수 있다(소방공무원 승진임용 규정 제7조 제4항).
② (○) 정기평정이후에 신규채용 또는 승진임용된 소방공무원에 대하여는 2월이 경과한 후의 최초의 정기평정일에 평정해야 한다. 다만, 강임된 소방공무원이 승진임용된 경우에는 강임되기 전의 계급에서의 평정을 기준으로 하여 즉시 평정하여야 한다(소방공무원 승진임용 규정 제8조 제5항).
③ (×) 근무성적평정의 결과는 공개하지 아니한다. 다만, 「소방공무원임용령」 제2조 제3호에 따른 소방기관의 장은 근무성적평정이 완료되면 평정 대상 소방공무원에게 근무성적평정 결과를 통보할 수 있다(소방공무원 승진임용 규정 제7조 제4항).
④ (×) 근무성적평정점을 조정하기 위하여 승진대상자명부 작성 단위 기관별로 근무성적평정조정위원회를 둘 수 있다(소방공무원 승진임용 규정 시행규칙 제9조 제1항).

11　정답 ④

- ① 순직한 경우(「공무원 재해보상법」 제3조 제1항 제3호에 따른 순직공무원 또는 같은 항 제4호에 따른 위험직무순직공무원으로서 소방청장 또는 시·도지사가 재직 중 특별한 공적이 있다고 인정하는 사람), ② 「공무원 재해보상법」 제3조 제1항 제3호에 따른 순직공무원 또는 같은 항 제4호에 따른 위험직무순직공무원으로서 위험을 무릅쓰고 헌신 분투하여 현저한 공을 세우고 사망하였거나 부상을 입어 사망한 사람 또는 직무수행 중 다른 사람의 모범이 되는 공을 세우고 사망하였거나 부상을 입어 사망한 사람 중 소방청장 또는 시·도지사가 재직 중 특별한 공적이 있다고 인정하는 사람에 대한 특별승진임용 여부, ③ 순직한 경우에 해당하지 않음이 명백한 경우의 특별승진임용 취소 여부, ④ '현장에서 발생한 공무 중의 부상으로 사망하여 사망 경위가 명확하고 재직 중 특별한 공적이 있다고 인정되는 경우에는 승진심사위원회의 심사를 거치지 않고 특별승진임용할 수 있고, 이 경우 소방청장 또는 시·도지사는 승진심사위원회의 사후 추인을 받아야 하는 경우'에 따른 특별승진임용 사후 추인 여부에 대한 심사를 위하여 구성되는 중앙승진심사위원회의 위원은 다음 각 호의 사람으로 한다. 이 경우 제2호에 따른 위원이 과반수가 되도록 해야 한다(소방공무원 승진임용 규정 제17조 제4항 참고).
  1. 특별승진심사대상자보다 상위계급의 소방공무원(상위계급에 상당하는 공무원 및 고위공무원단에 속하는 공무원을 포함한다. 이하 이 호에서 같다)으로서 소방청장이 지명하는 사람. 다만, 특별승진심사대상자보다 상위계급의 소방공무원이 부족한 경우에는 같은 계급의 소방공무원으로서 소방청장이 지명하는 사람을 포함할 수 있다.
  2. 다음 각 목의 어느 하나에 해당하는 사람으로서 소방청장이 위촉하는 사람
     가. 법관·검사 또는 변호사의 직에 10년 이상 근무한 사람
     나. 대학에서 조교수 이상의 직에 10년 이상 근무한 사람
     다. 인사, 노무 또는 소방 관련 업무에 대한 전문지식이 있거나 관련 분야에서 10년 이상 근무한 사람
- 제1항의 위원장(註: 일반적인 위원회의 위원장)은 위원 중 소방청장이 지명하고, 제4항의 위원장은 소방청장이 제4항 제2호에 따른 위원 중에서 위촉한다(제5항).

12　정답 ③

③ (×) 위로금을 지급받으려는 소방공무원 또는 그 유족은 행정안전부령으로 정하는 특별위로금 지급신청서에 공무상요양 승인 결정서 사본 등 행정안전부령으로 정하는 서류를 첨부하여 다음 각 호의 어느 하나에 해당하는 날부터 6개월 이내에 소방기관의 장에게 신청하여야 한다(제4항).

1. 업무에 복귀한 날
2. 요양 중 사망하거나 퇴직한 경우는 각각 사망일 또는 퇴직일
3. 「공무원 재해보상법」에 따른 요양급여의 결정에 대한 불복절차가 인용 결정으로 최종 확정된 경우에는 확정된 날

13　정답 ④

④ (×) 소방위 이하의 소방공무원으로서 모든 소방공무원의 귀감이 되는 공을 세우고 순직한 사람에 대해서는 2계급 특별승진시킬 수 있다(소방공무원법 제17조 단서). 법 제17조 단서에 따른 특별승진대상자는 천재·지변·화재 또는 그 밖에 이에 준하는 재난에 있어서 위험을 무릅쓰고 헌신 분투하여 현저한 공을 세우고 사망하였거나 부상을 입어 사망한 사람 또는 직무수행 중 다른 사람의 모범이 되는 공을 세우고 사망하였거나 부상을 입어 사망한 사람으로 한다(소방공무원 승진임용 규정 제38조 제2항).

14 정답 ②

소방청 및 시·도에 설치된 징계위원회의 민간위원 자격
가. 법관·검사 또는 변호사로 10년 이상 근무한 사람
나. 「고등교육법」 제2조에 따른 학교(이하 "대학")에서 법률학·행정학 또는 소방 관련 학문을 담당하는 부교수 이상으로 재직 중인 사람
다. 소방공무원으로 소방정 또는 법률 제16768호 소방공무원법 전부개정법률 제3조의 개정규정에 따라 폐지되기 전의 지방소방정 이상의 직위에서 근무하고 퇴직한 사람으로서 3년이 경과한 사람
라. 민간부문에서 인사·감사 업무를 담당하는 임원급 또는 이에 상응하는 직위에 근무한 경력이 있는 사람

15 정답 ②

근무성적평정의 분포비율은 원칙적으로 수(20%), 우(40%), 양(30%), 가(10%)이다. "가"에 해당하는 자가 없을 경우에는 이를 적용하지 아니할 수 있으며, 이 경우 "가"의 비율은 "양"에 가산한다(소방공무원 승진임용 규정 제7조 제3항). 따라서 "양"은 10명(=25명×0.4)이다.

16 정답 ④

④ (×) 소방공무원 승진임용 규정 제43조(대우공무원) ② 대우공무원의 선발에 필요한 사항은 행정안전부령으로 정한다.

17 정답 ②

② (×) 경력평정의 평정점은 25점(소방정은 30점)을 만점으로 하되, 기본경력평정점은 22점(소방정은 26점)을, 초과경력평정점은 3점(소방정은 4점)을 각각 만점으로 하고, 계산은 소수점 이하 셋째자리에서 반올림하며, 그 근무기간에 따른 기본경력과 초과경력의 점수는 별표 3의 기준에 따른다(소방공무원 승진임용 규정 시행규칙 제13조 제2항).

18 정답 ①

① (○) 소방공무원임용령 시행규칙 제13조 제3항

19 정답 ②

② (×) 소방관서장은 전술훈련평가 시 평가분야에 관련된 자격을 갖춘 소방공무원을 평가자로 지정하여야 한다(소방공무원 교육훈련성적 평정규정 제4조 제6항).

20 정답 ①

파견사유 및 파견기간(소방공무원 임용령 제30조 제1항, 제2항)

파견사유	파견기간
1. 다른 국가기관 또는 지방자치단체나 그 외의 기관·단체에서 국가적 사업을 수행하기 위하여 특히 필요한 경우	2년 이내 (필요한 경우 총 파견기간 5년의 범위에서 연장 가능) ※ 1~3호 중 "직제상 파견"의 경우 파견기간은 2년을 초과할 수 있고, 총 파견기간은 5년을 초과하여 연장할 수 있음
2. 다른 기관의 업무폭주로 인한 행정지원의 경우	
3. 관련 기관 간의 긴밀한 협조가 필요한 특수업무를 공동수행하기 위하여 필요한 경우	
7. 국내의 연구기관, 민간기관 및 단체에서의 업무수행·능력개발이나 국가정책 수립과 관련된 자료수집 등을 위하여 필요한 경우	
5. 「공무원 인재개발법」에 따른 공무원교육훈련기관의 교수요원으로 선발되거나 그 밖에 교육훈련 관련 업무수행을 위하여 필요한 경우	1년 이내 (필요한 경우 총 파견기간 2년의 범위에서 연장 가능)
4. 「공무원 인재개발법」 또는 법 제20조 제3항(이 영 제3조 제1항 및 같은 조 제5항 제1호·제3호에 따라 시·도지사가 임용권을 행사하는 소방공무원에 한정한다)에 따른 교육훈련을 위하여 필요한 경우	교육훈련을 위하여 필요한 기간
6. 국제기구, 외국의 정부 또는 연구기관에서의 업무수행 및 능력개발을 위하여 필요한 경우	업무수행 및 능력개발을 위하여 필요한 기간

21 정답 ③

③ (×) 징계위원회는 징계등 혐의자가 국외 체류, 형사사건으로 인한 구속, 여행 또는 그 밖의 사유로 징계 의결 또는 징계부가금 부과 의결 요구(신청)서 접수일부터 50일 이내에 출석할 수 없는 경우에는 서면으로 진술하게 하여 징계등 의결을 할 수 있다. 이 경우 서면으로 진술하지 아니할 때에는 그 진술 없이 징계등 의결을 할 수 있다(소방공무원 징계령 제12조 제5항).

22 정답 ④

④ (×) 임용권자 또는 임용제청권자는 심사승진후보자명부에 등재된 자가 승진임용되기 전에 감봉이상의 징계처분을 받은 경우에는 심사승진후보자명부에서 이를 삭제하여야 한다(소방공무원 승진임용 규정 제26조 제2항).

23 정답 ③

보직 없이 근무하게 할 수 있는 경우를 말한다(소방공무원임용령 제25조 제1항). ①은 3주가 아니라 2주이고, ②는 1개월이 아니라 2주이며, ④는 3개월 이내의 기간이 아니라 '그 계급의 정원에 최초로 결원이 생길 때까지'이다.

24 정답 ④

임용권자는 공무원이 다음의 어느 하나에 해당하면 직권으로 면직시킬 수 있다(국가공무원법 제70조 제1항).

1. 직제와 정원의 개폐 또는 예산의 감소 등에 따라 폐직(廢職) 또는 과원(過員)이 되었을 때
2. 휴직 기간이 끝나거나 휴직 사유가 소멸된 후에도 직무에 복귀하지 아니하거나 직무를 감당할 수 없을 때
3. 제73조의3 제3항에 따라 대기 명령을 받은 자가 그 기간에 능력 또는 근무성적의 향상을 기대하기 어렵다고 인정된 때
4. 전직시험에서 세 번 이상 불합격한 자로서 직무수행 능력이 부족하다고 인정된 때
5. 병역판정검사·입영 또는 소집의 명령을 받고 정당한 사유 없이 이를 기피하거나 군복무를 위하여 휴직 중에 있는 자가 군복무 중 군무(軍務)를 이탈하였을 때
6. 해당 직급·직위에서 직무를 수행하는데 필요한 자격증의 효력이 없어지거나 면허가 취소되어 담당 직무를 수행할 수 없게 된 때
7. 고위공무원단에 속하는 공무원이 제70조의2에 따른 적격심사 결과 부적격 결정을 받은 때

25 정답 ④

소방공무원 승진임용 규정 시행규칙 제33조(특별유공자의 범위) 영 제38조 제1항 제2호 가목(註: 직무 수행능력이 탁월하여 소방행정 발전에 지대한 공헌실적이 있다고 임용권자가 인정하는 사람)에 해당하는 특별승진대상자는 다음 각 호의 어느 하나에 해당하는 사람으로 한다.
1. 천재·지변·화재 기타 이에 준하는 재난에 있어서 위험을 무릅쓰고 헌신분투하여 다수의 인명을 구조하거나 재산의 피해를 방지한 사람
2. 창의적인 연구와 헌신적인 노력으로 소방제도의 개선 및 발전에 기여한 사람
3. 교관으로 3년 이상 근무한 사람으로서 소방교육발전에 현저한 공이 있는 사람
4. 기타 소방청장이 특별승진을 공약한 특별한 사항에 관하여 공을 세운 사람

소방법령 II [25문항]

01 정답 ②

② (×) 단전사고 시 비상전원 또는 조명의 공급활동은 생활안전활동에 속한다(소방기본법 제16조의3).

소방기본법 제16조의2(소방지원활동)
① 소방청장·소방본부장 또는 소방서장은 공공의 안녕질서 유지 또는 복리증진을 위하여 필요한 경우 소방활동 외에 다음 각 호의 활동(이하 "소방지원활동"이라 한다)을 하게 할 수 있다
 1. 산불에 대한 예방·진압 등 지원활동
 2. 자연재해에 따른 급수·배수 및 제설 등 지원활동
 3. 집회·공연 등 각종 행사 시 사고에 대비한 근접대기 등 지원활동
 4. 화재, 재난·재해로 인한 피해복구 지원활동
 5. 삭제
 6. 그 밖에 행정안전부령으로 정하는 활동
② 소방지원활동은 제16조의 소방활동 수행에 지장을 주지 아니하는 범위에서 할 수 있다.
③ 유관기관·단체 등의 요청에 따른 소방지원활동에 드는 비용은 지원요청을 한 유관기관·단체 등에게 부담하게 할 수 있다. 다만, 부담금액 및 부담방법에 관하여는 지원요청을 한 유관기관·단체 등과 협의하여 결정한다.

02 정답 ④

소방신호의 방법 (소방기본법 시행규칙 [별표 4])

신호방법 종별	타종신호	싸이렌신호
경계신호	1타와 연2타를 반복	5초 간격을 두고 30초씩 3회
발화신호	난타	5초 간격을 두고 5초씩 3회
해제신호	상당한 간격을 두고 1타씩 반복	1분간 1회
훈련신호	연3타 반복	10초 간격을 두고 1분씩 3회

■ 비고
1. 소방신호의 방법은 그 전부 또는 일부를 함께 사용할 수 있다.
2. 게시판을 철거하거나 통풍대 또는 기를 내리는 것으로 소방활동이 해제되었음을 알린다.
3. 소방대의 비상소집을 하는 경우에는 훈련신호를 사용할 수 있다.

03 정답 ③

① (×) 정당한 사유 없이 소방대의 생활안전활동을 방해한 자 ☞ 100만원 이하의 **벌금**
② (×) 강제처분을 방해한 자 또는 정당한 사유 없이 그 처분에 따르지 아니한 자 ☞ 300만원 이하의 **벌금**

③ (○) 전용구역에 차를 주차하거나 전용구역에의 진입을 가로막는 등의 방해행위를 한 자 ☞ 100만원 이하의 **과태료**
④ (×) 정당한 사유 없이 소방대가 현장에 도착할 때까지 사람을 구출하는 조치 또는 불을 끄거나 불이 번지지 아니하도록 하는 조치를 하지 아니한 사람 ☞ 100만원 이하의 **벌금**

04   정답 ③

「소방기본법」 제17조(소방교육·훈련)
② 소방청장, 소방본부장 또는 소방서장은 화재를 예방하고 화재 발생 시 인명과 재산피해를 최소화하기 위하여 다음 각 호에 해당하는 사람을 대상으로 행정안전부령으로 정하는 바에 따라 소방안전에 관한 교육과 훈련을 실시할 수 있다. 이 경우 소방청장, 소방본부장 또는 소방서장은 해당 어린이집·유치원·학교의 장 또는 장애인복지시설의 장과 교육일정 등에 관하여 협의하여야 한다.
1. 「영유아보육법」 제2조에 따른 어린이집의 영유아
2. 「유아교육법」 제2조에 따른 유치원의 유아
3. 「초·중등교육법」 제2조에 따른 학교의 학생
4. 「장애인복지법」 제58조에 따른 장애인복지시설에 거주하거나 해당 시설을 이용하는 장애인
5. 「아동복지법」 제52조에 따른 아동복지시설에 거주하거나 해당 시설을 이용하는 아동(2026.1.1. 시행)
6. 「노인복지법」 제31조에 따른 노인복지시설에 거주하거나 해당 시설을 이용하는 노인(2026.1.1. 시행)

05   정답 ④

「소방기본법 시행규칙」 제3조(종합상황실의 실장의 업무 등)
② 종합상황실의 실장은 다음 각 호의 어느 하나에 해당하는 상황이 발생하는 때에는 그 사실을 지체 없이 별지 제1호서식에 따라 서면·팩스 또는 컴퓨터통신 등으로 소방서의 종합상황실의 경우는 소방본부의 종합상황실에, 소방본부의 종합상황실의 경우는 소방청의 종합상황실에 각각 보고해야 한다.
1. 다음 각목의 1에 해당하는 화재
   가. 사망자가 5인 이상 발생하거나 사상자가 10인 이상 발생한 화재
   나. 이재민이 100인 이상 발생한 화재
   다. 재산피해액이 50억원 이상 발생한 화재
   라. 관공서·학교·정부미도정공장·문화재·지하철 또는 지하구의 화재
   마. 관광호텔, 층수(「건축법 시행령」 제119조제1항제9호의 규정에 의하여 산정한 층수를 말한다. 이하 이 목에서 같다)가 11층 이상인 건축물, 지하상가, 시장, 백화점, 「위험물안전관리법」 제2조제2항의 규정에 의한 지정수량의 3천배 이상의 위험물의 제조소·저장소·취급소, 층수가 5층 이상이거나 객실이 30실 이상인 숙박시설, 층수가 5층 이상이거나 병상이 30개 이상인 종합병원·정신병원·한방병원·요양소, 연면적 1만5천제곱미터 이상인 공장 또는 「화재의 예방 및 안전관리에 관한 법률」 제18조제1항 각 호에 따른 화재예방강화지구에서 발생한 화재
   바. 철도차량, 항구에 매어둔 총 톤수가 1천톤 이상인 선박, 항공기, 발전소 또는 변전소에서 발생한 화재
   사. 가스 및 화약류의 폭발에 의한 화재
   아. 「다중이용업소의 안전관리에 관한 특별법」 제2조에 따른 다중이용업소의 화재
2. 「긴급구조대응활동 및 현장지휘에 관한 규칙」에 의한 통제단장의 현장지휘가 필요한 재난상황
3. 언론에 보도된 재난상황
4. 그 밖에 소방청장이 정하는 재난상황

06   정답 ④

「소방기본법 시행령」 제2조(국고보조 대상사업의 범위와 기준보조율)
① 법 제9조제2항에 따른 국고보조 대상사업의 범위는 다음 각 호와 같다.
1. 다음 각 목의 소방활동장비와 설비의 구입 및 설치
   가. 소방자동차
   나. 소방헬리콥터 및 소방정
   다. 소방전용통신설비 및 전산설비
   라. 그 밖에 방화복 등 소방활동에 필요한 소방장비
2. 소방관서용 청사의 건축(「건축법」 제2조제1항제8호에 따른 건축을 말한다)
② 제1항제1호에 따른 소방활동장비 및 설비의 종류와 규격은 행정안전부령으로 정한다.
③ 제1항에 따른 국고보조 대상사업의 기준보조율은 「보조금 관리에 관한 법률 시행령」에서 정하는 바에 따른다.

07   정답 ④

「소방기본법」 제24조(소방활동 종사 명령)
① 소방본부장, 소방서장 또는 소방대장은 화재, 재난·재해, 그 밖의 위급한 상황이 발생한 현장에서 소방활동을 위하여 필요할 때에는 그 관할구역에 사는 사람 또는 그 현장에 있는 사람으로 하여금 사람을 구출하는 일 또는 불을 끄거나 불이 번지지 아니하도록 하는 일을 하게 할 수 있다. 이 경우 소방본부장, 소방서장 또는 소방대장은 소방활동에 필요한 보호장구를 지급하는 등 안전을 위한 조치를 하여야 한다.
② 삭제 〈2017. 12. 26.〉
③ 제1항에 따른 명령에 따라 소방활동에 종사한 사람은 시·도지사로부터 소방활동의 비용을 지급받을 수 있다. 다만, 다음 각 호의 어느 하나에 해당하는 사람의 경우에는 그러하지 아니하다.
1. 소방대상물에 화재, 재난·재해, 그 밖의 위급한 상황이 발생한 경우 그 관계인
2. 고의 또는 과실로 화재 또는 구조·구급 활동이 필요한 상황을 발생시킨 사람
3. 화재 또는 구조·구급 현장에서 물건을 가져간 사람

08 정답 ①

「소방기본법」제40조(한국소방안전원의 설립 등)

① 소방기술과 안전관리기술의 향상 및 홍보, 그 밖의 교육·훈련 등 행정기관이 위탁하는 업무의 수행과 소방 관계 종사자의 기술 향상을 위하여 한국소방안전원(이하 "안전원"이라 한다)을 소방청장의 인가를 받아 설립한다.
② 제1항에 따라 설립되는 안전원은 법인으로 한다.
③ 안전원에 관하여 이 법에 규정된 것을 제외하고는 「민법」중 재단법인에 관한 규정을 준용한다.

09 정답 ②

「소방기본법」제8조(소방력의 기준 등)

① 소방기관이 소방업무를 수행하는 데에 필요한 인력과 장비 등 [이하 "소방력"(消防力)이라 한다]에 관한 기준은 행정안전부령으로 정한다.
② 시·도지사는 제1항에 따른 소방력의 기준에 따라 관할구역의 소방력을 확충하기 위하여 필요한 계획을 수립하여 시행하여야 한다.
③ 소방자동차 등 소방장비의 분류·표준화와 그 관리 등에 필요한 사항은 따로 법률에서 정한다.

「소방기본법」제9조(소방장비 등에 대한 국고보조)

① 국가는 소방장비의 구입 등 시·도의 소방업무에 필요한 경비의 일부를 보조한다.
② 제1항에 따른 보조 대상사업의 범위와 기준보조율은 대통령령으로 정한다.

10 정답 ②

「소방기본법」제16조의3(생활안전활동)

① 소방청장·소방본부장 또는 소방서장은 신고가 접수된 생활안전 및 위험제거 활동(화재, 재난·재해, 그 밖의 위급한 상황에 해당하는 것은 제외한다)에 대응하기 위하여 소방대를 출동시켜 다음 각 호의 활동(이하 "생활안전활동"이라 한다)을 하게 하여야 한다.
  1. 붕괴, 낙하 등이 우려되는 고드름, 나무, 위험 구조물 등의 제거활동
  2. 위해동물, 벌 등의 포획 및 퇴치 활동
  3. 끼임, 고립 등에 따른 위험제거 및 구출 활동
  4. 단전사고 시 비상전원 또는 조명의 공급
  5. 그 밖에 방치하면 급박해질 우려가 있는 위험을 예방하기 위한 활동
② 누구든지 정당한 사유 없이 제1항에 따라 출동하는 소방대의 생활안전활동을 방해하여서는 아니 된다.

「소방기본법」제16조의2(소방지원활동)

① 소방청장·소방본부장 또는 소방서장은 공공의 안녕질서 유지 또는 복리증진을 위하여 필요한 경우 소방활동 외에 다음 각 호의 활동(이하 "소방지원활동"이라 한다)을 하게 할 수 있다.
  1. 산불에 대한 예방·진압 등 지원활동
  2. 자연재해에 따른 급수·배수 및 제설 등 지원활동
  3. 집회·공연 등 각종 행사 시 사고에 대비한 근접대기 등 지원활동
  4. 화재, 재난·재해로 인한 피해복구 지원활동
  5. 삭제 〈2015. 7. 24.〉
  6. 그 밖에 행정안전부령으로 정하는 활동

> 「소방기본법 시행규칙」제8조의4(소방지원활동)
> 법 제16조의2제1항제6호에서 "그 밖에 행정안전부령으로 정하는 활동"이란 다음 각 호의 어느 하나에 해당하는 활동을 말한다.
> 1. 군·경찰 등 유관기관에서 실시하는 훈련지원 활동
> 2. 소방시설 오작동 신고에 따른 조치활동
> 3. 방송제작 또는 촬영 관련 지원활동

11 정답 ④

ㄱ, ㄷ, ㄹ, ㅁ의 4개이다.

화재예방법 제36조(피난계획의 수립 및 시행)

① 소방안전관리대상물의 관계인은 그 장소에 근무하거나 거주 또는 출입하는 사람들이 화재가 발생한 경우에 안전하게 피난할 수 있도록 피난계획을 수립·시행하여야 한다.

시행규칙 제34조(피난계획의 수립·시행)

① 법 제36조 제1항에 따른 피난계획에는 다음 각 호의 사항이 포함되어야 한다.
  1. 화재경보의 수단 및 방식
  2. 층별, 구역별 피난대상 인원의 연령별·성별 현황
  3. 피난약자의 현황
  4. 각 거실에서 옥외(옥상 또는 피난안전구역을 포함한다)로 이르는 피난경로
  5. 피난약자 및 피난약자를 동반한 사람의 피난동선과 피난방법
  6. 피난시설, 방화구획, 그 밖에 피난에 영향을 줄 수 있는 제반 사항

12 정답 ①

화재예방법 2조(정의)

① 이 법에서 사용하는 용어의 뜻은 다음과 같다.
  3. "화재안전조사"란 소방청장, 소방본부장 또는 소방서장(이하 "소방관서장"이라 한다)이 소방대상물, 관계지역 또는 관계인에 대하여 소방시설등(「소방시설 설치 및 관리에 관한 법률」제2조제1항제2호에 따른 소방시설등을 말한다. 이하 같다)이 소방 관계 법령에 적합하게 설치·관리되고 있는지, 소방대상물에 화재의 발생 위험이 있는지 등을 확인하기 위하여 실시하는 현장조사·문서열람·보고요구 등을 하는 활동을 말한다.

13 정답 ②

② (×) 가연성 가스를 1천톤 이상 저장·취급하는 시설 ☞ 1급 소방안전관리대상물

화재예방법 제24조(특정소방대상물의 소방안전관리)
② 다른 안전관리자(다른 법령에 따라 전기·가스·위험물 등의 안전관리 업무에 종사하는 자를 말한다. 이하 같다)는 소방안전관리대상물 중 소방안전관리업무의 전담이 필요한 대통령령으로 정하는 소방안전관리대상물의 소방안전관리자를 겸할 수 없다. 다만, 다른 법령에 특별한 규정이 있는 경우에는 그러하지 아니하다.

시행령 제26조(소방안전관리업무 전담 대상물)
법 제24조 제2항 본문에서 "대통령령으로 정하는 소방안전관리대상물"이란 다음 각 호의 소방안전관리대상물을 말한다.
1. 별표 4 제1호에 따른 <u>특급 소방안전관리대상물</u>
2. 별표 4 제2호에 따른 <u>1급 소방안전관리대상물</u>

14   정답 ③

화재예방법 시행규칙 제29조(실무교육의 실시)
① <u>소방청장</u>은 법 제34조 제1항 제2호에 따른 실무교육(이하 "실무교육"이라 한다)의 대상·일정·횟수 등을 포함한 실무교육의 실시 계획을 <u>매년</u> 수립·시행해야 한다.
② 소방청장은 실무교육을 실시하려는 경우에는 실무교육 실시 <u>30일 전까지</u> 일시·장소, 그 밖에 실무교육 실시에 필요한 사항을 인터넷 홈페이지에 공고하고 교육대상자에게 통보해야 한다.
③ 소방안전관리자는 소방안전관리자로 선임된 날부터 <u>6개월 이내</u>에 실무교육을 받아야 하며, 그 이후에는 <u>2년마다</u>(최초 실무교육을 받은 날을 기준일로 하여 매 2년이 되는 해의 기준일과 같은 날 전까지를 말한다) <u>1회 이상</u> 실무교육을 받아야 한다. 다만, 소방안전관리 강습교육 또는 실무교육을 받은 후 1년 이내에 소방안전관리자로 선임된 사람은 해당 강습교육 또는 실무교육을 수료한 날을 실무교육을 받은 날로 본다.
④ 소방안전관리보조자는 그 선임된 날부터 6개월(영 별표 5 제2호마목에 따라 소방안전관리보조자로 지정된 사람의 경우 3개월을 말한다) 이내에 실무교육을 받아야 하며, 그 이후에는 2년마다(최초 실무교육을 받은 날을 기준일로 하여 매 2년이 되는 해의 기준일과 같은 날 전까지를 말한다) 1회 이상 실무교육을 받아야 한다. 다만, 소방안전관리자 강습교육 또는 실무교육이나 소방안전관리보조자 실무교육을 받은 후 <u>1년 이내</u>에 소방안전관리보조자로 선임된 사람은 해당 강습교육 또는 실무교육을 수료한 날을 실무교육을 받은 날로 본다.

15   정답 ③

ㄱ, ㄹ, ㅁ의 3개이다.

제18조(화재예방강화지구의 지정 등)
① 시·도지사는 다음 각 호의 어느 하나에 해당하는 지역을 화재예방강화지구로 지정하여 관리할 수 있다.
  1. <u>시장지역</u>
  2. 공장·창고가 밀집한 지역
  3. 목조건물이 밀집한 지역
  4. 노후·불량건축물이 밀집한 지역
  5. 위험물의 저장 및 처리 시설이 밀집한 지역
  6. <u>석유화학제품을 생산하는 공장이 있는 지역</u>
  7. 「산업입지 및 개발에 관한 법률」 제2조 제8호에 따른 산업단지
  8. 소방시설·소방용수시설 또는 소방출동로가 없는 지역
  9. 「물류시설의 개발 및 운영에 관한 법률」 제2조 제6호에 따른 <u>물류단지</u>
  10. 그 밖에 제1호부터 제9호까지에 준하는 지역으로서 소방관서장이 화재예방강화지구로 지정할 필요가 있다고 인정하는 지역

16   정답 ②

「화재의 예방 및 안전관리에 관한 법률 시행규칙」제12조(소방안전관리업무 대행 기준) 법 제25조제2항에 따른 소방안전관리업무 대행인력의 배치기준·자격·방법 등 준수사항은 별표 1과 같다.

■ 화재의 예방 및 안전관리에 관한 법률 시행규칙 [별표 1]
소방안전관리업무 대행인력의 배치기준·자격 및 방법 등 준수사항
(제12조 관련)

1. 업무대행 인력의 배치기준
「소방시설 설치 및 관리에 관한 법률」 제29조에 따라 소방시설관리업을 등록한 소방시설관리업자가 법 제25조제1항에 따라 영 제28조제2항 각 호의 소방안전관리업무를 대행하는 경우에는 다음 각 목에 따른 소방안전관리업무 대행인력(이하 "대행인력"이라 한다)을 배치해야 한다.
가. 소방안전관리대상물의 등급 및 소방시설의 종류에 따른 대행인력의 배치기준

[표 1] 소방안전관리등급 및 설치된 소방시설에 따른 대행인력의 배치 등급

소방안전관리대상물의 등급	설치된 소방시설의 종류	대행인력의 기술등급
1급 또는 2급	<u>스프링클러설비</u>, 물분무등소화설비 또는 제연설비	<u>중급점검자 이상 1명 이상</u>
1급 또는 2급	옥내소화전설비 또는 옥외소화전설비	초급점검자 이상 1명 이상
3급	자동화재탐지설비 또는 간이스프링클러설비	초급점검자 이상 1명 이상

비고
1. 소방안전관리대상물의 등급은 영 별표 4에 따른 소방안전관리대상물의 등급을 말한다.
2. 대행인력의 기술등급은 「소방시설공사업법 시행규칙」 별표 4의2에 따른 소방기술자의 자격 등급에 따른다.
3. <u>연면적 5천제곱미터 미만으로서 스프링클러설비가 설치된 1급 또는 2급 소방안전관리대상물의 경우에는 초급점검자를 배치할 수 있다</u>. 다만, 스프링클러설비 외에 제연설비 또는 물분무등소화설비가 설치된 경우에는 그렇지 않다
4. 스프링클러설비에는 화재조기진압용 스프링클러설비를 포함하고, 물분무등소화설비에는 호스릴(hose reel)방식은 제외한다.

17   정답 ①

「화재의 예방 및 안전관리에 관한 법률 시행령」 제31조(소방안전관리자 자격시험 응시자격)
 법 제32조제1항에 따라 소방안전관리자 자격시험에 응시할 수 있는 사람의 자격은 별표 6과 같다.

■ 화재의 예방 및 안전관리에 관한 법률 시행령 [별표 6]
<u>소방안전관리자 자격시험에 응시할 수 있는 사람의 자격(제31조 관련)</u>

1. 특급 소방안전관리자
   가. 1급 소방안전관리대상물의 소방안전관리자로 5년(소방설비기사의 경우에는 자격 취득 후 2년, 소방설비산업기사의 경우에는 자격 취득 후 3년) 이상 근무한 실무경력(법 제24조제3항에 따라 <u>소방안전관리자로 선임되어 근무한 경력은 제외한다.</u> 이하 이 표에서 같다)이 있는 사람
   나. 1급 소방안전관리대상물의 소방안전관리자로 선임될 수 있는 자격을 갖춘 후 특급 또는 1급 소방안전관리대상물의 소방안전관리보조자로 7년 이상 근무한 실무경력이 있는 사람
   다. 소방공무원으로 10년 이상 근무한 경력이 있는 사람
   라. 「고등교육법」 제2조제1호부터 제6호까지 규정 중 어느 하나에 해당하는 학교(이하 "대학"이라 한다) 또는 「초·중등교육법 시행령」 제90조제1항제10호 및 제91조에 따른 고등학교(이하 "고등학교"라 한다)에서 소방안전관리학과(소방청장이 정하여 고시하는 학과를 말한다. 이하 이 표에서 같다)를 전공하고 졸업한 사람(법령에 따라 이와 같은 수준의 학력이 있다고 인정되는 사람을 포함한다)으로서 해당 학과를 졸업한 후 2년 이상 1급 소방안전관리대상물의 소방안전관리자로 근무한 실무경력이 있는 사람
   마. 다음의 어느 하나에 해당하는 요건을 갖춘 후 3년 이상 1급 소방안전관리대상물의 소방안전관리자로 근무한 실무경력이 있는 사람
     1) 대학 또는 고등학교에서 소방안전 관련 교과목(소방청장이 정하여 고시하는 교과목을 말한다. 이하 이 표에서 같다)을 12학점 이상 이수하고 졸업한 사람
     2) 법령에 따라 1)에 해당하는 사람과 같은 수준의 학력이 있다고 인정되는 사람으로서 해당 학력 취득 과정에서 소방안전 관련 교과목을 12학점 이상 이수한 사람
     3) 대학 또는 고등학교에서 소방안전 관련 학과(소방청장이 정하여 고시하는 학과를 말한다. 이하 이 표에서 같다)를 전공하고 졸업한 사람(법령에 따라 이와 같은 수준의 학력이 있다고 인정되는 사람을 포함한다)
   바. 소방행정학(소방학 및 소방방재학을 포함한다) 또는 소방안전공학(소방방재공학 및 안전공학을 포함한다) 분야에서 석사 이상 학위를 취득한 후 2년 이상 1급 소방안전관리대상물의 소방안전관리자로 근무한 실무경력이 있는 사람
   사. 특급 소방안전관리대상물의 소방안전관리보조자로 10년 이상 근무한 실무경력이 있는 사람
   아. 법 제34조제1항제1호에 따른 강습교육 중 이 영 제33조제1호에 해당하는 사람을 대상으로 하는 강습교육을 수료한 사람
   자. 「초고층 및 지하연계 복합건축물 재난관리에 관한 특별법」 제12조제1항 각 호 외의 부분 본문에 따라 총괄재난관리자로 지정되어 1년 이상 근무한 경력이 있는 사람

18   정답 ①

특정소방대상물 (소방시설법 시행령 [별표 2])
■ 비고
2. 둘 이상의 특정소방대상물이 다음 각 목의 어느 하나에 해당되는 구조의 복도 또는 통로(이하 이 표에서 "연결통로"로 연결된 경우에는 이를 하나의 특정소방대상물로 본다.
   가. <u>내화구조로 된 연결통로가 다음의 어느 하나에 해당되는 경우</u>
     1) 벽이 없는 구조로서 그 길이가 6m 이하인 경우
     2) 벽이 있는 구조로서 그 길이가 10m 이하인 경우. 다만, 벽 높이가 바닥에서 천장까지의 높이의 2분의 1 이상인 경우에는 벽이 있는 구조로 보고, 벽 높이가 바닥에서 천장까지의 높이의 2분의 1 미만인 경우에는 벽이 없는 구조로 본다.
   나. <u>내화구조가 아닌 연결통로로 연결된 경우</u>
   다. <u>컨베이어로 연결되거나 플랜트설비의 배관 등으로 연결되어 있는 경우</u>
   라. <u>지하보도, 지하상가, 지하가로 연결된 경우</u>
   마. <u>자동방화셔터 또는 60분+ 방화문이 설치되지 않은 피트(전기설비 또는 배관설비 등이 설치되는 공간을 말한다)로 연결된 경우</u>
   바. <u>지하구로 연결된 경우</u>

19   정답 ③

특정소방대상물의 관계인이 특정소방대상물에 설치·관리해야 하는 소방시설의 종류 (소방시설법 시행령 [별표 4])
1. 소화설비
   라. 스프링클러설비를 설치해야 하는 특정소방대상물(위험물 저장 및 처리 시설 중 가스시설 및 지하구는 제외)은 다음의 어느 하나에 해당하는 것으로 한다.
     4) 판매시설, 운수시설 및 창고시설(물류터미널로 한정)로서 바닥면적의 합계가 <u>5천㎡</u> 이상이거나 수용인원이 <u>500명</u> 이상인 경우에는 모든 층

20   정답 ②

소방시설법 제17조(소방용품의 내용연수 등)
① 특정소방대상물의 관계인은 내용연수가 경과한 소방용품을 교체하여야 한다. 이 경우 내용연수를 설정하여야 하는 소방용품의 종류 및 그 내용연수 연한에 필요한 사항은 대통령령으로 정한다.

시행령 제19조(내용연수 설정대상 소방용품)
① 법 제17조 제1항 후단에 따라 내용연수를 설정해야 하는 소방용품은 <u>분말형태의 소화약제를 사용하는 소화기</u>로 한다.
② 제1항에 따른 소방용품의 내용연수는 <u>10년</u>으로 한다.

21 정답 ④

소방시설법 제7조(소방시설의 내진설계기준)
「지진·화산재해대책법」 제14조 제1항 각 호의 시설 중 대통령령으로 정하는 특정소방대상물에 대통령령으로 정하는 소방시설을 설치하려는 자는 지진이 발생할 경우 소방시설이 정상적으로 작동될 수 있도록 소방청장이 정하는 내진설계기준에 맞게 소방시설을 설치하여야 한다.

시행령 제8조(소방시설의 내진설계)
① 법 제7조에서 "대통령령으로 정하는 특정소방대상물"이란 「건축법」 제2조 제1항 제2호에 따른 건축물로서 「지진·화산재해대책법 시행령」 제10조 제1항 각 호에 해당하는 시설을 말한다.
② 법 제7조에서 "대통령령으로 정하는 소방시설"이란 소방시설 중 옥내소화전설비, 스프링클러설비 및 물분무등소화설비를 말한다.

22 정답 ②

소방시설법 제25조(소방시설관리사)
① 소방시설관리사(이하 "관리사"라 한다)가 되려는 사람은 소방청장이 실시하는 관리사시험에 합격하여야 한다.
② 제1항에 따른 관리사시험의 응시자격, 시험방법, 시험과목, 시험위원, 그 밖에 관리사시험에 필요한 사항은 대통령령으로 정한다.
③ 관리사시험의 최종 합격자 발표일을 기준으로 제27조의 결격사유에 해당하는 사람은 관리사 시험에 응시할 수 없다.
④ 소방기술사 등 대통령령으로 정하는 사람에 대하여는 대통령령으로 정하는 바에 따라 제2항에 따른 관리사시험 과목 가운데 일부를 면제할 수 있다.
⑤ 소방청장은 제1항에 따른 관리사시험에 합격한 사람에게는 행정안전부령으로 정하는 바에 따라 소방시설관리사증을 발급하여야 한다.
⑥ 제5항에 따라 소방시설관리사증을 발급받은 사람이 소방시설관리사증을 잃어버렸거나 못 쓰게 된 경우에는 행정안전부령으로 정하는 바에 따라 소방시설관리사증을 재발급받을 수 있다.
⑦ 관리사는 제5항 또는 제6항에 따라 발급 또는 재발급받은 소방시설관리사증을 다른 사람에게 빌려주거나 빌려서는 아니 되며, 이를 알선하여서도 아니 된다.
⑧ 관리사는 동시에 둘 이상의 업체에 취업하여서는 아니 된다.
⑨ 제22조 제1항에 따른 기술자격자 및 제29조 제2항에 따라 관리업의 기술인력으로 등록된 관리사는 이 법과 이 법에 따른 명령에 따라 성실하게 자체점검 업무를 수행하여야 한다.

23 정답 ①

「소방시설 설치 및 관리에 관한 법률 시행규칙」 제23조(소방시설등의 자체점검 결과의 조치 등)
① 관리업자 또는 소방안전관리자로 선임된 소방시설관리사 및 소방기술사(이하 "관리업자등"이라 한다)는 자체점검을 실시한 경우에는 법 제22조제1항 각 호 외의 부분 후단에 따라 그 점검이 끝난 날부터 10일 이내에 별지 제9호서식의 소방시설등 자체점검 실시결과 보고서(전자문서로 된 보고서를 포함한다)에 소방청장이 정하여 고시하는 소방시설등점검표를 첨부하여 관계인에게 제출해야 한다.
② 제1항에 따른 자체점검 실시결과 보고서를 제출받거나 스스로 자체점검을 실시한 관계인은 법 제23조제3항에 따라 자체점검이 끝난 날부터 15일 이내에 별지 제9호서식의 소방시설등 자체점검 실시결과 보고서(전자문서로 된 보고서를 포함한다)에 다음 각 호의 서류를 첨부하여 소방본부장 또는 소방서장에게 서면이나 소방청장이 지정하는 전산망을 통하여 보고해야 한다.

24 정답 ①

「소방시설 설치 및 관리에 관한 법률 시행령」 제14조(유사한 소방시설의 설치 면제의 기준)
법 제13조제2항에 따라 소방본부장 또는 소방서장은 특정소방대상물에 설치해야 하는 소방시설 가운데 기능과 성능이 유사한 소방시설의 설치를 면제하려는 경우에는 별표 5의 기준에 따른다.

■ 소방시설 설치 및 관리에 관한 법률 시행령 [별표 5]
특정소방대상물의 소방시설 설치의 면제 기준(제14조 관련)

설치가 면제되는 소방시설	설치가 면제되는 기준
17. 제연설비	가. 제연설비를 설치해야 하는 특정소방대상물[별표 4 제5호가목6)은 제외한다]에 다음의 어느 하나에 해당하는 설비를 설치한 경우에는 설치가 면제된다. 1) 공기조화설비를 화재안전기준의 제연설비기준에 적합하게 설치하고 공기조화설비가 화재 시 제연설비기능으로 자동전환되는 구조로 설치되어 있는 경우 2) 직접 외부 공기와 통하는 배출구의 면적의 합계가 해당 제연구역[제연경계(제연설비의 일부인 천장을 포함한다)에 의하여 구획된 건축물 내의 공간을 말한다] 바닥면적의 100분의 1 이상이고, 배출구부터 각 부분까지의 수평거리가 30m 이내이며, 공기유입구가 화재안전기준에 적합하게(외부 공기를 직접 자연 유입할 경우에 유입구의 크기는 배출구의 크기 이상이어야 한다) 설치되어 있는 경우 나. 별표 4 제5호가목7)에 따라 제연설비를 설치해야 하는 특정소방대상물 중 노대(露臺)와 연결된 특별피난계단, 노대가 설치된 비상용 승강기의 승강장 또는 「건축법 시행령」 제91조제5호의 기준에 따라 배연설비가 설치된 피난용 승강기의 승강장에는 설치가 면제된다.

25 정답 ②

「소방시설 설치 및 관리에 관한 법률 시행령」 제18조(화재위험작업 및 임시소방시설 등)
② 법 제15조제1항에 따른 임시소방시설(이하 "임시소방시설"이라 한다)의 종류와 임시소방시설을 설치해야 하는 공사의 종류 및 규모는 별표 8 제1호 및 제2호와 같다.

■ 소방시설 설치 및 관리에 관한 법률 시행령 [별표 8]

임시소방시설의 종류와 설치기준 등
(제18조제2항 및 제3항 관련)

2. 임시소방시설을 설치해야 하는 공사의 종류와 규모
   가. 소화기: 법 제6조제1항에 따라 소방본부장 또는 소방서장의 동의를 받아야 하는 특정소방대상물의 신축·증축·개축·재축·이전·용도변경 또는 대수선 등을 위한 공사 중 법 제15조제1항에 따른 화재위험작업의 현장(이하 이 표에서 "화재위험작업현장"이라 한다)에 설치한다.
   나. 간이소화장치: 다음의 어느 하나에 해당하는 공사의 화재위험작업현장에 설치한다.
      1) 연면적 3천㎡ 이상
      2) 지하층, 무창층 또는 4층 이상의 층. 이 경우 해당 층의 바닥면적이 600㎡ 이상인 경우만 해당한다.
   다. 비상경보장치: 다음의 어느 하나에 해당하는 공사의 화재위험작업현장에 설치한다.
      1) 연면적 400㎡ 이상
      2) 지하층 또는 무창층. 이 경우 해당 층의 바닥면적이 150㎡ 이상인 경우만 해당한다.
   라. 가스누설경보기: 바닥면적이 150㎡ 이상인 지하층 또는 무창층의 화재위험작업현장에 설치한다.
   마. 간이피난유도선: 바닥면적이 150㎡ 이상인 지하층 또는 무창층의 화재위험작업현장에 설치한다.
   바. 비상조명등: 바닥면적이 150㎡ 이상인 지하층 또는 무창층의 화재위험작업현장에 설치한다.
   사. 방화포: 용접·용단 작업이 진행되는 화재위험작업현장에 설치한다.

소방전술 [25문항]

01 정답 ④

① 검토회의는 화재발생일로부터 10일 이내에 개최한다.
② 검토회의는 화재지를 관할하는 소방본부 또는 소방서에서 개최한다.

통제관	① 대형화재 발생 시의 통제관은 소방본부장이 된다. ② 중요화재, 특수화재의 경우 통제관은 관할 소방서장으로 하되 필요한 경우 소방본부장이 할 수 있다.
참석자	① 소방활동에 참여한 직원(긴급구조통제단 각 부 및 유관기관 담당자를 포함) ② 예방관계 사무담당직원 ③ 기타 화재규모, 방어활동 등을 참작하여 통제관이 필요하다고 지정하는 사람

02 정답 ③

복사에너지	구획실 화재가 성장기로부터 최성기로 전환되는 데 있어서 중요한 역할을 한다. • 뜨거운 가스층이 천장부분에서 형성될 때에, 연기 속에 들어 있는 뜨거운 미립자들은 구획실에 있는 다른 가연물들로 에너지를 방사하기 시작한다. • 이렇게 발화원에서 떨어져 있는 가연물들은 때때로 '표적 가연물(target fuels)'이라고 불린다. • 복사에너지가 증가하게 되면, 표적 가연물은 열분해반응을 시작하고 가연성가스를 발산하기 시작한다. • 구획실 내의 온도가 이들 가스의 발화온도에 도달하면, 방 전체는 화재로 휩싸이게 된다.(플래시오버)

03 정답 ②

5단계(RECEO)에 따른 화재진압전략의 대응우선순위 전략개념

생명보호(Rescue) → 외부확대방지(Exposure) → 내부확대방지(Confine) → 화재진압(Extinguish) → 점검·조사(Overhaul)

04 정답 ③

플래시오버의 징후와 특징

징후	• 고온의 연기 발생 • Rollover 현상이 관찰됨 • 일정공간 내에서의 전면적인 자유연소 • 일정공간 내에서의 계속적인 열집적(다른 물질의 동시가열) • 두텁고, 뜨겁고, 진한연기가 아래로 쌓임
특징	• 실내 모든 가연물의 동시발화 현상 • 바닥에서 천정까지 고온상태

05 정답 ④

사다리차 등 소방차 수리유도 및 부서
사다리차 등의 소방차량은 소방용수와는 관계없이 독자적으로 자기 소대의 임무에 따라 부서를 한다. 예를 들면 사다리차의 경우 어떠한 목적으로 사용할 것인가에 따라서 그 부서의 위치나 방법이 달라진다. 사다리차로 고층건물의 상층에서 인명구조를 하고자 하는 경우에는 건물에 접근시켜 부서하여야 한다. 그러나 사다리차로 높은 곳에서 현장활동을 지원하기 위하여 조명이나 주수를 하는 경우에는 반드시 화재건물에 접근할 필요는 없다.

06 정답 ②

계단 등 수직피난	• 피난에 사용하는 계단 등의 우선순위는 원칙으로 ① 옥외계단 ② 피난교 ③ 특별피난계단 ④ 옥외피난용 사다리 및 피난계단의 순서로 한다. • 계단에서의 이동은 상층으로부터의 피난상황을 고려하여 계단 모서리 등으로 많은 사람이 혼잡하지 않도록 유입인원을 통제한다. • 바로 위층 피난을 우선으로 하고 계단을 내려오는 사람은 직하층으로 일시 유도한 후 지상으로 대피시킨다. • 옥상 직하 층의 피난 자 등은 옥상을 일시 피난장소로 지정한다. • 화점층 계단 출입구는 계단의 피난 자들이 통과할 때까지 폐쇄한다.

07 정답 ①

수평부분에 대한 관창배치요령

덕트(Duct)	• 당해 건축물의 덕트 배관계통 및 단열재 등의 재질을 확인한다. • 덕트 방화구획 관통부의 매설이 불안전한 것이 많고 이곳에서 다른 구획으로의 연소위험이 크다. • 연소구획에 인접하는 구획 및 직상층의 방화댐퍼 부근과 최상층의 덕트 부근에 연소위험이 크다.
방화문, 방화셔터	• 배연측이 되는 계단의 방화문은 개방하므로 상층으로 연소위험이 크다. • 방화셔터는 상부의 셔터 감는 장치에서 천장 속으로 연소 확대된다.
천장 속의 화염	• 가연재의 천장인 경우는 천장 속의 화염에 주의한다. • 상층의 바닥 슬래브와 벽과 틈이 있으면 천장 속에서 타 구획으로 연소한다.

08 정답 ④

사다리를 활용한 방수요령 안전관리
㉠ 어깨에 거는 방법의 경우는 전개형 분무노즐의 직사방수로 0.25Mpa가 한도이지만 허리에 대는 방법은 관창을 로프로 창틀 또는 사다리선단에 결속하면 0.3~0.4Mpa까지도 방수할 수 있다.
㉡ 배기구의 경우는 직사방수로 하고, 급기구의 경우는 직사방수 또는 분무방수를 한다.
㉢ 활동높이는 사다리 길이로 결정하되 3층 정도까지로 한다.
㉣ 사다리에서 횡방향으로의 방수는 위험하다. 호스는 사다리의 중간에 로프 등으로 결속하여 낙하를 방지한다.

09 정답 ③

엄호 방수 및 요령
① 관창압력 0.6Mpa정도로 분무방수를 한다.
② 관창각도는 60~70도로 하고 관창수 스스로가 차열을 필요로 할 때는 70~90도로 한다.
③ 엄호방수는 작업 중인 대원의 등 뒤에서 신체 전체를 덮을 수 있도록 분무방수로 한다.
④ 강렬한 복사열로부터 대원을 방호할 때는 열원과 대원 사이에 분무방수를 행한다.
⑤ 복사열이 강한 장소에서 직사방수 작업

10 정답 ②

Lifting (선화)	• 가스분출구멍으로 부터 가스유출속도가 연소속도보다 크게 되었을 때 가스는 염공에 접하여 연소치 않고 염공에서 떨어져서 연소한다. - 버너의 가스분출구멍에 먼지 등이 끼어 염공이 작게 된 경우 혼합가스의 유출속도가 빠르게 된다. - 가스의 공급압력이 높거나 관창의 구경이 큰 경우 가스의 유출속도가 빠르게 된다. - 연소가스의 배출 불충분으로 2차 공기 중의 산소가 부족한 경우 연소속도가 느리게 된다. - 공기조절장치를 너무 많이 열어 가스의 공급량이 많게 되면 리프팅이 일어나지만 가스의 공급량이 적게 될 때는 백드래프트 또는 불이 꺼지는 원인이 된다.

11 정답 ④

소방전술의 유형

포위전술	관창을 화점에 포위 배치하여 진압하는 전술형태로 초기 진압 시에 적합하다.
공격전술	관창을 화점에 진입 배치하는 전술형태로 소규모 화재에 적합하다.
블록전술	주로 인접건물로의 화재확대방지를 위해 적용하는 전술형태로 블록(Block)의 4방면 중 확대가능한 면을 동시에 방어하는 전술이다.
중점전술	화재발생장소 주변에 사회적, 경제적, 혹은 소방상 중요한 시설 또는 대상물이 있고 이것에 중점을 두어 진압하는 경우 또는 천재지변 등 보통의 전술로는 진입이 곤란한 경우의 전술이다. 예를 들면 대폭발 등으로 다수의 인명을 보호해야하는 경우 피난로, 피난예정지 확보와 같은 방어활동에 중점을 둔다.
집중전술	부대가 집중하여 일시에 진화하는 작전으로 예를 들면 위험물 옥외저장탱크 화재 등에 사용된다.

12 정답 ②

소방용수시설 유지관리

① 공설소화전, 저수조, 급수탑 등은 그 설치 재원을 각 시·도의 소방공동시설세로 하고 있으므로 유지·관리는 사용주체인 소방관서에서 해야 한다.
② 수도에 있어서는 그 설치자가 설치·유지와 관리를 한다. 이를 명확히 하기 위하여 소방기본법과 수도법에서 정하고 있다.
③ 소방 활동에 필요한 소화전·급수탑·저수조 기타의 소방용수시설은 관할 시·도가 설치하여 유지 관리하여야 한다.
④ 소방용수시설은 소방관서의 재산으로서 그 책임을 다하여야 하며, 고장개소가 발생 시 상수도 관리 부서인 각 수도사업소에 개·보수사항을 의뢰하여 보수하거나 소방기관 자체 예산으로 보수하고 있다.

13 정답 ③

소방안전관리의 특성

구분	내용
일체성 적극성	재해현장 소방활동에 있어서 안전관리에 대한 일체성의 예는 호스연장 시 호스를 화재 건물과 가까이 두고 연장하지 않도록 하는 것은 화재건물의 낙하물체나 고열의 복사열에 의한 호스손상을 방지하여 결과적으로 진압활동이나 인명구조시 엄호방수가 완전히 이루어질 수 있도록 하기 위한 것이다. • 대원 자신의 안전으로 연결되어 소방활동이 적극적으로 실행될 수 있도록 한다. • 효과적인 소방활동을 염두에둔 적극적인 행동대책이라고 할 수 있다.
특이성 양면성	소방 조직의 재난현장 활동은 임무 수행과 동시에 대원의 안전을 확보하여야 하는 양면성이 요구된다.
계속성 반복성	안전관리는 끝없이 계속·반복적으로 실시되어야 한다. 재해현장의 안전관리는 출동에서부터 귀소하여 다음 출동을 위한 점검·정비까지 계속된다.

14 정답 ②

구분	내용
대형화재	• 사망 5명이상이거나 사상자 10명 이상 발생화재 • 재산피해 50억원 이상 추정되는 화재
중요화재	• 관공서, 학교, 정부미도정공장, 문화재, 지하철, 지하구 등 공공건물 및 시설의 화재 • 관광호텔, 고층건물, 지하상가, 시장, 백화점, 대량위험물을 제조·저장·취급하는 장소, 중점관리대상 및 화재경계지구 • 이재민 100명 이상 발생화재
특수화재	• 철도, 항구에 매어둔 외항선, 항공기, 발전소 및 변전소의 화재 • 특수사고, 방화 등 화재원인이 특이하다고 인정되는 화재 • 외국공관 및 그 사택의 화재 • 기타 대상이 특수하여 사회적 이목이 집중될 것으로 예상되는 화재

15 정답 ④

소화전을 이용한 급수방법

㉠ 소방펌프 구동 → ㉡ 중계구 직결관을 이용하여 소화전 연결 → ㉢ 중계구 개방 (메인밸브는 잠금상태) → ㉣ 자체급수밸브 개방 → ㉤ 물탱크 급수 또는 소화전을 물탱크 보수에 직접 연결하여 물탱크 급수

16 정답 ①

일반적인 로프의 수명

시간경과에 따른 강도저하	• 로프는 사용 횟수와 무관하게 강도가 저하된다. • 특히 4년 경과시부터 강도가 급속히 저하된다.
로프교체시기 (대한산악 연맹권고)	• 가끔 사용하는 로프 : 4년 • 매주 사용하는 로프 : 2년 • 매일 사용하는 로프 : 1년 • 스포츠 클라이밍 : 6개월
즉시교체 로프	• 큰 충격을 받은 로프(추락, 낙석, 아이젠) • 납작하게 눌린 로프 • 손상된 부분이 있는 로프

17 정답 ①

구조 활동의 원칙

현장의 안전 확보	① 구조대원은 행동에 들어가기 전에 자기 자신의 안전을 먼저 확인해야 한다. 그러므로 현장의 안전을 확보하고 자신의 안전을 지키는 일은 어떠한 구조현장에 있어서도 절대적으로 지켜야 할 가장 중요한 원칙이다. ② 사고의 양상과 주변의 위험요인을 파악하고 자신의 능력이 감당할 수 있는 한계 내에서 구조활동에 임하도록 한다.
명령 통일	① 명령의 통일성을 유지하기 위해 자의적인 단독행동은 절대 금지한다. ② 한 대원은 오직 한사람의 지휘관에게만 보고하고 한 사람의 지휘만을 받는다. ③ 대원의 안전에 위협이 되는 심각한 위험상황이 발생하여 현장에서 긴급히 대원을 철수시킨다든가 하는 급박한 경우 외에는 반드시 명령통일의 원칙을 준수하여야 한다.
구조활동 우선순위	인명의 안전 (Life safety) — 우선적으로 고려 사고의 안정화 (Incident stabilization) — 사고 확대 방지 재산가치의 보존 (Property conservation) — 재산손실의 최소화

18 정답 ②

인장력
① 구조활동에 있어서 로프에 대원 1인이 매달릴 때 대원의 몸무게와 흔들림에 따른 충격력을 감안하면 130kg 정도의 하중이 걸리며, 두 명의 대원이 활동하면 260kg 정도가 된다.
② 현재 판매되는 산악용 11㎜ 로프의 경우 대부분 3,000kg 내외의 인장강도를 가지며 충격력은 80kg에 대하여 700daN~900daN 정도이다.

19 정답 ④

① 동력절단기 : 철재, 목재, 콘크리트 등 절단 대상물에 따라 사용되는 절단날이 각각 다르므로 적정한 절단날이 장착되어 있는지 확인하고 정확히 고정하고 대상물에 날을 먼저 댄 후에 절단 날을 회전시키지 않도록 한다.
② 체인톱 : 동력에 의해 구동되는 톱날로 목재를 절단하는 장비이며, 수중이나 위험물질이 누출된 장소에서도 안전하게 사용할 수 있다.
③ 공기톱 : 압축공기를 동력원으로 하여 절단톱날을 작동시켜 안전하게 철재나 스텐레스, 비철금속 등을 절단할 수 있다.
④ 유압전개기 : 유압을 활용하여 물체의 틈을 벌리거나 압착할 수 있는 장비로 수중에서도 사용이 가능하다.

20 정답 ④

잡아매기
① 안전벨트가 없을 때 요구조자의 신체에 로프를 직접 결착하는 고정매듭의 일종이다.
② 구조대상자의 구출이나 낙하훈련 등과 같이 충격이 심한 훈련이나, 신체에 주는 고통을 완화하기 위하여 사용된다.
③ 긴급한 경우 이외에는 사용하지 않도록 한다.

21 정답 ④

줄을이용한 탐색
① 반원탐색 : 조류가 세고 탐색면적이 넓을 때 사용한다.
② 원형탐색 : 시야가 좋지 않으며 탐색면적이 좁고 수심이 깊을 때 활용하는 방법이다.
③ 소용돌이탐색 : 비교적 큰 물체를 탐색하는데 적합한 방법이다.
④ 왕복탐색 : 시야가 좋고 탐색면적이 넓을 때 사용하는 방법이다.

22 정답 ①

수심과 공기소모량

수심(m)	절대압력(atm)	소모시간(분)	공기소모율(L/분)
0	1	100	15
10	2	50	30
20	3	33	45
30	4	25	60
40	5	20	75

23 정답 ④

환자응급이동
환자의 상태가 즉각적인 이송이나 응급처치를 요하는 경우에 사용하는 것으로 쇼크, 가슴손상으로 인한 호흡곤란 등이 있다.
① 긴급 이동과 차이점은 척추손상에 대한 예방조치를 할 수 있다는 점이다.
② 긴급구출은 차량사고에서 짧은 척추고정판이나 조끼형 구조장비로 고정시킬 충분한 시간이 없을 때 사용된다.
③ 보통 척추손상 의심환자를 차량 밖으로 구조하는 데 약 10분 정도 걸리는 것을 1~2분으로 단축시킬 수 있다.
※ 이 방법은 척추 손상 위험이 높다.

24 정답 ④

아이 겔

용도	튜브 형태의 성문위 기도기와 차별적으로 부드러운 젤 형태로 모양이 만들어진 기도기로 기존의 기도기 보다 환자의 적용시간이 짧고 적용이 쉬우나 정확하게 환자에게 맞지 않을 수 있다. ※ 병원 전 단계에서 성공적으로 활용되어지는 장비이다.
특징	• 병원 전 심정지 환자나 외상환자(경추손상 등) 기도확보 시 유용 • 일반적인 성문위 기도기보다 삽입방법이 용이 • 일회용임
단점	• 기도확보 후 고정이 없는 경우 쉽게 빠지는 형태이므로 적용 후 바로 고정이 필요하다. • 공기를 주입하는 형태가 아닌 고형물로 사이즈 측정이 적당하지 않은 경우 기도의 완벽한 분리가 되지 않아 폐로 위 내용물을 흡인이 발생할 수 있다. • 사이즈가 작거나 큰 경우 밀착이 부정확한 경우 양압환기가 불충분해진다.

25 정답 ④

호흡유지 장비

코삽입관★	용도	비강용 산소투여 장치로 환자의 거부감을 최소화 시켰으며 낮은 산소를 요구하는 환자에게 사용된다. 환자의 코에 삽입하는 2개의 돌출관을 통해 환자에게 산소를 공급하며 유량을 분당 1~6L로 조절하면 산소농도를 24~44%로 유지할 수 있다.
	구분	성인용, 소아용
	주의사항	• 유량속도가 많아지면 두통이 야기될 수 있다. • 장시간 이용 시 코 점막 건조를 예방하기 위해 가습산소를 공급한다. • 비강내 손상이 있는 환자에게는 사용을 억제하고 다른 기구를 사용한다.
단순얼굴마스크★	용도	입과 코를 동시에 덮어주는 산소공급기구로 작은 구멍의 배출구와 산소가 유입되는 관 및 얼굴에 고정시키는 끈으로 구성되어 있다. 6~10L의 유량으로 흡입 산소농도를 35~60%까지 증가시킬 수 있다.
	특징	• 성인용, 소아용으로 구분 • 이산화탄소 배출구멍이 있으나 너무 작아 불편감을 호소하기도 한다. • 얼굴에 완전히 밀착되지 않아 충분한 산소가 공급되지 않을 수 있다. • 이산화탄소 잔류로 인해 산소공급량은 높을수록 효과적이다.
비재호흡마스크★	용도	심한 저산소증 환자에게 고농도의 산소를 제공하기에 적합
	특징	• 체크(일방향) 밸브가 달려 있다. • 산소저장낭이 달려있어 호흡 시 100%에 가까운 산소를 제공할 수 있다. • 산소 저장낭을 부풀려 사용하고 최소 분당 10~15L 유량의 산소를 투여하면 85~100%의 산소를 공급할 수 있다. • 얼굴밀착의 정도에 따라 산소농도가 달라진다.
벤튜리마스크★	용도	특수한 용도로 산소를 제공할 경우에 사용되며 표준 얼굴 마스크에 연결 된 공급배관을 통해 특정 산소 농도를 공급해 주는 호흡기구
	규격	24%, 28%, 31%, 35%, 40%, 50%(53%)
	특징	• 일정한 산소가 공급될 때 공기의 양도 일정하게 섞여 들어가는 형태 • 만성폐쇄성폐질환(COPD)환자에게 유용 • 분당 산소 유입량은 2~8L

소방교 소방승진

제3회 모의고사 해설

문 항 수 : 75문항
응시시간 : 75분

과목	01	02	03	04	05	06	07	08	09	10	11	12	13	14	15	16	17	18	19	20	21	22	23	24	25
소방법령 I	④	①	④	③	②	①	①	②	②	①	①	④	④	③	③	③	④	④	④	④	①	②	③	②	③
소방법령 II	①	④	②	①	④	③	④	②	②	③	②	②	②	①	②	④	②	④	③	②	④	③	①	②	③
소방전술	④	④	①	③	④	①	①	③	①	①	③	①	②	④	②	④	④	①	④	②	②	①	③

소방법령 I [25문항]

01 정답 ④

④ (×) 소방공무원의 승진·전출 등으로 인사기록관리자가 변경된 경우 변경 전 인사기록관리자는 변경 후 인사기록관리자에게 지체 없이 해당 소방공무원의 인사기록카드(표준인사관리시스템을 통해 송부한다)와 최근 3년간(소방위 이하의 소방공무원인 경우에는 최근 2년간)의 근무성적평정표 및 경력·교육훈련성적·가점 평정표 사본(전자문서를 포함한다)을 송부해야 한다(소방공무원임용령 시행규칙 제13조 제3항).

02 정답 ①

① 소방관서의 장은 전염병, 정신질환 또는 계속적으로 소방업무를 수행할 경우 질병이 현저히 악화될 우려가 있다는 의사의 소견이 있는 경우에는 소방업무 수행의 전부 또는 일부를 제한할 수 있다(소방공무원 보건안전 및 복지 기본법 제18조 제1항).
② 소방청장 또는 시·도지사는 소방공무원의 건강 보호·유지를 위하여 제10조 제2항에 따른 소방전문 의료기관·소방전문치료센터, 「국민건강보험법」에 따른 건강진단을 실시하는 기관 또는 「의료법」 제3조에 따른 의료기관(이하 "건강진단기관"이라 한다)에서 소방공무원에 대한 특수건강진단을 실시하여야 한다(제16조 제1항).
③ 소방청장 또는 시·도지사는 퇴직소방공무원에게 사회적응교육 및 직업교육훈련을 실시할 수 있다(제13조 제2항).
④ 소방청장은 직업성질환의 진단 및 발생원인 규명 또는 그 예방을 위하여 필요한 경우에는 소방공무원의 질병과 소방활동 현장의 유해요인의 상관관계에 관하여 직업성질환역학조사를 실시할 수 있다(제17조 제1항).

03 정답 ④

④ (×) 대통령이 소방청장 또는 시·도지사에게 임용권을 위임한 소방령 이상의 소방공무원의 임명장에는 임용권자의 직인을 갈음하여 대통령의 직인과 국새를 날인한다(소방공무원임용령 제3조의2 제3항).

04 정답 ③

③ (×) 위원은 인사위원회가 설치된 기관의 장이 소속 소방정 이상의 소방공무원 중에서 임명한다(소방공무원임용령 제8조 제2항).

05 정답 ②

② (○) 소방공무원 징계양정 등에 관한 규칙 제10조 제2항

06 정답 ①

① (×) 박사학위 소지자는 소방경 이하의 계급으로, 석사학위 소지자는 소방위 이하의 계급으로, 학사학위 소지자는 소방장 이하의 계급으로, 고등학교 이상 전문대학 이하 졸업자는 소방교 이하의 계급으로 채용한다.

07 정답 ①

① (×) 위원회의 위원장은 소방청 차장이 된다(소방공무원 교육훈련규정 제3조 제3항).

08 정답 ②

② (○) 소방공무원 승진임용 규정 제6조 제1항, 제3항

09 정답 ②

② (×) 임용권자 또는 임용제청권자는 소방공무원을 보직하는 경우에는 특별한 사정이 없으면 배우자 또는 직계존속이 거주하는 지역을 고려하여 보직해야 한다(소방공무원임용령 제25조 제5항).

10 정답 ①

① (○) 소방공무원임용령 제31조 제3항. 그밖에 ㉠ 시·도지사가 「소방공무원 교육훈련규정」 제37조에 따라 훈련기간이 6개월 이상인 국외 위탁교육훈련계획을 수립·시행함에 따라 결원 보충이 필요한 경우, ㉡ 소방청장이 「소방공무원 교육훈련규정」 제37조에 따라 수립하는 훈련기간이 6개월 이상인 교육훈련계획에 따라 교육훈련대상자의 직급 및 인원이 기관별로 결정된 경우가 있다.

11 정답 ①

① (×) 임용권자 또는 임용제청권자는 소방공무원이 원할 때에는 「국가공무원법」 제26조의2에 따라 통상적인 근무시간보다 짧은 시간을 근무하는 소방공무원(이하 "시간선택제전환소방공무원")으로 지정할 수 있다. 다만, 상시근무체제를 유지하기 위한 교대제 근무자는 제외한다(소방공무원임용령 제30조의3 제1항).

12 정답 ④

① (×) 채용후보자명부는 시험성적순위에 의하여 작성하되 시험성적이 같을 경우에는 취업보호대상자, 필기시험 성적 우수자, 연령이 많은 사람의 순위에 따라 작성한다(소방공무원임용령 시행규칙 제30조).
② (×) 소방공무원법 또는 소방공무원법에 따른 명령을 위반하여 「소방공무원 징계령」 제1조의2 제2호에 따른 경징계 사유에 해당하는 비위를 2회 이상 저지른 경우 또는 중징계 사유에 해당하는 비위를 저지른 경우
③ (×), ④ (○) 채용후보자명부의 유효기간은 2년으로 하되, 임용권자는 필요에 따라 1년의 범위에서 그 기간을 연장할 수 있다(제18조 제1항).

13 정답 ④

④ (×) 5년 이내가 아니라 10년 이내이다(소방공무원 승진임용 규정 제5조 제4항).

14 정답 ③

③은 징계위원회의 동의를 받아야 하고, ①·②·④는 미리 관할 징계위원회의 의견을 들어야 한다(국가공무원법 제70조 제2항).

15 정답 ③

① (×) 5년이 아니라 3년이다(소방공무원법 제7조 제2항 제1호).
② (×) 소방정 이하의 소방공무원을 경력경쟁채용등으로 채용하려는 경우로서 시험실시권자가 업무 내용의 특수성 등을 고려하여 필요하다고 인정하는 경우에는 체력시험을 실시하지 아니할 수 있다(소방공무원 임용령 제39조 제1항).
④ (×) 종전의 재직기관에서 감봉 이상의 징계처분을 받은 사람은 경력경쟁채용등을 할 수 없다. 다만, 「공무원 인사기록·통계 및 인사사무 처리 규정」 제9조 제1항 및 그 밖의 인사 관계 법령에 따라 징계처분의 기록이 말소된 사람(해당 법령에 따라 징계처분 기록의 말소 사유에 해당하는 사람을 포함한다)은 그러하지 아니하다(소방공무원임용령 제15조 제1항).

16 정답 ③

③ (×) 공무원에 대하여 징계처분등을 할 때나 강임·휴직·직위해제 또는 면직처분을 할 때에는 그 처분권자 또는 처분제청권자는 처분사유를 적은 설명서를 교부하여야 한다. 다만, 본인의 원(願)에 따른 강임·휴직 또는 면직처분은 그러하지 아니하다(국가공무원법 제75조 제1항).

17 정답 ④

④ (×) 위원장은 해당 징계위원회가 설치된 기관의 장의 차순위 계급자(동일계급의 경우에는 직위를 설치하는 법령에 규정된 직위의 순위를 기준으로 정한다)가 된다. 다만, 제2조 제3항에 따른 징계위원회(註: 시·도에 설치)가 설치된 기관의 장은 해당 징계위원회의 위원장을 소방정 이상의 소방공무원 중에서 임명할 수 있다(제2항).

18 정답 ④

④ (×) 제1항에도 불구하고 임용권자는 다음 각 호의 어느 하나에 해당하는 경우에는 그 순위에 관계없이 임용할 수 있다(소방공무원임용령 제19조 제2항).
1. 임용예정기관에 근무하고 있는 소방공무원 외의 공무원을 소방공무원으로 임용하는 경우
2. 6개월 이상 소방공무원으로 근무한 경력이 있거나 임용예정 직위에 관련된 특별한 자격이 있는 사람을 임용하는 경우
3. 도서·벽지·군사분계선 인접지역 등 특수지역 근무희망자를 그 지역에 배치하기 위하여 임용하는 경우
4. 채용후보자의 피부양가족이 거주하고 있는 지역에 근무할 채용후보자를 임용하는 경우
5. 제5조 제3호에 따라 소방공무원의 직무수행과 관련한 실무수습 중 사망한 시보임용예정자를 소급하여 임용하는 경우

19   정답 ④

승진대상자명부 작성권자(소방공무원 승진임용 규정 제11조 제2항).

1. 소방청 소속 소방공무원, 중앙소방학교·중앙119구조본부 소속 소방경 이상의 소방공무원, 국립소방연구원 소속의 소방령 이상인 소방공무원 및 소방정인 지방소방학교장 : 소방청장
2. 중앙소방학교·중앙119구조본부 소속 소방위 이하의 소방공무원 또는 국립소방연구원 소속 소방경 이하의 소방공무원 : 중앙소방학교장, 중앙119구조본부장 또는 국립소방연구원장
3. 「소방공무원임용령」제3조제1항 및 같은 조 제5항제1호·제3호에 따라 특별시장·광역시장·특별자치시장·도지사·특별자치도지사가 임용권을 행사하는 소방공무원(제4호에 해당하는 경우는 제외) : 시·도지사
4. 지방소방학교, 서울종합방재센터, 소방서, 119특수대응단 또는 소방체험관 소속 소방위 이하의 소방공무원: 지방소방학교장·서울종합방재센터장·소방서장·119특수대응단장 또는 소방체험관장

20   정답 ④

④ (×) 교육훈련기관의 장이 아니라 소속기관의 장의 조치사항이다(소방공무원 교육훈련규정 제19조 제1항).

21   정답 ①

면접시험의 합격자 결정은 다음 각 호의 평정요소에 대한 시험위원의 점수를 합산하여 총점의 50퍼센트 이상을 득점한 사람으로 한다. 다만, 시험위원의 과반수가 어느 하나의 평정요소에 대하여 40퍼센트 미만의 점수를 평정한 경우 불합격으로 한다(소방공무원임용령 제46조 제4항).
1. 문제해결 능력
2. 의사소통 능력
3. 소방공무원으로서의 공직관
4. 협업 능력
5. 침착성 및 책임감

22   정답 ②

② (×) 제41조의2(특별승진의 제한 및 취소) ① 제38조 제1항 제4호(註: 20년 이상 근속하고 정년퇴직일 전 1년 이상의 기간 중 자진하여 퇴직하는 사람으로서 재직 중 특별한 공적이 있다고 인정되는 사람)에 따라 특별승진임용할 때에는 해당 소방공무원이 재직기간 중 중징계 처분 또는 다음 각 호의 어느 하나에 해당하는 사유로 경징계 처분을 받은 사실이 없어야 한다.
 1. 「국가공무원법」제78조의2 제1항 각 호(註: 금전, 물품, 부동산, 향응 또는 그 밖에 대통령령으로 정하는 재산상 이익을 취득하거나 제공한 경우 등)의 징계 사유
 2. 「성폭력범죄의 처벌 등에 관한 특례법」제2조에 따른 성폭력범죄
 3. 「성매매알선 등 행위의 처벌에 관한 법률」제2조 제1항 제1호에 따른 성매매
 4. 「양성평등기본법」제3조 제2호에 따른 성희롱
 5. 「도로교통법」제44조 제1항에 따른 음주운전 또는 같은 조 제2항에 따른 음주측정에 대한 불응

23   정답 ③

③ (×) 소방간부후보생 선발시험 또는 소방사 공개경쟁채용시험에 응시하고자 하는 사람은 「도로교통법」제80조 제2항 제1호에 따른 제1종 운전면허 중 대형면허 또는 보통면허를 받은 자이어야 한다(소방공무원임용령 제43조 제4항). 임용권자는 소방장 이하 소방공무원의 경력경쟁채용시험 등에 응시하려는 사람에 대해서도 제4항에 따른 응시자격을 갖추도록 할 수 있다(제5항).

24   정답 ②

시정을 요청받은 처분청 또는 관계 기관의 장은 특별한 사유가 없으면 이를 이행하고, 시정 요청을 받은 날부터 30일 이내에 그 처리 결과를 설치기관의 장에게 알려야 한다. 다만, 특별한 사유로 이행할 수 없는 경우 그 사유를 설치기관의 장에게 문서로 통보하여야 한다(공무원고충처리규정 제12조 제2항).

25   정답 ③

③ (×) 보건안전관리책임자는 소방관서에서 보건안전관리총괄책임자를 보조하는 소방공무원 중 소방관서의 장이 지정하는 소방공무원으로 한다(소방공무원 보건안전 및 복지 기본법 시행령 제9조 제1항).

소방법령 Ⅱ (25문항)

01 정답 ①

제7조(소방용수시설 및 지리조사)
① 소방본부장 또는 소방서장은 원활한 소방활동을 위하여 다음 각 호의 조사를 월 1회 이상 실시하여야 한다.
 1. 법 제10조의 규정에 의하여 설치된 소방용수시설에 대한 조사
 2. 소방대상물에 인접한 도로의 폭·교통상황, 도로주변의 토지의 고저·건축물의 개황 그 밖의 소방활동에 필요한 지리에 대한 조사
② 제1항의 조사결과는 전자적 처리가 불가능한 특별한 사유가 없으면 전자적 처리가 가능한 방법으로 작성·관리하여야 한다.
③ 제1항 제1호의 조사는 별지 제2호 서식에 의하고, 제1항 제2호의 조사는 별지 제3호서식에 의하되, 그 조사결과를 2년간 보관하여야 한다.

02 정답 ④

소방차 전용구역의 설치 방법 (소방기본법 시행령 [별표 2의5])
■ 비고
1. 전용구역 노면표지의 외곽선은 빗금무늬로 표시하되, 빗금은 두께를 30센티미터로 하여 50센티미터 간격으로 표시한다.
2. 전용구역 노면표지 도료의 색채는 황색을 기본으로 하되, 문자(P, 소방차 전용)는 백색으로 표시한다.

03 정답 ②

소방기본법 제57조(과태료)
① 제19조 제2항에 따른 신고를 하지 아니하여 소방자동차를 출동하게 한 자에게는 20만원 이하의 과태료를 부과한다.
② 제1항에 따른 과태료는 조례로 정하는 바에 따라 관할 소방본부장 또는 소방서장이 부과·징수한다.

04 정답 ①

소방기본법 시행규칙 제6조(소방용수시설 및 비상소화장치의 설치기준)
① 특별시장·광역시장·특별자치시장·도지사 또는 특별자치도지사(이하 "시·도지사"라 한다)는 법 제10조 제1항의 규정에 의하여 설치된 소방용수시설에 대하여 별표 2의 소방용수표지를 보기 쉬운 곳에 설치하여야 한다.
③ 법 제10조 제2항에 따른 비상소화장치의 설치기준은 다음 각 호와 같다.
 1. 비상소화장치는 비상소화장치함, 소화전, 소방호스(소화전의 방수구에 연결하여 소화용수를 방수하기 위한 도관으로서 호스와 연결금속구로 구성되어 있는 소방용릴호스 또는 소방용고무내장호스를 말한다), 관창(소방호스용 연결금속구 또는 중간연결금속구 등의 끝에 연결하여 소화용수를 방수하기 위한 나사식 또는 차입식 토출기구를 말한다)을 포함하여 구성할 것
 2. 소방호스 및 관창은 「소방시설 설치 및 관리에 관한 법률」 제37조 제5항에 따라 소방청장이 정하여 고시하는 형식승인 및 제품검사의 기술기준에 적합한 것으로 설치할 것
 3. 비상소화장치함은 「소방시설 설치 및 관리에 관한 법률」 제40조 제4항에 따라 소방청장이 정하여 고시하는 성능인증 및 제품검사의 기술기준에 적합한 것으로 설치할 것
④ 제3항에서 규정한 사항 외에 비상소화장치의 설치기준에 관한 세부 사항은 소방청장이 정한다.

05 정답 ④

「소방기본법」 제7조(소방의 날 제정과 운영 등)
① 국민의 안전의식과 화재에 대한 경각심을 높이고 안전문화를 정착시키기 위하여 매년 11월 9일을 소방의 날로 정하여 기념행사를 한다.
② 소방의 날 행사에 관하여 필요한 사항은 소방청장 또는 시·도지사가 따로 정하여 시행할 수 있다.
③ 소방청장은 다음 각 호에 해당하는 사람을 명예직 소방대원으로 위촉할 수 있다.
 1. 「의사상자 등 예우 및 지원에 관한 법률」 제2조에 따른 의사상자(義死傷者)로서 같은 법 제3조제3호 또는 제4호에 해당하는 사람
 2. 소방행정 발전에 공로가 있다고 인정되는 사람

06 정답 ③

「소방기본법」 제2조(정의) 이 법에서 사용하는 용어의 뜻은 다음과 같다.
5. "소방대"(消防隊)란 화재를 진압하고 화재, 재난·재해, 그 밖의 위급한 상황에서 구조·구급 활동 등을 하기 위하여 다음 각 목의 사람으로 구성된 조직체를 말한다.
 가. 「소방공무원법」에 따른 소방공무원
 나. 「의무소방대설치법」 제3조에 따라 임용된 의무소방원(義務消防員)
 다. 「의용소방대 설치 및 운영에 관한 법률」에 따른 의용소방대원(義勇消防隊員)

07 정답 ④

「소방기본법」 제6조(소방업무에 관한 종합계획의 수립·시행 등)
① 소방청장은 화재, 재난·재해, 그 밖의 위급한 상황으로부터 국민의 생명·신체 및 재산을 보호하기 위하여 소방업무에 관한 종합계획(이하 이 조에서 "종합계획"이라 한다)을 5년마다 수립·시행하여야 하고, 이에 필요한 재원을 확보하도록 노력하여야 한다.
② 종합계획에는 다음 각 호의 사항이 포함되어야 한다.
 1. 소방서비스의 질 향상을 위한 정책의 기본방향
 2. 소방업무에 필요한 체계의 구축, 소방기술의 연구·개발 및 보급
 3. 소방업무에 필요한 장비의 구비
 4. 소방전문인력 양성
 5. 소방업무에 필요한 기반조성

6. 소방업무의 교육 및 홍보(제21조에 따른 소방자동차의 우선 통행 등에 관한 홍보를 포함한다)
7. 그 밖에 소방업무의 효율적 수행을 위하여 필요한 사항으로서 대통령령으로 정하는 사항

08   정답 ②

「소방기본법 시행령」 제7조의3(시험방법)
① 소방안전교육사시험은 제1차 시험 및 제2차 시험으로 구분하여 시행한다.
② 제1차 시험은 선택형을, 제2차 시험은 논술형을 원칙으로 한다. 다만, 제2차 시험에는 주관식 단답형 또는 기입형을 포함할 수 있다.
③ 제1차 시험에 합격한 사람에 대해서는 다음 회의 시험에 한정하여 제1차 시험을 면제한다.

「소방기본법 시행령」 제7조의4(시험과목)
① 소방안전교육사시험의 제1차 시험 및 제2차 시험 과목은 다음 각 호와 같다.
 1. 제1차 시험: 소방학개론, 구급·응급처치론, 재난관리론 및 교육학개론 중 응시자가 선택하는 3과목
 2. 제2차 시험: 국민안전교육 실무
② 제1항에 따른 시험 과목별 출제범위는 행정안전부령으로 정한다.

「소방기본법 시행령」 제7조의5(시험위원 등)
① 소방청장은 소방안전교육사시험 응시자격심사, 출제 및 채점을 위하여 다음 각 호의 어느 하나에 해당하는 사람을 응시자격심사위원 및 시험위원으로 임명 또는 위촉하여야 한다.
 1. 소방 관련 학과, 교육학과 또는 응급구조학과 박사학위 취득자
 2. 「고등교육법」 제2조제1호부터 제6호까지의 규정 중 어느 하나에 해당하는 학교에서 소방 관련 학과, 교육학과 또는 응급구조학과에서 조교수 이상으로 2년 이상 재직한 자
 3. 소방위 이상의 소방공무원
 4. 소방안전교육사 자격을 취득한 자
② 제1항에 따른 응시자격심사위원 및 시험위원의 수는 다음 각 호와 같다.
 1. 응시자격심사위원: 3명
 2. 시험위원 중 출제위원: 시험과목별 3명
 3. 시험위원 중 채점위원: 5명
 4. 삭제 〈2016. 6. 30.〉
③ 제1항에 따라 응시자격심사위원 및 시험위원으로 임명 또는 위촉된 자는 소방청장이 정하는 시험문제 등의 작성시 유의사항 및 서약서 등에 따른 준수사항을 성실히 이행해야 한다.
④ 제1항에 따라 임명 또는 위촉된 응시자격심사위원 및 시험위원과 시험감독업무에 종사하는 자에 대하여는 예산의 범위에서 수당 및 여비를 지급할 수 있다.

09   정답 ②

「소방기본법 시행규칙」 제10조(소방신호의 종류 및 방법)
① 법 제18조의 규정에 의한 소방신호의 종류는 다음 각 호와 같다.
 1. 경계신호 : 화재예방상 필요하다고 인정되거나 「화재의 예방 및 안전관리에 관한 법률」 제20조의 규정에 의한 화재위험경보시 발령
 2. 발화신호 : 화재가 발생한 때 발령
 3. 해제신호 : 소화활동이 필요없다고 인정되는 때 발령
 4. 훈련신호 : 훈련상 필요하다고 인정되는 때 발령
② 제1항의 규정에 의한 소방신호의 종류별 소방신호의 방법은 별표 4와 같다.

■ 소방기본법 시행규칙 [별표 4]

소방신호의 방법(제10조제2항관련)

신호방법 종별	타종신호	싸이렌신호	그밖의 신호
경계신호	1타와 연2타를 반복	5초 간격을 두고 30초씩 3회	"통풍대" "게시판" 화재경보발령중 적색/백색
발화신호	난타	5초 간격을 두고 5초씩 3회	
해제신호	상당한 간격을 두고 1타씩 반복	1분간 1회	"기" 적색/백색
훈련신호	연3타반복	10초 간격을 두고 1분씩 3회	

비고
1. 소방신호의 방법은 그 전부 또는 일부를 함께 사용할 수 있다.
2. 게시판을 철거하거나 통풍대 또는 기를 내리는 것으로 소방활동이 해제되었음을 알린다.
3. 소방대의 비상소집을 하는 경우에는 훈련신호를 사용할 수 있다.

10   정답 ③

「소방기본법」 제19조(화재 등의 통지)
① 화재 현장 또는 구조·구급이 필요한 사고 현장을 발견한 사람은 그 현장의 상황을 소방본부, 소방서 또는 관계 행정기관에 지체 없이 알려야 한다.
② 다음 각 호의 어느 하나에 해당하는 지역 또는 장소에서 화재로 오인할 만한 우려가 있는 불을 피우거나 연막(煙幕) 소독을 하려는 자는 시·도의 조례로 정하는 바에 따라 관할 소방본부장 또는 소방서장에게 신고하여야 한다.
 1. 시장지역
 2. 공장·창고가 밀집한 지역
 3. 목조건물이 밀집한 지역
 4. 위험물의 저장 및 처리시설이 밀집한 지역
 5. 석유화학제품을 생산하는 공장이 있는 지역
 6. 그 밖에 시·도의 조례로 정하는 지역 또는 장소

11 정답 ②

「소방기본법」제25조(강제처분 등)
① 소방본부장, 소방서장 또는 소방대장은 사람을 구출하거나 불이 번지는 것을 막기 위하여 필요할 때에는 화재가 발생하거나 불이 번질 우려가 있는 소방대상물 및 토지를 일시적으로 사용하거나 그 사용의 제한 또는 소방활동에 필요한 처분을 할 수 있다.
② 소방본부장, 소방서장 또는 소방대장은 사람을 구출하거나 불이 번지는 것을 막기 위하여 긴급하다고 인정할 때에는 제1항에 따른 소방대상물 또는 토지 외의 소방대상물과 토지에 대하여 제1항에 따른 처분을 할 수 있다.
③ 소방본부장, 소방서장 또는 소방대장은 소방활동을 위하여 긴급하게 출동할 때에는 소방자동차의 통행과 소방활동에 방해가 되는 주차 또는 정차된 차량 및 물건 등을 제거하거나 이동시킬 수 있다.
④ 소방본부장, 소방서장 또는 소방대장은 제3항에 따른 소방활동에 방해가 되는 주차 또는 정차된 차량의 제거나 이동을 위하여 관할 지방자치단체 등 관련 기관에 견인차량과 인력 등에 대한 지원을 요청할 수 있고, 요청을 받은 관련 기관의 장은 정당한 사유가 없으면 이에 협조하여야 한다.
⑤ 시·도지사는 제4항에 따라 견인차량과 인력 등을 지원한 자에게 시·도의 조례로 정하는 바에 따라 비용을 지급할 수 있다.

「소방기본법」제52조(벌칙) 다음 각 호의 어느 하나에 해당하는 자는 300만원 이하의 벌금에 처한다.
1. 제25조제2항 및 제3항에 따른 처분을 방해한 자 또는 정당한 사유 없이 그 처분에 따르지 아니한 자

12 정답 ②

「소방기본법」제1조(목적) 이 법은 화재를 예방·경계하거나 진압하고 화재, 재난·재해, 그 밖의 위급한 상황에서의 구조·구급 활동 등을 통하여 국민의 생명·신체 및 재산을 보호함으로써 공공의 안녕 및 질서 유지와 복리증진에 이바지함을 목적으로 한다.

13 정답 ②

② (×) 「전통시장 및 상점가 육성을 위한 특별법」제2조 제1호의 전통시장(* 자연발생적으로 또는 사회적·경제적 필요에 의하여 조성되고, 상품이나 용역의 거래가 상호신뢰에 기초하여 주로 전통적 방식으로 이루어지는 장소)으로서 대통령령으로 정하는 전통시장(* 점포가 **500개** 이상)

14 정답 ①

화재예방법 시행령 제6조(통계의 작성 및 관리)
① 소방청장은 화재의 예방 및 안전관리에 관한 통계를 **매년** 작성·관리하여야 한다.
② 소방청장은 제1항의 통계자료를 작성·관리하기 위하여 관계 중앙행정기관의 장, 지방자치단체의 장, 공공기관의 장 또는 관계인 등에게 필요한 자료와 정보의 제공을 요청할 수 있다. 이 경우 자료와 정보의 제공을 요청받은 자는 특별한 사정이 없으면 이에 따라야 한다.

시행령 제6조(통계의 작성·관리)
③ 소방청장은 제2항에 따른 전산시스템을 구축·운영하는 경우 빅데이터(대용량의 정형 또는 비정형의 데이터 세트를 말한다. 이하 같다)를 활용하여 화재발생 동향 분석 및 전망 등을 할 수 있다.

시행규칙 제3조(통계의 작성·관리)
소방청장은 법 제6조 제3항에 따라 다음 각 호의 기관으로 하여금 통계자료의 작성·관리에 관한 업무를 수행하게 할 수 있다.
1. 「소방기본법」제40조 제1항에 따라 설립된 한국소방안전원
2. 「정부출연연구기관 등의 설립·운영 및 육성에 관한 법률」제8조에 따라 설립된 정부출연연구기관
3. 「통계법」제15조에 따라 지정된 통계작성지정기관

15 정답 ②

화재예방법 시행령 제17조(옮긴 물건 등의 보관기간 및 보관기간 경과 후 처리)
① 소방관서장은 법 제17조 제2항 각 호 외의 부분 단서에 따라 옮긴 물건 등(이하 "옮긴물건등"이라 한다)을 보관하는 경우에는 그날부터 **14일** 동안 해당 소방관서의 인터넷 홈페이지에 그 사실을 공고해야 한다.
② 옮긴물건등의 보관기간은 제1항에 따른 공고기간의 종료일 다음 날부터 **7일**까지로 한다.
③ 소방관서장은 제2항에 따른 보관기간이 종료된 때에는 보관하고 있는 옮긴물건등을 매각해야 한다. 다만, 보관하고 있는 옮긴물건등이 부패·파손 또는 이와 유사한 사유로 정해진 용도로 계속 사용할 수 없는 경우에는 폐기할 수 있다.
④ 소방관서장은 보관하던 옮긴물건등을 제3항 본문에 따라 매각한 경우에는 지체 없이 「국가재정법」에 따라 세입조치를 해야 한다.
⑤ 소방관서장은 제3항에 따라 매각되거나 폐기된 옮긴물건등의 소유자가 보상을 요구하는 경우에는 보상금액에 대하여 소유자와의 협의를 거쳐 이를 보상해야 한다.

16 정답 ④

화재예방법 시행령 제28조(소방안전관리 업무의 대행 대상 및 업무)
① 법 제25조 제1항 전단에서 "대통령령으로 정하는 소방안전관리대상물"이란 다음 각 호의 소방안전관리대상물을 말한다.
  1. 별표 4 제2호 가목3)에 따른 지상층의 층수가 11층 이상인 1급 소방안전관리대상물(연면적 1만5천제곱미터 이상인 특정소방대상물과 아파트는 제외한다)
  2. 별표 4 제3호에 따른 2급 소방안전관리대상물
  3. 별표 4 제4호에 따른 3급 소방안전관리대상물
② 법 제25조 제1항 전단에서 "대통령령으로 정하는 업무"란 다음 각 호의 업무를 말한다.

1. 법 제24조 제5항 제3호에 따른 피난시설, 방화구획 및 방화시설의 관리
2. 법 제24조 제5항 제4호에 따른 소방시설이나 그 밖의 소방 관련 시설의 관리

17　　　　　　　　　　　　　　　　　　　정답 ②

「화재의 예방 및 안전관리에 관한 법률」 제6조(통계의 작성 및 관리)
① 소방청장은 화재의 예방 및 안전관리에 관한 통계를 매년 작성·관리하여야 한다.
② 소방청장은 제1항의 통계자료를 작성·관리하기 위하여 관계 중앙행정기관의 장, 지방자치단체의 장, 공공기관의 장 또는 관계인 등에게 필요한 자료와 정보의 제공을 요청할 수 있다. 이 경우 자료와 정보의 제공을 요청받은 자는 특별한 사정이 없으면 이에 따라야 한다.
③ 소방청장은 제1항에 따른 통계자료의 작성·관리에 관한 업무의 전부 또는 일부를 행정안전부령으로 정하는 바에 따라 전문성이 있는 기관을 지정하여 수행하게 할 수 있다.
④ 제1항에 따른 통계의 작성·관리 등에 필요한 사항은 대통령령으로 정한다.

「화재의 예방 및 안전관리에 관한 법률 시행규칙」 제3조(통계의 작성·관리)
소방청장은 법 제6조제3항에 따라 다음 각 호의 기관으로 하여금 통계자료의 작성·관리에 관한 업무를 수행하게 할 수 있다.
1. 「소방기본법」 제40조제1항에 따라 설립된 한국소방안전원(이하 "안전원"이라 한다)
2. 「정부출연연구기관 등의 설립·운영 및 육성에 관한 법률」 제8조에 따라 설립된 정부출연연구기관
3. 「통계법」 제15조에 따라 지정된 통계작성지정기관

18　　　　　　　　　　　　　　　　　　　정답 ③

「화재의 예방 및 안전관리에 관한 법률」 제4조(화재의 예방 및 안전관리 기본계획 등의 수립·시행)
① 소방청장은 화재예방정책을 체계적·효율적으로 추진하고 이에 필요한 기반 확충을 위하여 화재의 예방 및 안전관리에 관한 기본계획(이하 "기본계획"이라 한다)을 5년마다 수립·시행하여야 한다.
② 기본계획은 대통령령으로 정하는 바에 따라 소방청장이 관계 중앙행정기관의 장과 협의하여 수립한다.
③ 기본계획에는 다음 각 호의 사항이 포함되어야 한다.
　1. 화재예방정책의 기본목표 및 추진방향
　2. 화재의 예방과 안전관리를 위한 법령·제도의 마련 등 기반 조성
　3. 화재의 예방과 안전관리를 위한 대국민 교육·홍보
　4. 화재의 예방과 안전관리 관련 기술의 개발·보급
　5. 화재의 예방과 안전관리 관련 전문인력의 육성·지원 및 관리
　6. 화재의 예방과 안전관리 관련 산업의 국제경쟁력 향상
　7. 그 밖에 대통령령으로 정하는 화재의 예방 및 안전관리에 필요한 사항

「화재의 예방 및 안전관리에 관한 법률 시행령」 제3조(기본계획의 내용)
법 제4조제3항제7호에서 "대통령령으로 정하는 화재의 예방과 안전관리에 필요한 사항"이란 다음 각 호의 사항을 말한다.
1. 화재발생 현황
2. 소방대상물의 환경 및 화재위험특성 변화 추세 등 화재예방정책의 여건 변화에 관한 사항
3. 소방시설의 설치·관리 및 화재안전기준의 개선에 관한 사항
4. 계절별·시기별·소방대상물별 화재예방대책의 추진 및 평가 등에 관한 사항
5. 그 밖에 화재의 예방 및 안전관리와 관련하여 소방청장이 필요하다고 인정하는 사항

19　　　　　　　　　　　　　　　　　　　정답 ②

소방시설을 설치하지 않을 수 있는 특정소방대상물 및 소방시설의 범위 (소방시설법 시행령 [별표 6])

구분	특정소방대상물	설치하지 않을 수 있는 소방시설
1. 화재 위험도가 낮은 특정소방대상물	석재, 불연성금속, 불연성 건축재료 등의 가공공장·기계조립공장 또는 불연성 물품을 저장하는 창고	옥외소화전 및 연결살수설비
2. 화재안전기준을 적용하기 어려운 특정소방대상물	펄프공장의 작업장, 음료수 공장의 세정 또는 충전을 하는 작업장, 그 밖에 이와 비슷한 용도로 사용하는 것	스프링클러설비, 상수도소화용수설비 및 연결살수설비
	정수장, 수영장, 목욕장, 농예·축산·어류양식용 시설, 그 밖에 이와 비슷한 용도로 사용되는 것	자동화재탐지설비, 상수도소화용수설비 및 연결살수설비
3. 화재안전기준을 달리 적용해야 하는 특수한 용도 또는 구조를 가진 특정소방대상물	원자력발전소, 중·저준위방사성폐기물의 저장시설	연결송수관설비 및 연결살수설비
4. 「위험물 안전관리법」 제19조에 따른 자체소방대가 설치된 특정소방대상물	자체소방대가 설치된 제조소등에 부속된 사무실	옥내소화전설비, 소화용수설비, 연결살수설비 및 연결송수관설비

20　　　　　　　　　　　　　　　　　　　정답 ④

소방시설법 제14조(특정소방대상물별로 설치하여야 하는 소방시설의 정비 등)
① 제12조 제1항에 따라 대통령령으로 소방시설을 정할 때에는 특정소방대상물의 규모·용도·수용인원 및 이용자 특성 등을 고려

하여야 한다.
② 소방청장은 건축 환경 및 화재위험특성 변화사항을 효과적으로 반영할 수 있도록 제1항에 따른 소방시설 규정을 3년에 1회 이상 정비하여야 한다. (이하 생략)

21 정답 ③

소방시설법 제2조(정의)
이 영에서 사용하는 용어의 뜻은 다음과 같다.
1. "무창층"(無窓層)이란 지상층 중 다음 각 목의 요건을 모두 갖춘 개구부(건축물에서 채광·환기·통풍 또는 출입 등을 위하여 만든 창·출입구, 그 밖에 이와 비슷한 것을 말한다. 이하 같다)의 면적의 합계가 해당 층의 바닥면적(「건축법 시행령」 제119조 제1항 제3호에 따라 산정된 면적을 말한다. 이하 같다)의 30분의 1 이하가 되는 층을 말한다.
    가. 크기는 지름 50센티미터 이상의 원이 통과할 수 있을 것
    나. 해당 층의 바닥면으로부터 개구부 밑부분까지의 높이가 1.2미터 이내일 것
    다. 도로 또는 차량이 진입할 수 있는 빈터를 향할 것
    라. 화재 시 건축물로부터 쉽게 피난할 수 있도록 창살이나 그 밖의 장애물이 설치되지 않을 것
    마. 내부 또는 외부에서 쉽게 부수거나 열 수 있을 것
2. "피난층"이란 곧바로 지상으로 갈 수 있는 출입구가 있는 층을 말한다.

22 정답 ①

특정소방대상물의 관계인이 특정소방대상물에 설치·관리해야 하는 소방시설의 종류 (소방시설법 시행령 [별표 4])
1. 소화설비
    다. 옥내소화전설비를 설치해야 하는 특정소방대상물은 다음의 어느 하나에 해당하는 것으로 한다. 다만, 위험물 저장 및 처리 시설 중 가스시설, 지하구 및 업무시설 중 무인변전소(방재실 등에서 스프링클러설비 또는 물분무등소화설비를 원격으로 조정할 수 있는 무인변전소로 한정한다)은 제외한다.
        1) 다음의 어느 하나에 해당하는 경우에는 모든 층
            가) 연면적 3천㎡ 이상인 것(터널은 제외한다)
            나) 지하층·무창층(축사는 제외한다)으로서 바닥면적이 600㎡ 이상인 층이 있는 것
            다) 층수가 4층 이상인 것 중 바닥면적이 600㎡ 이상인 층이 있는 것
        2)~5) 생략

23 정답 ②

소방시설법 시행령 제9조(성능위주설계를 해야 하는 특정소방대상물의 범위)
법 제8조 제1항에서 "대통령령으로 정하는 특정소방대상물"이란 다음 각 호의 어느 하나에 해당하는 특정소방대상물(신축하는 것만 해당한다)을 말한다.

1. 연면적 20만제곱미터 이상인 특정소방대상물. 다만, 별표 2 제1호 가목에 따른 아파트등(이하 "아파트등"이라 한다)은 제외한다.
2. 50층 이상(지하층은 제외한다)이거나 지상으로부터 높이가 200미터 이상인 아파트등
3. 30층 이상(지하층을 포함한다)이거나 지상으로부터 높이가 120미터 이상인 특정소방대상물(아파트등은 제외한다)
4. 연면적 3만제곱미터 이상인 특정소방대상물로서 다음 각 목의 어느 하나에 해당하는 특정소방대상물
    가. 별표 2 제6호 나목의 철도 및 도시철도 시설
    나. 별표 2 제6호 다목의 공항시설
5. 별표 2 제16호의 창고시설 중 연면적 10만제곱미터 이상인 것 또는 지하층의 층수가 2개 층 이상이고 지하층의 바닥면적의 합계가 3만제곱미터 이상인 것
6. 하나의 건축물에 「영화 및 비디오물의 진흥에 관한 법률」 제2조 제10호에 따른 영화상영관이 10개 이상인 특정소방대상물
7. 「초고층 및 지하연계 복합건축물 재난관리에 관한 특별법」 제2조 제2호에 따른 지하연계 복합건축물에 해당하는 특정소방대상물
8. 별표 2 제27호의 터널 중 수저(水底)터널 또는 길이가 5천미터 이상인 것

24 정답 ②

「소방시설 설치 및 관리에 관한 법률 시행규칙」 제34조(등록사항의 변경신고 등)
① 관리업자는 등록사항 중 제33조 각 호의 사항이 변경됐을 때에는 법 제31조에 따라 변경일부터 30일 이내에 별지 제26호서식의 소방시설관리업 등록사항 변경신고서(전자문서로 된 신고서를 포함한다)에 그 변경사항별로 다음 각 호의 구분에 따른 서류(전자문서를 포함한다)를 첨부하여 시·도지사에게 제출해야 한다.
    1. 명칭·상호 또는 영업소 소재지가 변경된 경우: 소방시설관리업 등록증 및 등록수첩
    2. 대표자가 변경된 경우: 소방시설관리업 등록증 및 등록수첩
    3. 기술인력이 변경된 경우
        가. 소방시설관리업 등록수첩
        나. 변경된 기술인력의 기술자격증(경력수첩을 포함한다)
        다. 별지 제21호서식의 소방기술인력대장
② 제1항에 따라 신고서를 제출받은 담당 공무원은 「전자정부법」 제36조제1항에 따라 법인등기부 등본(법인인 경우만 해당한다), 사업자등록증(개인인 경우만 해당한다) 및 국가기술자격증을 확인해야 한다. 다만, 신고인이 확인에 동의하지 않는 경우에는 이를 첨부하도록 해야 한다.
③ 시·도지사는 제1항에 따라 변경신고를 받은 경우 5일 이내에 소방시설관리업 등록증 및 등록수첩을 새로 발급하거나 제1항에 따라 제출된 소방시설관리업 등록증 및 등록수첩과 기술인력의 기술자격증(경력수첩을 포함한다)에 그 변경된 사항을 적은 후 내주어야 한다. 이 경우 별지 제24호서식의 소방시설관리업 등록대장에 변경사항을 기록하고 관리해야 한다.

25
정답 ③

「소방시설 설치 및 관리에 관한 법률」 제36조(과징금처분)
① 시·도지사는 제35조제1항에 따라 영업정지를 명하는 경우로서 그 영업정지가 이용자에게 불편을 주거나 그 밖에 공익을 해칠 우려가 있을 때에는 영업정지처분을 갈음하여 3천만원 이하의 과징금을 부과할 수 있다.
② 제1항에 따른 과징금을 부과하는 위반행위의 종류와 위반 정도 등에 따른 과징금의 금액, 그 밖에 필요한 사항은 행정안전부령으로 정한다.
③ 시·도지사는 제1항에 따른 과징금을 내야 하는 자가 납부기한까지 내지 아니하면 「지방행정제재·부과금의 징수 등에 관한 법률」에 따라 징수한다.
④ 시·도지사는 제1항에 따른 과징금의 부과를 위하여 필요한 경우에는 다음 각 호의 사항을 적은 문서로 관할 세무관서의 장에게 「국세기본법」 제81조의13에 따른 과세정보의 제공을 요청할 수 있다.
  1. 납세자의 인적사항
  2. 과세정보의 사용 목적
  3. 과징금의 부과 기준이 되는 매출액

소방전술 (25문항)

01
정답 ④

고속분무방수 요령 및 특성

방수요령	① 노즐압력 0.6Mpa 노즐 전개각도 10~30° 정도를 원칙으로 한다. ② 방수방법 등은 직사방수와 같은 요령으로 한다.
방수특성	① 방수범위가 직사방수에 비해 넓다. ② 화점에 접근할 수 있는 경우는 소화에 유효하다. ③ 연소저지에 유효하다. ④ 덕트스페이스, 파이프샤프트 내 등의 소화에 유효하다. ⑤ 사정거리는 직사방수보다 짧다. ⑥ 파괴력은 직사방수보다 약하다. ⑦ 감전의 위험은 직사방수보다 적다. ⑧ 전도화염의 저지에 유효하다. ⑨ 반동력이 적다. ⑩ 파괴 시 충격력이 적다. ⑪ 고압으로 유류화재에 질식효과가 있다.

02
정답 ④

① 화재발견 시 및 현장도착시의 연소범위는 주선으로 구분표시한다.
② 축척은 정확히 하고 되도록 확대하여 작성한다.
③ 도로는 그 폭원을 미터(m)로 표시한다.
④ 방위표시도는 반드시 기입한다.

03
정답 ①

화재의 특수현상과 대처법
① 플레임오버 : 통로나 출구를 따라 진행되는 화염 확산은 일반적인 구획 공간 내의 화염 확산보다 치명적이다.
② 백드래프트 : 밀폐된 건축물 내에서 화재가 진행될 때 연소과정은 산소공급이 부족한 상태에서 서서히 훈소된다.
③ 롤오버 : 전형적으로 공간 내의 화재가 성장단계에 있고, 소방관들이 화점에 진입하기 전(前) 복도에 머무를 때 발생한다.
④ 플래시오버 : 화점 주위에서 화재가 서서히 진행하다가 어느 정도 시간이 경과함에 따라 대류와 복사현상에 의해 일정 공간 안에 있는 가연물이 발화점까지 가열되어 일순간에 걸쳐 동시 발화되는 현상을 말한다.

04
정답 ③

사다리를 이용한 연장
㉠ 사다리등반에 의한 소방호스연장 방법은 3층 이하의 경우에 실시한다.
㉡ 관창은 지상에서 결합한다.
㉢ 등반자는 사다리의 안전 확보를 확인하고 등반한다.
㉣ 사다리 등반 시는 사다리 위로 소방호스를 연장하고, 진입 후에는 소방호스를 사다리에서 반드시 분리한다.

ⓓ 옥내진입용의 여유소방호스는 지상에서 확보하여 진입 후 당겨 올린다.
ⓔ 진입 및 소방호스결합을 확인하고 나서 송수한다.

05 정답 ③

저층 건물에서, 짙은연기의 흐름을 좌우하는 요소는 화재로 인한 열, 대류의 흐름, 연소 압력, 창문 등 개구부 개방을 통한 외부 공기에 의해 결정된다. 고층건물에서 짙은 연기는 이러한 요소에 더하여 굴뚝효과(Stack Effect, 연돌효과라고도 함)와 공조시스템(HVAC System)의 영향을 받는다.

06 정답 ④

㉠ 안전벨트는 우수한 탄력과 복원성을 가지며 강도와 내구성이 뛰어나지만 안전을 위하여 5년 정도 사용하면 외관상 이상이 없어도 교체하는 것이 좋다.
㉡ 특히 추락 충격을 받은 다음에는 안전벨트의 여러 부분을 꼼꼼하게 점검해 보고 박음질 부분이 뜯어졌다면 수리하지 말고 폐기하는 것이 좋다.

07 정답 ①

유리파괴요령

6mm 이상 보통 판유리	• 12mm 이상 두꺼운 유리는 대해머로도 파괴가 용이하지 못하므로 유리의 열전도율이 낮은 특성을 이용하여 가스절단기로 급속 가열하여 열에 의해 파괴되도록 한다. 가열 직후 방수하여 급랭시키면 더욱 효과적이다. • 유리 파편낙하에 의한 2차 재해를 방지하기 위해 유리에 접착테이프, 모포시트 등을 붙여 외부로의 비산을 방지하는 방법도 있다. ※ 도끼, 해머, 도어오프너, 가스절단기
망입유리	• 보호안경 및 헬멧의 안면보호렌즈를 활용하여 유리파편의 비산에 의한 위해를 방지한다. • 창의 중앙부분을 강타하여 금이 생기더라도 효과는 없으므로 반드시 창틀에 가까운 부분을 파괴한다. • 유리파편은 철선(약 1mm)에 부착하여 탈착되지 않기 때문에 창 전면을 파괴하는 경우는 도끼로 망선을 아치형으로 파괴한 다음 실내로 향하여 눌러 떨어뜨린다. • 부분적인 파괴는 망선을 노출시킨 후 펜치 등으로 절단한다. ※ 도어오프너, 해머, 도끼, 지렛대
방탄유리	• 충격에 의해 파괴되지만 탈락은 없다. 단, 충격을 가할 때 작은 파편이 비산하므로 방진안경 또는 헬멧의 후드를 활용하여 위해를 방지한다. • 해머, 도끼 등으로 유리를 가늘게 깨고 칼 등을 사용하여 플라스틱 막을 잘라 내거나 가스절단기 등으로 태워 자른다. ※ 도어오프너, 해머, 도끼, 지렛대, 가스절단기
강화유리	• 강화유리 표면에 두께의 1/6에 달하는 갈라진 틈이 생기면 전체가 입상으로 파괴된다. • 문 또는 창의 4각 모서리(보통 좌하단)에 회사마크가 있으면 강화유리이며 도끼 또는 해머 등으로 일부분을 겨냥하여 파괴한다. 또한 강화유리는 내열, 내충격력이 강하므로 가능한 한 예리한 기구를 이용한다. • 테 없는 문, 회전문 등은 대부분 강화유리이다. ※ 도어오프너, 해머, 도끼, 지렛대, 가스절단기

08 정답 ①

탐색구조장비

탐색 구조장비	야간투시경, 매몰자 탐지기, 영상송수신장비세트, 붕괴물경보기, 수중탐지기, 수중카메라, GPS수신기, 119구조견, 수중로봇(ROV), 공중수색장비

09 정답 ③

화재에 대한 지식정보

대류	열과 연기를 확산시켜 연소 범위를 확대시키는 가장 흔한 방식이다.
자동 노출	플래임 래핑(Flames lapping)과 같이 창문에서 창문으로 확산되는 방식으로 화재가 인접 건물로 확대되는 일반적 사례이며 이것은 넓은 의미에서 대류 확산의 한 사례에 해당된다. 대류나 자동노출 확산을 막기 위해서는 위층에 호스를 연결하여 방어해야 한다. ❍ 플래임 래핑 : 소가 혓바닥으로 핥듯이 창문이나 열린 공간을 향해 화염이 확대되어 가는 것
복사	공간을 통해 열이 사방으로 전달되는 방식으로 화염을 사방으로 확대시키는 대형화재의 주범이다. 이 또한 인접 건물에 관창(호스)을 배치하고 방어하는 것이 필요하다.
전도	고체물질의 고온에서 저온으로 열이 전달되는 방식이며, 주로 기계적 시설이 작동되면서 마찰열에 의해 화재가 발생되는 기계적 화재원인의 주범이기도 하다.

10 정답 ①

나머지는 프랭크버드의 이론 내용임.

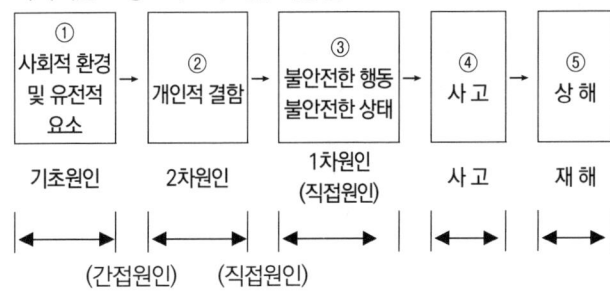

11   정답 ①

소방용수시설 설치기준

소화전	상수도와 연결하여 지하식 또는 지상식의 구조로 하고, 소방용 호스와 연결하는 소화전의 연결금속구의 구경은 65밀리미터로 한다.
급수탑	급수배관의 구경은 100밀리미터 이상으로 하고, 개폐밸브는 지상에서 1.5미터 이상 1.7미터 이하의 위치에 설치한다.
저수조	① 지면으로부터 낙차가 4.5미터 이하 ② 흡수부분의 수심은 0.5미터 이상 ③ 흡수관의 투입구가 사각형의 경우에는 한 변의 길이가 60센티미터 이상, 원형의 경우에는 지름이 60센티미터 이상일 것 ④ 소방차가 쉽게 접근하고 저수조에 물을 공급하는 방법은 상수도에 연결하여 자동으로 급수되는 구조일 것 ⑤ 흡수에 지장이 없도록 토사, 쓰레기 등을 제거할 수 있는 설비를 갖춰야 한다.

12   정답 ③

구조활동의 순서
① 현장활동에 방해되는 각종 장해요인을 제거한다.
② 2차 재해의 발생위험을 제거한다.
③ 구조대상자의 구명에 필요한 조치를 취한다.
④ 구조대상자의 상태 악화 방지에 필요한 조치를 취한다.
⑤ 구출활동을 개시한다.

13   정답 ①

로프는 안전을 위하여 두 겹으로 사용하는 것을 원칙으로 하고 특히 직경 9mm 이하의 로프는 충격력과 인장강도가 떨어지고 손에 잡기도 곤란하므로 반드시 두 겹으로 한다.

14   정답 ②

헬기하강
착지점 약 10m 상공에서 서서히 제동을 걸기 시작 지상 약 3m 위치에서는 반드시 정지할 수 있는 스피드까지 낮추어 지상에 천천히 착지한다. 이때 로프가 접지된 것을 반드시 재확인하여야 한다.

15   정답 ④

산악구조장비

정적 (스태틱) 로프	• 신장률이 5% 미만 정도로 하중을 받아도 잘 늘어나지 않는다. • 마모 내구성이 강하고 파괴력에 견디는 힘이 높다. • 유연성이 낮아 조작이 불편하고 추락 시 하중이 그대로 전달되는 결점이 있다. • 뻣뻣하며 검정이나 흰색, 노란색 등 단일 색상으로 만들어져 외형만으로도 비교적 쉽게 구분이 가능하다. ※ 일반 구조활동용으로는 정적로프나 세미스태틱(Semi-static Rope) 로프가 적합하다.
동적 (다이내믹) 로프	• 신장율이 7% 이상 정도로서 신축성이 높아 충격을 흡수하는 데 유리하므로 자유낙하가 발생할 수 있는 암벽등반에 유리하다. • 산악 구조활동과 장비의 고정 등에 적합하다. • 부드러우면서 여러 가지 색상이 섞인 화려한 문양이다.

16   정답 ③

㉠ 가능한 한 처음 검색을 시작했던 방향을 기억해 내어 돌아가야 한다. 그것이 불가능 하면 건물의 출구를 찾거나 적어도 화재현장을 벗어날 출구만큼은 찾아내야 한다.
㉡ 창문 밖으로 물건을 던져서 구조를 요청하는 신호를 보낼 수 있지만 방화복이나 헬멧 등 보호장비를 던져서는 안 된다.
㉢ 다른 대원의 도움을 받지 못하고 혼자서 탈출해야 하는 경우 가장 손쉬운 방법은 호스를 따라서 나가는 것이다.
㉣ 다른 대원이 위치를 알 수 있도록 큰 소리를 외치고 커플링의 결합부위를 찾아서 숫 커플링이 향하는 쪽으로 기어 나간다.
㉤ 랜턴이 천장을 비추도록 놓고 출입문 가운데나 벽에 누워서 발견되기 쉽게 한다.

17   정답 ②

잠수장비
㉠ 잠수복은 보편적으로 수온이 24℃ 이하에서는 발포고무로 만든 습식잠수복을 착용하고 수온이 13℃ 이하로 낮아지면 건식잠수복을 착용하도록 권장한다.
㉡ 본인에게 알맞은 중량벨트의 선택방법은 모든 장비를 착용한 상태에서 눈높이에 수면이 위치하도록 하는 것이다.
㉢ 부력조절기는 공기통은 사용 후 깨끗한 물로 씻어야 하고, 내부도 물로 헹구어서 공기를 넣어 통풍이 잘되는 곳에서 말려야 한다.
㉣ 공기통은 장기간 보관할 때 공기통에 공기를 50bar으로 압축하여 세워두고, 다음번 사용할 때에는 공기통을 깨끗이 비우고 새로운 공기를 압축하여 사용한다.

18 정답 ④

엘리베이터의 안전장치

전자브레이크	엘리베이터의 운전 중에는 브레이크슈를 전자력에 의해 개방시키고 정지 시에는 전동기 주회로를 차단시킴과 동시에 스프링 압력에 의해 브레이크슈로 브레이크 휠을 조여서 엘리베이터가 확실히 정지하도록 한다.
조속기	카의 속도를 일정하게 유지한다.
비상정지장치	로프가 절단된 경우라든가, 그 외 예측할 수 없는 원인으로 카의 하강속도가 현저히 증가한 경우에, 그 하강을 멈추기 위해, 가이드레일을 강한 힘으로 붙잡아 엘리베이터 몸체의 강하를 정지시키는 장치로 조속기에 의해 작동된다.
리미트 스위치	최상층 및 최하층에 근접할 때에, 자동적으로 엘리베이터를 정지시켜 과주행을 방지한다.

19 정답 ④

가스 상태에 따른 분류	압축가스	수소, 산소, 질소, 메탄 등
	액화가스	액화암모니아, 염소, 프로판, 산화에틸렌 등
	용해가스	아세틸렌
연소성에 따른 분류	가연성가스	메탄, 에탄, 프로판, 부탄, 수소 등
	불연성가스	질소, 아르곤, 이산화탄소 등 불활성가스
	조연성가스	공기, 산소, 염소 등

20 정답 ①

국내 표시법과 GHS심벌의 비교

현 행			GHS 표시방법			
폭발성	산화성	부식성	폭발성	인화성	산화성	부식성
환경 유해성	독성, 변이원성, 발암성	유해성 인화성	환경 유해성	독성	발암성, 변이원성, 생식독성	자극성	고압가스

21 정답 ④

외상처치장비
① 진공부목 : 변형된 관절 및 골절에 유용하며, 전신진공부목은 척추고정이 안 된다.
② 패드부목 : 사지골절에 사용하기가 적합하며, X-ray촬영이 가능하다.
③ 목뼈보호대 : 환자를 구출하거나 이송하기 전에 목고정에 필요한 장비이며, 머리를 중립자세로 유지하고 어깨에서 하악까지의 높이를 측정한다.
④ 공기부목 : 출혈이 있는 경우 지혈효과가 있으며, 개방성 골절이 있는 환자에게 사용해서는 안 된다.

남아 있는 환자 중에서 우선순위를 분류

호흡 확인	호흡이 없는 환자가 기도개방처치로 호흡을 한다면 긴급환자, 그래도 호흡이 없다면 지연환자로 분류한다. 호흡수가 분당 30회 이상이면 긴급환자, 30회 이하라면 응급환자로 분류한다.
맥박 확인	환자 상태가 무의식, 무호흡, 무맥이라면 지연환자로 분류하고 호흡은 없고 맥박이 있다면 긴급환자로 분류한다. 호흡과 맥박이 모두 있는 환자라면 다음 환자로 넘어가야 한다.
의식수준	의식이 명료하다면 응급환자로 의식장애가 있다면 긴급환자로 분류한다.
지정된 장소에 모인 환자	걸을 수 있다고 해서 모두 비 응급 환자라 분류해서는 안 되며 그 중에서도 의식장애, 출혈, 쇼크 전구증상 있는 환자가 있을 수 있다. 따라서 START분류법에 의해 호흡, 맥박, 의식 수준을 평가해 재분류해야 한다.

22 정답 ②

신체 역학적 들어올리기
인체역학이란 신체를 적절히 사용함으로써 부상을 방지하며 들어올리고 운반하기를 용이하게 하는 것이다.
① 물체의 무게가 얼마나 되는지, 들어올리는데 도움이 필요한지를 먼저 생각한다.
② 계획을 세우고 나서, 들어 올리고 운반할 계획을 동료와 서로 의논하라. 환자를 편안하게 하기 위해, 그리고 자신들의 안전을 위해 운반 과정동안 계속하여 대화하도록 한다.
③ 물체를 가능한 한 몸 가까이 붙여야 한다. 인체 역학상 이렇게 함으로써 들어올리는 동안 허리보다는 다리를 사용할 수 있게 된다. 몸에서 멀어질수록 부상의 가능성은 높아진다.
④ 들어올릴 때 등을 일직선으로 유지하고 다리, 엉덩이의 근육을 이용한다.
⑤ 다리를 약간 벌리고 발끝을 밖으로 향하게 한다.
⑥ 들어올릴 때 몸을 틀거나 비틀지 말아야 하며 다른 동작을 하게 되면, 부상의 원인이 될 수 있다.
⑦ 갑작스런 움직임은 피해야 한다.
⑧ 한 손으로 들어올릴 때는 한쪽으로 몸을 굽히는 것을 피해야 한다. 허리를 항상 일직선을 유지하도록 한다.

◎ 들어올리기와 잡기
① 가능한 들어 올리는 물체에 가깝게 접근해 다리를 약간 벌려 고정시킨 후 앉는다.
② 허리는 고정시키고 손으로 손잡이 부분을 잡고 들어올린다.

③ 양 손은 약 20~30cm 떨어져 손바닥과 손가락으로 손잡이 부분을 충분히 감싼다. 손잡이는 같은 높이여야 하며 손이 미끄럽거나 기구가 젖어 있지 않은지 확인해야 한다.

23 정답 ②

비 응급 이동

직접 들어올리기	척추 손상이 없는 환자에게만 사용할 수 있다.
무릎-겨드랑이 들기법	두 명의 대원이 척추손상이 없는 환자를 이동할 때 사용하는 방법 ※ 호흡곤란 환자는 피한다.
바로누운 환자이동	침대에 누워있는 환자를 주 들것으로 옮길 때 사용되며 시트를 당기거나 손을 이용할 수 있다.
시트 끌기	침대 높이에서 환자를 이동할 때 주로 사용 ※ 무거운 환자인 경우에는 침대와 주 들것을 고정시킨 후 이동

24 정답 ①

START분류법(남아 있는 환자 중에서 우선순위를 분류)

의식 장애가 있는 환자를 우선으로 START분류법을 이용해 신속하게 분류해야 한다. 분류하는 도중에는 환자 상태에 따라 아래의 3가지 처치만을 제공하고 다른 환자를 분류해야 한다.
㉠ 기도 개방 및 입인두 기도기 삽관
㉡ 직접 압박
㉢ 환자 상태에 따른 팔다리 거상

호흡 확인	호흡이 없는 환자가 기도개방처치로 호흡을 한다면 긴급환자, 그래도 호흡이 없다면 지연환자로 분류한다. 호흡수가 분당 30회 이상이면 긴급환자, 30회 이하라면 응급환자로 분류한다.
맥박 확인	환자 상태가 무의식, 무호흡, 무맥이라면 지연환자로 분류하고 호흡은 없고 맥박이 있다면 긴급환자로 분류한다. 호흡과 맥박이 모두 있는 환자라면 다음 환자로 넘어가야 한다.
의식수준	의식이 명료하다면 응급환자로 의식장애가 있다면 긴급환자로 분류한다.
지정된 장소에 모인 환자	걸을 수 있다고 해서 모두 비 응급 환자라 분류해서는 안 되며 그 중에서도 의식장애, 출혈, 쇼크 전구증상 있는 환자가 있을 수 있다. 따라서 START분류법에 의해 호흡, 맥박, 의식 수준을 평가해 재분류해야 한다.

25 정답 ③

구조현장 안전관리

① 작은 선박 위에서 구조대상자를 직접 구조하는 경우에는 선수나 선미측에서 신체를 끌어올리고 배의 균형 유지에 주의한다. 상황에 따라 부환 등을 사용한다.
② 항공기 사고 시 엔진이 가동 중인 기체에 접근할 때는 급·배기에 의한 사고를 방지하기 위하여 기체에 횡으로 접근한다.
③ 현행법상 사망에 대한 판정은 의사자격증을 가진 사람이 확인한다.
④ 발생되는 사고를 예방하고 부상을 줄이기 위해서는 손목 파지법을 사용한다.

소방교 소방승진

제4회 모의고사 해설

문 항 수 : 75문항
응시시간 : 75분

과목	01	02	03	04	05	06	07	08	09	10	11	12	13	14	15	16	17	18	19	20	21	22	23	24	25
소방법령Ⅰ	②	④	②	①	②	①	②	④	③	④	③	④	①	②	③	④	①	③	②	④	②	③	②	①	③
소방법령Ⅱ	①	④	④	①	④	②	②	①	①	②	③	④	③	②	④	③	④	①	②	①	③	②	③	④	③
소방전술	①	①	②	①	①	③	④	②	③	②	①	①	③	③	④	②	①	③	①	④	②	③	④

소방법령Ⅰ (25문항)

01   정답 ②

② (×) 소방기관의 장은 근무성적이 뛰어나거나 다른 소방공무원의 모범이 될 공적이 있는 소방공무원에게 1회 10일 이내의 포상휴가를 줄 수 있다(소방공무원 복무규정 제9조).

02   정답 ④

④ (×) '교육훈련 등 파견근무'가 잘못되었다. 피해자에게 교육훈련 등 파견근무, 다른 직위에의 전보, 근무 장소의 변경, 휴가 사용 권고 및 그 밖에 임용권자등이 필요하다고 인정하는 적절한 조치를 할 수 있다.

03   정답 ②

소방간부후보생을 소방위로 임용할 때에는 최하급 소방기관에 보직하여야 한다(소방공무원임용령 제26조 제1항). "최하급 소방기관"이란 소방청, 중앙소방학교, 중앙119구조본부, 국립소방연구원, 시·도의 소방본부·지방소방학교 및 서울종합방재센터를 제외한 소방기관을 말한다(소방공무원임용령 시행규칙 제19조 제1항).

04   정답 ①

중앙119구조본부장은 119특수구조대 소속 소방경 이하의 소방공무원에 대한 해당 119특수구조대 안에서의 전보권을 해당 119특수구조대장에게 위임한다. 따라서 전보권 아닌 휴직에 대한 권한은 중앙119구조본부장이 행사한다.

05   정답 ②

① (×) "보수"란 봉급과 그 밖의 각종 수당을 합산한 금액을 말한다.
③ (×) 지문은 "기본연봉"에 관한 설명이다. "성과연봉"은 전년도 업무실적의 평가 결과를 반영하여 지급되는 급여의 연간 금액을 말한다.
④ (×) "연봉월액"이란 연봉에서 매월 지급되는 금액으로서 연봉을 12로 나눈 금액을 말한다.

06   정답 ①

① (×) 소방청장은 소방공무원의 능력을 발전시키고 소방사무의 연계성을 높이기 위하여 소방청과 시·도 간 및 시·도 상호 간에 인사교류가 필요하다고 인정하면 인사교류계획을 수립하여 이를 실시할 수 있다(소방공무원법 제9조 제1항).

07   정답 ②

① (×) 1년 이내(필요한 경우 총 파견기간 2년의 범위에서 연장 가능)
③ (×) 교육훈련을 위하여 필요한 기간
④ (×) 업무수행 및 능력개발을 위하여 필요한 기간

08   정답 ④

1. 법 제7조 제2항 제1호 및 제4호(註: 퇴직공무원의 재임용, 5급 공무원 공개경쟁채용시험이나 사법시험등에 합격한 자의 임용)에 따른 경력경쟁채용시험등
서류전형·종합적성검사와 면접시험. 다만, 시험실시권자가 필요하다고 인정하는 경우에는 체력시험을 병행 가능
2. 법 제7조 제2항 제2호·제3호 및 제6호부터 제8호까지(註: 자격증 소지자, 임용예정에 상응한 근무실적이나 소방에 관한 전문기술교육을 받은 자, 외국어능통자, 경찰공무원, 의용소방대원)까지의 규정에 따른 경력경쟁채용시험등
서류전형·체력시험·종합적성검사·면접시험과 필기시험 또는 실기시험. 다만, 업무의 특수성 등을 고려하여 필요하다고 인정되는 경우에는 필기시험과 실기시험을 모두 병행하여 실시 가능

09 정답 ③

③ (×) 부정행위를 한 응시자가 공무원일 경우에는 시험실시권자는 관할 징계위원회에 징계의결을 요구하거나 그 공무원이 소속하고 있는 기관의 장에게 이를 요구하여야 한다(소방공무원임용령 제51조 제5항).

10 정답 ④

④ (×) 강등되거나 강임되었던 사람이 원 계급으로 승진된 경우에는 강등 또는 강임 전의 기간은 재직연수에 합산한다(공무원임용령 제31조 제4항).

11 정답 ③

승진임용 제한기간 중에 있는 사람이 다시 징계처분을 받은 경우의 승진임용 제한기간은 전 처분에 대한 제한기간이 끝난 날부터 계산하고, 징계처분으로 승진임용 제한기간 중에 있는 사람이 휴직하거나 직위해제처분을 받는 경우 징계처분에 따른 남은 승진임용 제한기간은 복직한 날부터 계산한다(소방공무원 승진임용 규정 제6조 제2항).

12 정답 ④

① (×) 징계위원회의 위원은 제1항에 따른 제척 사유에 해당하면 스스로 해당 징계등 사건의 심의·의결을 회피하여야 하며, 제2항(* 불공정한 의결을 할 우려가 있다고 의심할 만한 타당한 이유가 있을 때)에 따른 기피 사유에 해당하면 회피할 수 있다(소방공무원 징계령 제15조 제4항).
② (×) 징계위원회는 위원의 제척·기피 또는 회피로 인하여 제14조 제1항에 따른 심의·의결에 출석할 수 있는 위원 수가 과반수(과반수가 3명 미만인 경우에는 3명 이상)에 미달하는 경우에는 위원 과반수(과반수가 3명 미만인 경우에는 3명 이상)를 충족하는 때까지 해당 징계위원회가 설치된 기관의 장에게 해당 심의 대상자에 관한 안건에 한정하여 심의·의결에 참여할 임시위원의 임명 또는 위촉을 요청하여야 한다. 이 경우 해당 기관의 장은 지체 없이 임시위원을 임명 또는 위촉하여야 한다(제15조 제5항).
③ (×) 징계위원회의 위원 중 징계등 심의 대상자의 친족 또는 직근 상급자(징계 사유가 발생한 때의 직근 상급자였던 사람을 포함)나 그 징계등 사유와 관계가 있는 사람은 그 징계등 사건의 심의·의결에 관여하지 못한다(제15조 제1항).

13 정답 ①

① (×) 60세 미만의 직계존속과 성년인 형제자매가 없는 미성년 제매(동법 제5조 제1항 제5호)

14 정답 ②

① (×) 소방공무원이 공무상 질병 또는 부상으로 인하여 치료 등의 요양을 하는 경우에는 특별위로금을 지급할 수 있다(소방공무원법 제19조 제1항).
③ (×) '확정된 날의 다음날'이 아니라 '확정된 날'이다.
④ (×) 특별위로금의 지급 기준 및 방법 등은 대통령령으로 정한다(소방공무원법 제19조 제2항).

15 정답 ③

소방기관의 장은 제7조 제1항에 따른 기본정책 및 기본지침에 따라 다음 각 호의 사항이 포함된 직장훈련계획을 수립해야 한다(소방공무원 교육훈련규정 제32조 제1항).

1. 공직가치 확립 및 정부 시책에 대한 교육
2. 팀 단위 소방전술훈련 및 개인 직무 전문기술훈련
3. 신규채용자 및 보직변경자에 대한 실무적응교육훈련
4. 체력향상을 위한 훈련
5. 직장훈련 시간 총량 목표 및 관리에 관한 사항
6. 그 밖에 부서별·직무 분야별 전문성 강화를 위한 전문교육훈련

16 정답 ④

해당 계급에서 격무·기피부서에 근무한 때에는 근무한 날부터 가점 평정하고 가점은 2.0점 이내이다(소방공무원 승진임용 규정 시행규칙 제15조의2).

17 정답 ①

② (×) 직제의 신설·개편·폐지 시 2개월 이내의 기간 동안 소속 소방공무원을 기관의 신설준비 등을 위하여 보직 없이 근무하게 하는 경우
③ (×) 국제기구, 외국의 정부 또는 연구기관에서의 업무수행 및 능력개발을 위하여 필요한 경우 1년 이상의 해외 파견근무를 위하여 특히 필요하다고 인정하여 2주 이내의 기간 동안 소속 소방공무원을 보직 없이 근무하게 하는 경우
④ (×) 결원보충이 승인된 파견자 중 다음 각 목의 훈련을 위한 파견준비를 위하여 특히 필요하다고 인정하여 2주 이내의 기간 동안 소속 소방공무원을 보직 없이 근무하게 하는 경우
가. 「공무원 인재개발법」 제13조(註: 중앙행정기관의 장이 인사혁신처장과 협의를 거쳐 소속 공무원을 국내외 기관에 위탁하여 일정 기간 교육훈련을 받게 하는 경우)에 따른 6개월 이상의 위탁교육훈련
나. 「국제과학기술협력 규정」(註: 과학기술정보통신부장관이 과학기술의 국제화를 촉진하기 위하여 하는 과학기술국제화사업)에 따른 1년 이상의 장기 국외훈련

18 정답 ③

시·도지사가 임용권을 행사하는 소방공무원을 대상으로 법 제20조 제3항에 따라 국내외 위탁교육을 실시할 때 다음 각 호의 어느 하나에 해당하는 경우에는 그 훈련기간 동안 그 인원에 해당하는 정원이 해당 기관에 따로 있는 것으로 본다(소방공무원임용령 제31조 제3항).

> 1. 시·도지사가 「소방공무원 교육훈련규정」 제37조에 따라 훈련기간이 6개월 이상인 국외 위탁교육훈련계획을 수립·시행함에 따라 결원 보충이 필요한 경우
> 2. 소방청장이 「소방공무원 교육훈련규정」 제37조에 따라 수립하는 훈련기간이 6개월 이상인 교육훈련계획에 따라 교육훈련대상자의 직급 및 인원이 기관별로 결정된 경우
> 3. 시·도지사가 「소방공무원 교육훈련규정」 제37조에 따라 소속 소방경 이하의 소방공무원을 대상으로 훈련기간이 6개월 이상인 국내 위탁교육훈련계획을 수립·시행함에 따라 결원 보충이 필요한 경우

19 정답 ②

② (×) 징계위원회는 중징계등 요구사건의 피해자가 신청하는 경우에는 그 피해자에게 징계위원회에 출석하여 해당 사건에 대해 의견을 진술할 기회를 주어야 한다(소방공무원 징계령 제13조의2).

20 정답 ④

소방청장의 자문에 응하게 하기 위하여 소방청에 소방공무원인사위원회를 둔다(소방공무원법 제4조 제1항 본문). 법 제6조 제3항 및 제4항에 따라 특별시장·광역시장·특별자치시장·도지사·특별자치도지사가 임용권을 행사하는 경우에는 특별시·광역시·특별자치시·도·특별자치도에 인사위원회를 둔다(제1항 단서).

21 정답 ②

① (×) 소방공무원이 국외 파견 등 교육훈련으로 인하여 실제 근무기간이 1개월 미만인 경우에는 직무에 복귀한 후 첫 번째 정기평정을 하기 전까지 최근 2회의 근무성적평정결과의 평균을 해당 소방공무원의 평정으로 본다(소방공무원 승진임용 규정 제8조 제2항).
③ (×) 소방공무원이 소방청과 특별시·광역시·특별자치시·도·특별자치도 간 또는 시·도 상호 간에 인사교류된 경우에는 인사교류 전에 받은 근무성적평정을 해당 소방공무원의 평정으로 한다(제6항).
④ (×) 소방공무원이 휴직, 직위해제나 그 밖의 사유로 근무성적평정 대상기간 중 실제 근무기간이 1개월 미만인 경우에는 근무평정을 하지 아니한다(제1항).

22 정답 ③

③ (×) 경력평정대상기간은 경력월수를 단위로 하여 계산하되, 15일이상은 1월로 하고, 15일미만은 경력에 산입하지 아니한다(소방공무원 승진임용 규정 시행규칙 제10조 제3항).

23 정답 ②

체력검정성적 평정점 산정 방식 (소방공무원 승진임용 규정 시행규칙 제19조 제5항 제2호)

> 가. 소방령 이하 소방장 이상 계급의 소방공무원 : 명부작성 기준일부터 최근 2년 6개월 이내에 해당 계급에서 최근 2회 평정한 평정점의 평균
> 나. 소방교 이하 계급의 소방공무원 : 명부작성 기준일부터 최근 1년 6개월 이내에 해당 계급에서 최근 1회 평정한 평정점의 평균

24 정답 ①

「국가공무원법」 제83조 제3항에 따라 수사기관으로부터 공무원의 범죄사건에 대한 결과통보를 받아 다음 각 호에 정하는 기준에 따라 징계의결요구를 할 때는 별표 1, 별표 1의2, 별표 1의3 및 별표 4와 「공무원 징계령 시행규칙」의 징계부가금 부과 기준을 따른다. 다만, 혐의없음 또는 죄가안됨 결정된 경우에는 내부종결 처리할 수 있다(소방공무원 징계양정 등에 관한 규칙 제5조의2).

> 1. 공소권없음 결정, 기소중지 결정 또는 참고인중지 결정된 경우에는 비위의 정도 및 과실의 경중, 고의성 유무 등 사안에 따라 혐의사실이 인정되는 경우에 징계의결 요구
> 2. 기소유예 결정, 공소제기 결정 및 기타의 경우에는 징계의결 요구

25 정답 ③

인사기록관리자는 징계처분을 받은 소방공무원이 다음 각호의 1에 해당하는 때에는 제14조 제1항의 규정에 의하여 당해소방공무원의 인사기록카드에 등재된 징계처분의 기록을 말소하여야 한다(제14조의2 제1항).

> 1. 징계처분의 집행이 종료된 날로부터 다음의 기간이 경과한 때. 다만, 징계처분을 받고 그 집행이 종료된 날로부터 다음의 기간이 경과하기 전에 다른 징계처분을 받은 때에는 각각의 징계처분에 대한 해당기간을 합산한 기간이 경과하여야 한다.
>   가. 강등 : 9년 나. 정직 : 7년 다. 감봉 : 5년 라. 견책 : 3년
> 2. 소청심사위원회나 법원에서 징계처분의 무효 또는 취소의 결정이나 판결이 확정된 때
> 3. 징계처분에 대한 일반사면이 있은 때

소방법령 Ⅱ (25문항)

01 정답 ①

① (×) "소방대상물"이란 건축물, 차량, 선박(「선박법」 제1조의2 제1항에 따른 선박으로서 항구에 매어둔 선박만 해당한다), 선박 건조 구조물, 산림, 그 밖의 인공 구조물 또는 물건을 말한다.
② (○) "관계지역"이란 소방대상물이 있는 장소 및 그 이웃 지역으로서 화재의 예방·경계·진압, 구조·구급 등의 활동에 필요한 지역을 말한다.
③ (○) "소방본부장"이란 특별시·광역시·특별자치시·도 또는 특별자치도(이하 "시·도"라 한다)에서 화재의 예방·경계·진압·조사 및 구조·구급 등의 업무를 담당하는 부서의 장을 말한다.
④ (○) "소방대장"(消防隊長)이란 소방본부장 또는 소방서장 등 화재, 재난·재해, 그 밖의 위급한 상황이 발생한 현장에서 소방대를 지휘하는 사람을 말한다.

02 정답 ④

소방기본법 제17조의3(소방안전교육사의 결격사유)
다음 각 호의 어느 하나에 해당하는 사람은 소방안전교육사가 될 수 없다.
1. 피성년후견인('피성년후견인 또는 피한정후견인'이었던 것을 2021. 1. 12. '피성년후견인'으로 개정하였다.)
2. 금고 이상의 실형을 선고받고 그 집행이 끝나거나(집행이 끝난 것으로 보는 경우를 포함한다) 집행이 면제된 날부터 2년이 지나지 아니한 사람
3. 금고 이상의 형의 집행유예를 선고받고 그 유예기간 중에 있는 사람
4. 법원의 판결 또는 다른 법률에 따라 자격이 정지되거나 상실된 사람

03 정답 ④

④를 제외한 나머지는 소방자동차의 우선통행 등(소방기본법 제21조)의 내용이다.
소방기본법 제22조(소방대의 긴급통행)
소방대는 화재, 재난·재해, 그 밖의 위급한 상황이 발생한 현장에 신속하게 출동하기 위하여 긴급할 때에는 일반적인 통행에 쓰이지 아니하는 도로·빈터 또는 물 위로 통행할 수 있다.

04 정답 ①

소방기본법 제16조의6(소송지원)
소방청장, 소방본부장 또는 소방서장은 소방공무원이 제16조제1항에 따른 소방활동, 제16조의2제1항에 따른 소방지원활동, 제16조의3제1항에 따른 생활안전활동으로 인하여 민·형사상 책임과 관련된 소송을 수행할 경우 변호인 선임 등 소송수행에 필요한 지원을 할 수 있다.

05 정답 ④

「소방기본법 시행규칙」 제3조(종합상황실의 실장의 업무 등)
① 종합상황실의 실장[종합상황실에 근무하는 자 중 최고직위에 있는 자(최고직위에 있는 자가 2인이상인 경우에는 선임자)를 말한다. 이하 같다]은 다음 각호의 업무를 행하고, 그에 관한 내용을 기록·관리하여야 한다.
1. 화재, 재난·재해 그 밖에 구조·구급이 필요한 상황(이하 "재난상황"이라 한다)의 발생의 신고접수
2. 접수된 재난상황을 검토하여 가까운 소방서에 인력 및 장비의 동원을 요청하는 등의 사고수습
3. 하급소방기관에 대한 출동지령 또는 동급 이상의 소방기관 및 유관기관에 대한 지원요청
4. 재난상황의 전파 및 보고
5. 재난상황이 발생한 현장에 대한 지휘 및 피해현황의 파악
6. 재난상황의 수습에 필요한 정보수집 및 제공

06 정답 ②

「소방기본법 시행령」 제1조의2(소방기술민원센터의 설치·운영)
① 소방청장 또는 소방본부장은 「소방기본법」(이하 "법"이라 한다) 제4조의2제1항에 따른 소방기술민원센터(이하 "소방기술민원센터"라 한다)를 소방청 또는 소방본부에 각각 설치·운영한다.
② 소방기술민원센터는 센터장을 포함하여 18명 이내로 구성한다.
③ 소방기술민원센터는 다음 각 호의 업무를 수행한다.
1. 소방시설, 소방공사와 위험물 안전관리 등과 관련된 법령해석 등의 민원(이하 "소방기술민원"이라 한다)의 처리
2. **소방기술민원과 관련된 질의회신집 및 해설서 발간**
3. 소방기술민원과 관련된 정보시스템의 운영·관리
4. 소방기술민원과 관련된 현장 확인 및 처리
5. 그 밖에 소방기술민원과 관련된 업무로서 소방청장 또는 소방본부장이 필요하다고 인정하여 지시하는 업무

07 정답 ②

「소방기본법」 제49조의2(손실보상)
① 소방청장 또는 시·도지사는 다음 각 호의 어느 하나에 해당하는 자에게 제3항의 손실보상심의위원회의 심사·의결에 따라 정당한 보상을 하여야 한다.
1. 제16조의3제1항(* 생활안전활동)에 따른 조치로 인하여 손실을 입은 자
2. 제24조제1항(*소방활동 종사명령) 전단에 따른 소방활동 종사로 인하여 사망하거나 부상을 입은 자
3. 제25조(*강제처분)제2항 또는 제3항에 따른 처분으로 인하여 손실을 입은 자. 다만, 같은 조 제3항에 해당하는 경우로서 법령을 위반하여 소방자동차의 통행과 소방활동에 방해가 된 경우는 제외한다.
4. 제27조(위험시설에 대한 긴급조치)제1항 또는 제2항에 따른 조치로 인하여 손실을 입은 자
5. 그 밖에 소방기관 또는 소방대의 적법한 소방업무 또는 소방활동으로 인하여 손실을 입은 자

08 정답 ①

「소방기본법 시행령」 제10조(감독 등)
① 소방청장은 법 제48조제1항에 따라 안전원의 다음 각 호의 업무를 감독하여야 한다.
1. 이사회의 중요의결 사항
2. 회원의 가입·탈퇴 및 회비에 관한 사항
3. 사업계획 및 예산에 관한 사항
4. 기구 및 조직에 관한 사항
5. 그 밖에 소방청장이 위탁한 업무의 수행 또는 정관에서 정하고 있는 업무의 수행에 관한 사항

09 정답 ①

「소방기본법 시행규칙」 제8조(소방업무의 상호응원협정)
법 제11조제4항에 따라 시·도지사는 이웃하는 다른 시·도지사와 소방업무에 관하여 상호응원협정을 체결하고자 하는 때에는 다음 각 호의 사항이 포함되도록 해야 한다.
1. 다음 각목의 소방활동에 관한 사항
   가. 화재의 경계·진압활동
   나. 구조·구급업무의 지원
   다. 화재조사활동
2. 응원출동대상지역 및 규모
3. 다음 각 목의 소요경비의 부담에 관한 사항
   가. 출동대원의 수당·식사 및 의복의 수선
   나. 소방장비 및 기구의 정비와 연료의 보급
   다. 그 밖의 경비
4. 응원출동의 요청방법
5. 응원출동훈련 및 평가

10 정답 ②

「소방기본법」 제17조의5(소방안전교육사의 배치)
① 제17조의2제1항에 따른 소방안전교육사를 소방청, 소방본부 또는 소방서, 그 밖에 대통령령으로 정하는 대상에 배치할 수 있다.
② 제1항에 따른 소방안전교육사의 배치대상 및 배치기준, 그 밖에 필요한 사항은 대통령령으로 정한다.

「소방기본법 시행령」 제7조의10(소방안전교육사의 배치대상)
법 제17조의5제1항에서 "그 밖에 대통령령으로 정하는 대상"이란 다음 각 호의 어느 하나에 해당하는 기관이나 단체를 말한다.
1. 법 제40조에 따라 설립된 한국소방안전원(이하 "안전원"이라 한다)
2. 「소방산업의 진흥에 관한 법률」 제14조에 따른 한국소방산업기술원

제7조의11(소방안전교육사의 배치대상별 배치기준)
법 제17조의5제2항에 따른 소방안전교육사의 배치대상별 배치기준은 별표 2의3과 같다.

■ 소방기본법 시행령 [별표 2의3]

소방안전교육사의 배치대상별 배치기준(제7조의11관련)

배치대상	배치기준(단위 : 명)	비고
1. 소방청	2 이상	
2. 소방본부	2 이상	
3. 소방서	1 이상	
4. 한국소방안전원	본회 : 2 이상 시·도지부 : 1 이상	
5. 한국소방산업기술원	2 이상	

11 정답 ③

「소방기본법 시행규칙」

■ 소방기본법 시행규칙 [별표 2]

소방용수표지(제6조제1항 관련)

1. 지하에 설치하는 소화전 또는 저수조의 경우 소방용수표지는 다음 각 목의 기준에 따라 설치한다.
   가. 맨홀 뚜껑은 지름 648밀리미터 이상의 것으로 할 것. 다만, 승하강식 소화전의 경우에는 이를 적용하지 않는다.
   나. 맨홀 뚜껑에는 "소화전·주정차금지" 또는 "저수조·주정차금지"의 표시를 할 것
   다. 맨홀뚜껑 부근에는 노란색 반사도료로 폭 15센티미터의 선을 그 둘레를 따라 칠할 것

2. 지상에 설치하는 소화전, 저수조 및 급수탑의 경우 소방용수표지는 다음 각 목의 기준에 따라 설치한다.

   가. 규격

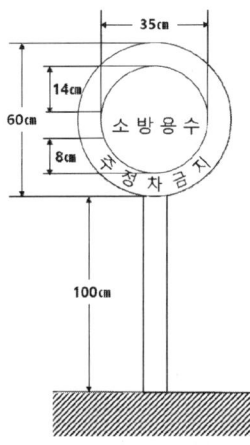

   나. 안쪽 문자는 흰색, 바깥쪽 문자는 노란색으로, 안쪽 바탕은 붉은색, 바깥쪽 바탕은 파란색으로 하고, 반사재료를 사용해야 한다.
   다. 가목의 규격에 따른 소방용수표지를 세우는 것이 매우 어렵거나 부적당한 경우에는 그 규격 등을 다르게 할 수 있다.

12 정답 ④

「소방기본법」제20조의2(자체소방대의 설치·운영 등)
① 관계인은 화재를 진압하거나 구조·구급 활동을 하기 위하여 상설 조직체(「위험물안전관리법」제19조 및 그 밖의 다른 법령에 따라 설치된 자체소방대를 포함하며, 이하 이 조에서 "자체소방대"라 한다)를 설치·운영할 수 있다.
② 자체소방대는 소방대가 현장에 도착한 경우 소방대장의 지휘·통제에 따라야 한다.
③ 소방청장, 소방본부장 또는 소방서장은 자체소방대의 역량 향상을 위하여 필요한 교육·훈련 등을 지원할 수 있다.
④ 제3항에 따른 교육·훈련 등의 지원에 필요한 사항은 행정안전부령으로 정한다.

13 정답 ③

화재예방법 시행령 제2조(화재의 예방 및 안전관리 기본계획의 협의 및 수립)
소방청장은 「화재의 예방 및 안전관리에 관한 법률」 제4조 제1항에 따른 화재의 예방 및 안전관리에 관한 기본계획을 계획 시행 전년도 8월 31일까지 관계 중앙행정기관의 장과 협의한 후 계획 시행 전년도 9월 30일까지 수립해야 한다.

제4조(시행계획의 수립·시행)
① 소방청장은 법 제4조 제4항에 따라 기본계획을 시행하기 위한 계획(이하 "시행계획"이라 한다)을 계획 시행 전년도 10월 31일까지 수립해야 한다.

제5조(세부시행계획의 수립·시행)
① 소방청장은 법 제4조 제5항에 따라 관계 중앙행정기관의 장과 특별시장·광역시장·특별자치시장·도지사 또는 특별자치도지사에게 기본계획 및 시행계획을 각각 계획 시행 전년도 10월 31일까지 통보해야 한다.
② 제1항에 따라 통보를 받은 관계 중앙행정기관의 장 및 시·도지사는 법 제4조 제6항에 따른 세부시행계획을 수립하여 계획 시행 전년도 12월 31일까지 소방청장에게 통보해야 한다.

14 정답 ②

보일러 등의 설비 또는 기구 등의 위치·구조 및 관리와 화재예방을 위하여 불을 사용할 때 지켜야 하는 사항 (화재예방법 시행령 [별표 1])
이동식난로는 다음의 장소에서 사용해서는 안 된다. 다만, 난로가 쓰러지지 않도록 받침대를 두어 고정시키거나 쓰러지는 경우 즉시 소화되고 연료의 누출을 차단할 수 있는 장치가 부착된 경우에는 그렇지 않다.
1) 「다중이용업소의 안전관리에 관한 특별법」 제2조 제1항 제4호에 따른 다중이용업소
2) 「학원의 설립·운영 및 과외교습에 관한 법률」 제2조 제1호에 따른 학원
3) 「학원의 설립·운영 및 과외교습에 관한 법률 시행령」 제2조 제1항 제4호에 따른 독서실
4) 「공중위생관리법」 제2조 제1항 제2호에 따른 숙박업, 같은 항 제3호에 따른 목욕장업 및 같은 항 제6호에 따른 세탁업의 영업장
5) 「의료법」 제3조 제2항 제1호에 따른 의원·치과의원·한의원, 같은 항 제2호에 따른 조산원 및 같은 항 제3호에 따른 병원·치과병원·한방병원·요양병원·정신병원·종합병원
6) 「식품위생법 시행령」 제21조 제8호에 따른 식품접객업의 영업장
7) 「영화 및 비디오물의 진흥에 관한 법률」 제2조 제10호에 따른 영화상영관
8) 「공연법」 제2조 제4호에 따른 공연장
9) 「박물관 및 미술관 진흥법」 제2조 제1호에 따른 박물관 및 같은 조 제2호에 따른 미술관
10) 「유통산업발전법」 제2조 제7호에 따른 상점가
11) 「건축법」 제20조에 따른 가설건축물
12) 역·터미널

15 정답 ③

화재예방법 시행령 제48조(권한의 위임·위탁 등)
소방청장은 법 제48조 제1항에 따라 법 제31조에 따른 소방안전관리자 자격의 정지 및 취소에 관한 업무를 소방서장에게 위임한다.

16 정답 ④

화재예방법 제25조(소방안전관리업무의 대행)
① 소방안전관리대상물 중 연면적 등이 일정규모 미만인 대통령령으로 정하는 소방안전관리대상물의 관계인은 제24조 제1항에도 불구하고 관리업자로 하여금 같은 조 제5항에 따른 소방안전관리업무 중 대통령령으로 정하는 업무를 대행하게 할 수 있다. (이하 생략)

시행령 제28조(소방안전관리 업무의 대행 대상 및 업무)
① 법 제25조 제1항 전단에서 "대통령령으로 정하는 소방안전관리대상물"이란 다음 각 호의 소방안전관리대상물을 말한다.
1. 별표 4 제2호 가목3)에 따른 지상층의 층수가 11층 이상인 1급 소방안전관리대상물(연면적 1만5천제곱미터 이상인 특정소방대상물과 아파트는 제외한다)
2. 별표 4 제3호에 따른 2급 소방안전관리대상물
3. 별표 4 제4호에 따른 3급 소방안전관리대상물

17 정답 ①

화재예방법 시행령 제42조(소방안전 특별관리기본계획·시행계획의 수립·시행)
① 소방청장은 법 제40조 제2항에 따른 소방안전 특별관리기본계획(이하 "특별관리기본계획"이라 한다)을 5년마다 수립하여 시·도에 통보해야 한다.
② 특별관리기본계획에는 다음 각 호의 사항이 포함되어야 한다.
1. 화재예방을 위한 중기·장기 안전관리정책
2. 화재예방을 위한 교육·홍보 및 점검·진단

3. 화재대응을 위한 훈련
4. 화재대응과 사후 조치에 관한 역할 및 공조체계
5. 그 밖에 화재 등의 안전관리를 위하여 필요한 사항
③ 시·도지사는 특별관리기본계획을 시행하기 위하여 매년 법 제40조 제3항에 따른 소방안전 특별관리시행계획(이하 "특별관리시행계획"이라 한다)을 수립·시행하고, 그 결과를 다음 연도 1월 31일까지 소방청장에게 통보해야 한다.
④ 특별관리시행계획에는 다음 각 호의 사항이 포함되어야 한다.
  1. 특별관리기본계획의 집행을 위하여 필요한 사항
  2. 시·도에서 화재 등의 안전관리를 위하여 필요한 사항
⑤ 소방청장 및 시·도지사는 특별관리기본계획 또는 특별관리시행계획을 수립하는 경우 성별, 연령별, 화재안전취약자별 화재 피해현황 및 실태 등을 고려해야 한다.

18   정답 ②

「화재의 예방 및 안전관리에 관한 법률 시행규칙」 제2조(실태조사의 방법 및 절차 등)
① 「화재의 예방 및 안전관리에 관한 법률」(이하 "법"이라 한다) 제5조제1항에 따른 실태조사는 통계조사, 문헌조사 또는 현장조사의 방법으로 하며, 정보통신망 또는 전자적인 방식을 사용할 수 있다.
② 소방청장은 제1항에 따른 실태조사를 실시하려는 경우 실태조사 시작 7일 전까지 조사 일시, 조사 사유 및 조사 내용 등을 포함한 조사계획을 조사대상자에게 서면 또는 전자우편 등의 방법으로 미리 알려야 한다.
③ 관계 공무원 및 제4항에 따라 실태조사를 의뢰받은 관계 전문가 등이 실태조사를 위하여 소방대상물에 출입할 때에는 그 권한 또는 자격을 표시하는 증표를 지니고 이를 관계인에게 내보여야 한다.
④ 소방청장은 실태조사를 전문연구기관·단체나 관계 전문가에게 의뢰하여 실시할 수 있다.
⑤ 소방청장은 실태조사의 결과를 인터넷 홈페이지 등에 공표할 수 있다.
⑥ 제1항부터 제5항까지에서 규정한 사항 외에 실태조사 방법 및 절차 등에 관하여 필요한 사항은 소방청장이 정한다.

19   정답 ①

「화재의 예방 및 안전관리에 관한 법률」 제41조(화재예방안전진단)
① 대통령령으로 정하는 소방안전 특별관리시설물의 관계인은 화재의 예방 및 안전관리를 체계적·효율적으로 수행하기 위하여 대통령령으로 정하는 바에 따라 「소방기본법」 제40조에 따른 한국소방안전원(이하 "안전원"이라 한다) 또는 소방청장이 지정하는 화재예방안전진단기관(이하 "진단기관"이라 한다)으로부터 정기적으로 화재예방안전진단을 받아야 한다.
② 제1항에 따른 화재예방안전진단의 범위는 다음 각 호와 같다.
  1. 화재위험요인의 조사에 관한 사항
  2. 소방계획 및 피난계획 수립에 관한 사항
  3. 소방시설등의 유지·관리에 관한 사항
  4. 비상대응조직 및 교육훈련에 관한 사항
  5. 화재 위험성 평가에 관한 사항
  6. 그 밖에 화재예방진단을 위하여 대통령령으로 정하는 사항
③ 제1항에 따라 안전원 또는 진단기관의 화재예방안전진단을 받은 연도에는 제37조에 따른 소방훈련과 교육 및 「소방시설 설치 및 관리에 관한 법률」 제22조에 따른 자체점검을 받은 것으로 본다.
④ 안전원 또는 진단기관은 제1항에 따른 화재예방안전진단 결과를 행정안전부령으로 정하는 바에 따라 소방본부장 또는 소방서장, 관계인에게 제출하여야 한다.
⑤ 소방본부장 또는 소방서장은 제4항에 따라 제출받은 화재예방안전진단 결과에 따라 보수·보강 등의 조치가 필요하다고 인정하는 경우에는 해당 소방안전 특별관리시설물의 관계인에게 보수·보강 등의 조치를 취할 것을 명할 수 있다.
⑥ 화재예방안전진단 업무에 종사하고 있거나 종사하였던 사람은 업무를 수행하면서 알게 된 비밀을 이 법에서 정한 목적 외의 용도로 사용하거나 다른 사람 또는 기관에 제공하거나 누설하여서는 아니 된다.

20   정답 ③

「화재의 예방 및 안전관리에 관한 법률」 제46조(청문)
소방청장 또는 시·도지사는 다음 각 호의 어느 하나에 해당하는 처분을 하려면 청문을 하여야 한다.
1. 제31조제1항에 따른 소방안전관리자의 자격 취소
2. 제42조제2항에 따른 진단기관의 지정 취소

21   정답 ②

「화재의 예방 및 안전관리에 관한 법률」 제52조(과태료)
① 다음 각 호의 어느 하나에 해당하는 자에게는 300만원 이하의 과태료를 부과한다.
  1. 정당한 사유 없이 제17조제1항 각 호의 어느 하나에 해당하는 행위를 한 자
  2. 제24조제2항을 위반하여 소방안전관리자를 겸한 자
  3. 제24조제5항에 따른 소방안전관리업무를 하지 아니한 특정소방대상물의 관계인 또는 소방안전관리대상물의 소방안전관리자
  4. 제27조제2항을 위반하여 소방안전관리업무의 지도·감독을 하지 아니한 자
  5. 제29조제2항에 따른 건설현장 소방안전관리대상물의 소방안전관리자의 업무를 하지 아니한 소방안전관리자
  6. 제36조제3항을 위반하여 피난유도 안내정보를 제공하지 아니한 자
  7. 제37조제1항을 위반하여 소방훈련 및 교육을 하지 아니한 자
  8. 제41조제4항을 위반하여 화재예방안전진단 결과를 제출하지 아니한 자
② 다음 각 호의 어느 하나에 해당하는 자에게는 200만원 이하의 과태료를 부과한다.
  1. 제17조제4항에 따른 불을 사용할 때 지켜야 하는 사항 및 같은 조 제5항에 따른 특수가연물의 저장 및 취급 기준을 위반한 자
  2. 제18조제4항에 따른 소방설비등의 설치 명령을 정당한 사유

없이 따르지 아니한 자
3. 제26조제1항을 위반하여 기간 내에 선임신고를 하지 아니하거나 소방안전관리자의 성명 등을 게시하지 아니한 자
4. 제29조제1항을 위반하여 기간 내에 선임신고를 하지 아니한 자
5. 제37조제2항을 위반하여 기간 내에 소방훈련 및 교육 결과를 제출하지 아니한 자

③ 제34조제1항제2호를 위반하여 <u>실무교육을 받지 아니한 소방안전관리자 및 소방안전관리보조자에게는 100만원 이하의 과태료</u>를 부과한다.

④ 제1항부터 제3항까지에 따른 과태료는 대통령령으로 정하는 바에 따라 소방청장, 시·도지사, 소방본부장 또는 소방서장이 부과·징수한다.

22 정답 ②

소방시설법 제23조(소방시설등의 자체점검 결과의 조치 등)

① 특정소방대상물의 관계인은 제22조 제1항에 따른 자체점검 결과 소화펌프 고장 등 대통령령으로 정하는 중대위반사항(이하 이 조에서 "중대위반사항"이라 한다)이 발견된 경우에는 지체 없이 수리 등 필요한 조치를 하여야 한다.

시행령 제34조(소방시설등의 자체점검 결과의 조치 등)

법 제23조 제1항에서 "소화펌프 고장 등 대통령령으로 정하는 중대위반사항"이란 다음 각 호의 어느 하나에 해당하는 경우를 말한다.

1. <u>소화펌프(가압송수장치를 포함한다. 이하 같다), 동력·감시 제어반 또는 소방시설용 전원(비상전원을 포함한다)의 고장으로 소방시설이 작동되지 않는 경우</u>
2. 화재 수신기의 고장으로 화재경보음이 자동으로 울리지 않거나 화재 수신기와 연동된 소방시설의 작동이 불가능한 경우
3. 소화배관 등이 폐쇄·차단되어 소화수(消火水) 또는 소화약제가 자동 방출되지 않는 경우
4. 방화문 또는 자동방화셔터가 훼손되거나 철거되어 본래의 기능을 못하는 경우

23 정답 ③

특정소방대상물의 소방시설 설치의 면제 기준 (소방시설법 시행령 [별표 5])

설치가 면제되는 소방시설	설치가 면제되는 기준
3. 스프링클러설비	가. 스프링클러설비를 설치해야 하는 특정소방대상물(발전시설 중 전기저장시설은 제외)에 적응성 있는 자동소화장치 또는 물분무등소화설비를 화재안전기준에 적합하게 설치한 경우에는 그 설비의 유효범위에서 설치가 면제된다. 나. 스프링클러설비를 설치해야 하는 전기저장시설에 소화설비를 소방청장이 정하여 고시하는 방법에 따라 설치한 경우에는 그 설비의 유효범위에서 설치가 면제된다.
8. 비상경보설비 또는 단독경보형 감지기	비상경보설비 또는 단독경보형 감지기를 설치해야 하는 특정소방대상물에 자동화재탐지설비 또는 화재알림설비를 화재안전기준에 적합하게 설치한 경우에는 그 설비의 유효범위에서 설치가 면제된다.
12. **자동화재속보설비**	자동화재속보설비를 설치해야 하는 특정소방대상물에 **화재알림설비**를 화재안전기준에 적합하게 설치한 경우에는 그 설비의 유효범위에서 설치가 면제된다.
13. **누전경보기**	누전경보기를 설치해야 하는 특정소방대상물 또는 그 부분에 **아크경보기**(옥내 배전선로의 단선이나 선로 손상 등으로 인하여 발생하는 아크를 감지하고 경보하는 장치) 또는 전기 관련 법령에 따른 **지락차단장치**를 설치한 경우에는 그 설비의 유효범위에서 설치가 면제된다.
21. 연소방지설비	연소방지설비를 설치해야 하는 특정소방대상물에 스프링클러설비, 물분무소화설비 또는 미분무소화설비를 화재안전기준에 적합하게 설치한 경우에는 그 설비의 유효범위에서 설치가 면제된다.

24 정답 ④

④ (×) 단란주점은 같은 건축물에 해당 용도로 쓰는 바닥면적의 합계가 150㎡ 미만인 것만 해당

25 정답 ③

소방시설법 시행규칙 제3조(건축허가등의 동의 요구)

③ 제1항에 따른 동의 요구를 받은 소방본부장 또는 소방서장은 법 제6조제4항에 따라 건축허가등의 동의 요구서류를 접수한 날부터 5일[허가를 신청한 건축물 등이 「화재의 예방 및 안전관리에 관한 법률 시행령」 별표 4 제1호 가목(註: 특급 소방안전관리대상물)의 어느 하나에 해당하는 경우에는 10일] 이내에 건축허가등의 동의 여부를 회신해야 한다.

④ 소방본부장 또는 소방서장은 제3항에도 불구하고 제2항에 따른 동의요구서 및 첨부서류의 보완이 필요한 경우에는 4일 이내의 기간을 정하여 보완을 요구할 수 있다. 이 경우 보완 기간은 제3항에 따른 회신 기간에 산입하지 않으며 보완 기간 내에 보완하지 않는 경우에는 동의요구서를 반려해야 한다.

소방전술 (25문항)

01 정답 ①

내부에서 화점 확인 방법
① 연기열에 의한 방법: 연기확산 방지 : 옥내·외에 연기가 있는 경우는 공조설비 등을 즉시 정지시킨다.
② 화점층 확인 : 연기가 있는 최하층을 확인한다.
③ 배연 : 연기가 충만하고 있는 경우는 각층 계단실의 출입구 및 방화문을 폐쇄하고, 옥탑실 출입구 및 피난층 출입구를 개방하여 배연을 행하면서 확인한다.
④ 문개방 : 시건 되어 있는 실내는 문의 변색, 문틈에서의 연기분출 또는 문, 벽, 상층의 바닥에 손을 접촉하여 온도 변화에 의해 확인한다.
⑤ 내부진입 : 중성대가 있으면 자세를 낮게 하여 연기의 유동방향으로 거슬러 확인한다.
⑥ 화점에 가까울수록 연기의 농도는 진하고 유동은 크고 빠르며 (계단, 닥트 등은 제외), 화점에서 멀수록 연기의 속도는 급속하게 저하한다. 만약, 연기의 유동속도가 완만하고, 열기가 적은 경우 화점에서 떨어져 있는 것으로 판단한다.

02 정답 ①

화재진행에 영향을 미치는 요인
발화해서 쇠퇴하기까지, 구획실 화재의 성상과 진행단계에 영향을 미치는 요인들은 ① 배연구의 크기, 수 및 위치 ② 구획실의 크기 ③ 구획실을 둘러싸고 있는 물질들의 열 특성 ④ 구획실의 천장높이 ⑤ 최초 발화되는 가연물의 크기, 합성물의 위치 ⑥ 추가적 가연물의 이용가능성 및 위치이다.

03 정답 ①

소방활동 검토회의 대상

소방본부	① 대형화재 • 인명피해 : 사망 5명, 사상자 10명 이상 • 재산피해 : 50억원 이상 ② 중요화재 • 이재민 100명 이상이 발생된 화재 • 관공서, 학교, 문화재, 지하철, 지하구, 공공건물 등 화재 및 관광호텔, 고층건물, 지하상가, 시장, 대형 중점관리대상, 화재경계지구 등으로서 사회의 물의를 야기시킨 화재 ③ 특수화재 철도, 변전소, 항공기, 외국공관(사택),특수사고, 방화 등 화재원인이 특이한 화재로서 사회의 이목이 집중된 화재 ④ 기타 본부장이 필요하다고 인정되는 화재
소방서	① 소방검사 대상물 화재 중 • 인명피해 : 사망 3명, 사상자 5명 이상 • 재산피해 : 2억 5천만원 이상 ② 기타 소방서장이필요하다고 인정되는 화재
119 안전센터	본부 및 소방서 대상을 제외한 매 건마다(즉소화재 제외)

04 정답 ①

성장기
① 발화가 일어난 직후, 연소하는 가연물 위로 화염이 형성되기 시작하며, 화염이 커짐에 따라 주위 공간으로부터 화염이 상승하는 공간으로 공기를 끌어들이기 시작한다.
② 성장기의 초기는 야외 개방된 곳에서의 화재와 유사하지만 개방된 곳에서의 화재와는 달리, 구획실 화염은 공간 내의 벽과 천장에 의해 급속히 영향을 받는다.

> **화염 속으로 흡수되는 공기의 양★★★** 13년 소방교/ 20년 소방장/ 24년 소방교
> 공기는 화재에 의해 생성된 뜨거운 가스보다 차갑기 때문에 화염이 갖고 있는 온도에 대해 냉각효과를 가진다. 구획실의 벽과 관련하여 가연물들의 위치는 흡입되는 공기의 양을 결정하고, 냉각효과의 크기를 결정한다.

벽 근처에 있는 가연물	비교적 적은 공기를 흡수하고, 보다 높은 화염온도를 지닌다.	D
구석에 있는 가연물	더욱 더 적은 공기를 흡수하고, 가장 높은 화염온도를 지닌다.	L
중앙에 있는 가연물	벽, 구석 가연물보다 더 많은 공기를 흡수하고 온도는 낮다.	Q

TIP 성장기에서도 "공기의 냉각효과"는 향후 출제가능성이 높습니다.

③ 이러한 요소는 화염 위에 생성되는 뜨거운 가스층의 온도에 심각한 영향을 미치고 뜨거운 가스가 상승하면서 천장에 부딪치게 되면, 가스는 외부로 퍼지기 시작한다.
④ 가스는 구획실의 벽에 도달할 때까지 계속해서 퍼지게 되고 벽에 도달한 후, 가스층의 두께는 증가하기 시작한다.
⑤ 이 시기의 구획실 온도는 가스가 구획실 천장과 벽을 통과하면서 생성된 열의 양과 최초 가연물의 위치 및 공기 유입량 등에 의해 결정되고, 연구결과에 의하면 화염의 중심으로부터 거리가 멀어지면, 가스의 온도가 내려간다는 것을 보여주고 있다.
⑥ 만일, 가연물과 산소가 충분하다면 성장기는 지속될 것이고, 성장기에 있는 구획실 화재는 일반적으로 '통제된 가연물'상황이다.
⑦ 화재가 성장할 때에, 천장 부분에 있는 가스층의 온도가 높아짐에 따라 구획실 내의 전반적인 온도는 상승한다.

05 정답 ①

붕괴 위험성 평가
내화구조 건물에서 화재와 연기가 확대될 수 있는 두 가지 통로는 공기조화시스템 HVAC 배관과 자동노출이다.

06

정답 ③

구조대상자 운반법

1. 안아 올려 운반구출	주로 구출 거리가 짧은 경우에 이용한다.
2. 끈 운반 구출 (깔개, 커튼, 띠 등)	구조대상자의 부상부위가 허리부분인 경우는 피한다.
3. 전진, 후퇴 포복구출	짙은 연기 중의 구출에 적합하다. 주로 구출거리가 짧은 경우에 활용한다.
4. 메어서 운반구출	구조대상자의 부상부위가 허리 또는 복부부분의 경우는 피한다.
5. 양쪽 겨드랑이 잡아당겨 구출	구출거리가 짧은 경우에 활용한다.
6. 1인 확보 운반 구출	구조대상자의 부상부위가 가슴부분 또는 허리부분의 경우는 피한다. 주로 구출거리가 짧은 경우에 활용한다.
7. 뒤로 옷깃을 끌어당겨 구출	구조대상자는 낮은 위치에 있으므로 짙은 연기 중의 구출에 적합하다.
8. 모포 등을 이용하여 끌어당겨 구출 (1인 또는 2인으로 구출)	구조대상자는 낮은 위치에 있으므로 짙은 연기 중의 구출에 적합하다. 발부분의 모포 등을 묶으면 구조대상자의 이탈을 막을 수 있다. 구조대상자의 부상에 대하여는 그다지 고려할 것 없이 구출할 수 있다.
9. 등에 업고 포복 구출	구조대상자는 낮은 위치에 있으므로 짙은 연기 중의 구출에 적합하다. 주로 구출거리가 짧은 경우에 활용한다.

07

정답 ④

기상조건별 관창 배치

기상조건별 관창배치	• 풍속이 5m/sec 이상 : 비화발생 위험이 있으므로 풍하측에 비화경계 관창 배치 • 풍속이 3m/sec 초과 : 풍하측의 연소위험이 크므로 풍하측을 중점으로 관창 배치 • 풍속이 3m/sec 이하 : 방사열이 큰 쪽 방향을 중점으로 관창을 배치 • 강풍(대략 풍속 13m/sec 이상) 때는 풍횡측에 대구경 관창을 배치

08

정답 ②

환자에게 적절한 치료를 계속 제공하지 못한 것을 유기라고 정의한다. 유기는 응급구조사가 법적으로나 도덕적으로 범하지 말아야 할 가장 중대한 행위이다.

09

정답 ③

숏펄싱 (Short pulsing)	① 건물내부에 진입하기 전 출입문 상부에 방수를 하여 물이 방수와 동시에 증발을 하는지 확인한다. ② 만약 증발을 하게 되면 내부가 매우 뜨겁다는 것이다. 그래서 물을 뿌렸을 때 증발하는지 흘러내리는지를 세심하게 관찰하여야 한다. 또한 증발할 때는 어느 위치에서 증발하는지를 판단해야 한다. ③ 그 다음에 출입문 내부 천장부분에 방수한다. 그 이유는 문을 열자마자 내부의 진한농도의 가연성가스가 바깥으로 나오면서 산소와 혼합되며 연소범위 내에 들어와서 자연발화 될 가능성이 있기 때문이다. ④ 그렇게 자연발화가 된다면 바깥에서부터 화염이 발생하여 내부로 들어가는 현상이 발생한다. ⑤ 문을 열었을 때 나오는 가스가 산소와 결합해서 점화되는 것을 방지하기 위해 상부의 가스와 공기를 냉각시켜 자연발화의 가능성을 없애주는 것이다. ⑥ 내부에 진입해서 상부로 방수를 하여 산소농도를 낮추고 가연성 가스를 식히고 희석시켜 자연발화 온도에 도달하는 것을 방지하며, 대원 머리 위 또는 근처에 고온의 화재가스가 있을 경우 바로 사용하도록 한다. 1초 이내로 짧게 끊어서 방수하며, 물의 입자(0.3mm 이하)가 작을수록 효과가 높은 장점을 가지고 있다. ※ 숏펄싱 요령 ⓐ 확실한 발 디딤 장소를 확보하고 낮은 자세를 유지한다. ⓑ 관창수는 화점실 진입 전 머리 위쪽 및 주변 상층부 연기층을 목표로 방수한다. ⓒ 관창보조는 소방호스를 땅에 살짝 닿도록 들어서 잡아준다. 관창수가 담당하는 부분은 앞부분만 나머지 호스의 반동이나 무게는 보조자가 담당하게 된다. ⓓ 관창의 노즐은 오른쪽 방향 끝까지 돌려서 사용한다. ⓔ 관창의 개폐조작은 1초 이내로 짧게 끊어서 조작한다. ⓕ 좌(우)측, 중앙, 우(좌)측 순으로 상층부에 짧게 끊어서 3~4회 방수한다.
미디움펄싱 (medium pulsing)	숏펄싱과 롱펄싱의 중간 방수기법으로 1~2초의 간격으로 주어진 상황에 따라서 방어와 공격의 형태로 적용할 수 있다. ① 확실한 발 디딤 장소를 확보하고 낮은 자세를 유지한다. ② 관창수는 화점실 진입 전 전면 상층부 연기층 및 간헐적 화염을 목표로 방수한다. (방수한 물이 모두 기화하는 것이 아니라 일부는 가스층을 뚫고 천정 표면에 부딪혀 표면 냉각효과를 갖기도 한다) ③ 관창보조는 소방호스를 땅에 살짝 닿도록 들어서 잡아준다.

	④ 관창의 노즐은 오른쪽 방향 끝까지 돌려서 사용한다.
	⑤ 관창의 개폐조작은 1~2초 이내로 끊어서 조작한다.
	⑥ 좌(우)측, 중앙, 우(좌)측 순으로 전면 상층부에 끊어서 3~4회 방수한다.
롱펄싱 (Long pulsing)	상부 화염 소화, 가스층 희석 및 온도를 낮추어 대원들이 내부로 더 깊이 침투할 수 있도록 하며, 주어진 상황에 따라서 3~5초의 간격으로 다양하게 적용한다. ① 확실한 발 디딤 장소를 확보하고 낮은 자세를 유지한다. ② 관창수는 구획실 앞쪽 상층부 연기층 및 화염을 목표로 방수한다. ③ 관창보조는 소방호스를 땅에 살짝 닿도록 들어서 잡아준다. ④ 피스톨 관창의 노즐은 오른쪽 방향 끝까지 돌려서 사용한다. ⑤ 관창의 개폐조작은 2~5초 이내로 끊어서 조작한다. ⑥ 좌(우)측, 중앙, 우(좌)측 순으로 상층부에 방수하며 구획실 공간 전체 용적을 채울 수 있도록 수차례 나눠서 방수한다.

10 정답 ②

사상자
화재현장에서 사망 또는 부상당한 사람을 말한다. 단, 화재현장에서 부상을 당한 후 72시간 이내에 사망한 경우에는 당해 화재로 인한 사망자로 본다.

> 부상의 정도는 의사의 진단을 기초로 하여 다음과 같이 분류한다.
> • 중상: 3주 이상의 입원치료를 필요로 하는 부상
> • 경상: 중상 이외의 부상(입원치료를 필요로 하지 않는 것도 포함)
> ※ 다만 병원치료를 필요로 하지 않고 단순하게 연기를 흡입한 사람은 제외

11 정답 ①

출동 지령을 통하여 조치할 사항
① 사고발생 장소
② 사고의 종류 및 개요
③ 도로상황과 건물상황
④ 구조대상자의 숫자와 상태
⑤ 사고의 확대 등 위험요인과 구조활동 장애요인 여부

현장 환경 판단과 출동 전에 조치할 사항
① 사고정보를 통하여 구출방법을 검토한다.
② 사용할 장비를 선정하고 필요한 장비가 있으면 추가로 적재한다.
③ 출동경로와 현장 진입로를 결정한다.
 - 출동경로는 지도상의 최단거리가 아니라 현장에 도착하는 시간이 가장 적게 소요되는 경로이다.

④ 필요시 진입로 확보를 위한 조치를 요청한다.
 - 유관기관의 교통·인파 통제 및 특수 장비의 지원요청 등

12 정답 ①

Scale : Best = 1, Poorest = 8

성능＼종류	마닐라삼	면	나일론	폴리에틸렌	H. Spectra® Polyethylene	폴리에스터	Kevlar® Aramid
비중	1.38	1.54	1.14	0.95	0.97	1.38	1.45
신장율	10~15%	5~10%	20~34%	10~15%	4% 이하	15~20%	2~4%
인장강도*	7	8	3	6	1	4	2
내충격력*	5	6	1	4	7	3	7
내열성	177℃ 탄화	149℃ 탄화	249℃ 용융	166℃ 용융	135℃ 용융	260℃ 용융	427℃ 탄화
내마모성*	4	8	3	6	1	2	5
전기저항	약	약	약	강	강	강	약
저항력 - 햇볕 - 부패 - 산 - 알칼리 - 오일, 가스	중 약 약 약 약	중 약 약 약 약	중 강 약 약 중	최약 강 중 중 중	중 강 강 강 강	강 강 중 약 중	중 강 약 중 중

13 정답 ③

스톱하강기
① 스톱은 로프 한 가닥을 이용하여 제동을 걸어준다.
② 하강 스피드의 조절이 용이하다.
③ 우발적인 급강하 사고를 방지할 수 있기 때문에 최근 구조대에서 사용이 증가하고 있는 추세이다.
※ 아이디 하강기 : 다기능 핸들을 사용하여 하강 조절 및 작업 현장에서 위치잡기가 용이하며, 고소작업 및 로프엑세스 작업용으로 제작된 개인 하강용 장비이다.

14 정답 ③

8자연결매듭
㉠ 많은 힘을 받을 수 있고 힘이 가해진 경우에도 풀기가 쉬워 로프를 연결하거나 안전을 확보하기 위한 매듭으로 자주 사용된다.
㉡ 주 로프로 8자 형태의 매듭을 만든 다음 연결하는 로프를 반대 방향에서 역순으로 진입시켜 이중8자의 형태를 만든다.
㉢ 매듭이 이루어지면 양쪽 끝의 로프를 당겨 완전한 형태의 매듭을 완성하고 옭매듭으로 마무리한다.

15 정답 ③

사슬사리기 : 과거에는 주로 화물차 기사들이 사용한 방법이지만 원형이나 8자형 사리기보다 꼬이거나 엉키는 확률이 현저히 낮다. 이 방법은 마지막 끝처리가 잘 되어야 하는데, 잘못될 경우 푸는 방법도 잘 익혀 두어야 한다. 마지막 1m 정도의 여유줄을 남겨 놓고 마지막

사슬을 여유 줄에 묶는데 절대로 여유 줄이 매듭 안으로 들어가서는 안 되며 고리를 작게 사리는 것이 좋다.

어깨매기 : 로프를 휴대하고 장거리를 이동하는 방법으로 먼저 로프를 나비모양으로 사리고 마무리 하여 어깨에 맨다.

16 정답 ④

화재가 콘크리트에 미치는 영향
- 230℃까지는 정상
- 290℃~590℃ : 연홍색이 붉은 색으로 변색
- 590℃~900℃ : 붉은색이 회색으로 변색
- 900℃ 이상 : 회색이 황갈색으로 변색(석회암은 흰색으로 변색)

17 정답 ②

표층 눈사태	눈이 내려 쌓이게 되면 눈은 표면의 바람과 햇볕, 기온에 의해 미세하게 다시 어는 현상이 발생한다. 이를 크러스트(Crust)라 하는데 이 위에 폭설이 내려 쌓이면 크러스트된 이전의 눈과 새로운 눈 사이에 미세한 층이 발생하고 눈의 무게를 이기지 못할 정도가 되면 결국 눈이 흘러내리게 된다. 이런 눈사태를 표층 눈사태라고 한다.
전층 눈사태	대량의 눈이 쌓인 지역에 기온이 올라가면 눈의 접착력이 약해지면서 눈의 밑바닥에서 슬립이 일어나 눈이 무너져 내리게 되는데 이를 전층 눈사태라 한다. 기온이 올라가 적설의 밑바닥이나 급한 비탈, 또는 슬랩면에서 눈 녹은 물이 흐르고 있는 상태가 가장 위험하다.
눈처마 붕괴	눈 쌓인 능선에서 주의할 것이 눈처마의 붕괴이다. 눈처마는 바위 등 돌출부분이 발달하여 밑으로 수그러지며 공기층의 공동이 생기게 되므로 눈으로 보고 판단하는 부분보다 훨씬 뒤의 선에서 붕괴된다.

18 정답 ②

B급 방호복
헬멧과 방호복, 공기호흡기로 구성된다. 위험물질의 비산에 의하여 손상을 입을 수 있는 액체를 다룰 경우 사용한다. 장갑과 장화가 방호복과 일체형인 경우도 있고 분리된 장비도 있다. 분리된 장비를 사용할 때에는 손목과 발목, 목, 허리 등을 밀폐하여 유독물질이 방호복 안으로 들어오지 못하게 해야 한다.

19 정답 ①

제독소
㉠ Red trap 입구에 장비수집소를 설치하고 손에 들고 있는 장비를 이곳에 놓도록 한다. 장비는 모아서 별도로 제독하거나 폐기한다.
㉡ 방호복을 입은 상태에서 물을 뿌려 1차 제독(Gross Decon)을 한다.
㉢ Yellow trap으로 이동하여 솔과 세제를 사용하여 방호복의 구석구석(발바닥, 사타구니, 겨드랑이 등)을 세심하게 세척한다.
㉣ 습식제독작업이 끝나면 Green trap으로 이동해서 동료의 도움을 받아 보호복을 벗는다.
㉤ 마지막으로 공기호흡기를 벗는다. 보호복의 종류에 따라 공기호흡기를 먼저 벗어야 하는 경우도 있다. 보호복과 장비는 장비수집소에 보관한다.

20 정답 ③

토의식 교육(자아욕구)

목적	① 적극적이고 자발적으로 참여할 수 있도록 한다. ② 교육내용의 이해도를 정확히 측정한다. ③ 여러 사람의 지식과 경험을 공유한다. ④ 집단생리를 터득하고 회의 운영기술을 습득한다.
토의 조건	① 공평한 발언기회를 부여한다. ② 자유로운 토의 분위기가 조성되어야 한다. ③ 참가자는 주제에 어느 정도 지식과 경험이 갖추어져야 한다. ④ 강사는 토의의 목적과 방법을 명확히 하여 교육생을 유도한다.

21 정답 ①

환자의 의식이 명료하며 대화에 기꺼이 응한다면 친구나 환자 주변인이 아닌 환자에게 직접 얘기해야 한다.

22 정답 ④

후천성면역결핍증 (AIDS)	HIV에 감염된 혈액, 성교, 수혈, 주사바늘, 모태감염	몇 개월 또는 몇 년

23 정답 ②

START분류법의 가능한 응급처치
㉠ 기도 개방 및 입인두 기도기 삽관
㉡ 직접 압박
㉢ 환자 상태에 따른 팔다리 거상

24 정답 ③

환자 자세
① 머리나 척추 손상이 없는 무의식환자는 좌측위나 회복자세를 취해준다. 이 자세들은 환자의 구강내 이물질이나 분비물을 쉽게 제거할 수 있다. 또한 구급차 내 이송 중 환자와 구급대원이 마주볼 수 있는 자세이기 때문에 환자처치가 용이하다.
② 호흡곤란이나 가슴통증 호소 환자는 환자가 편안해 하는 자세를 취해주는 것이 좋다. 보통은 좌위나 앉은 자세를 취해준다.
③ 머리나 척추 손상이 의심되는 환자는 긴 척추고정판으로 고정시

킨 후 이송해야 한다. 필요 시 환자의 구강 내 이물질이나 분비물을 제거하기 위해서는 왼쪽으로 보드를 약간 기울일 수 있다.
④ 쇼크환자는 다리를 20~30cm 올린 후 앙와위로 이송한다. 머리, 목뼈, 척추손상 환자에게 시행해서는 안 된다.
⑤ 임신기간이 6개월 이상인 임부는 좌측위로 이송해야 한다. 만약 긴 척추고정판(spine board)으로 고정시킨 임부라면 베게나 말은 수건을 벽면과 임부사이에 넣어 좌측위를 취해준다.
⑥ 오심/구토 환자는 환자가 편안해 하는 자세로 이송한다. 보통은 회복자세를 취해주며 만약, 좌위나 반좌위를 취한 환자라면 기도폐쇄를 주의하고 의식저하 환자는 회복자세로 이송해야 한다.

25 정답 ④

명시적 동의
구급대원이 제공하는 환자치료에 대해 그 내용을 알고 이해하며, 동의한다는 환자의 표현을 말한다. 즉, 고시된 동의는 그 환자가 합리적인 결정을 하도록 필요한 모든 사실을 설명한 후에 환자로부터 얻는 동의이다.

> ✪ 고시되어야 할 중요한 내용으로는★★
> 1. 환자에게 발생하거나 발생 가능한 진단명
> 2. 응급검사 및 응급처치의 내용
> 3. 응급의료를 받지 않을 경우의 예상결과 또는 예후
> 4. 기타 응급환자가 설명을 요구하는 사항 등

ⓒ 환자가 동의하기 이전에 절차와 범위를 충분히 이해해야 한다. 또한 환자는 그러한 판단을 내릴 만큼 충분한 정신적 혹은 육체적 능력을 갖고 있어야 한다.
ⓒ 구급대원이 직면하는 상황의 대부분은 환자에서 문서화된 동의를 얻어낸다는 것이 현실적으로 어렵다. 그러나 문서화된 동의 대신에 구두 동의는 얻을 수 있을 것이다. 구두 동의는 증명되기는 어렵지만, 법적으로 유효하며 구속력을 갖는다.

소방교 소방승진

제5회 모의고사 해설

문 항 수 : 75문항
응시시간 : 75분

과목	01	02	03	04	05	06	07	08	09	10	11	12	13	14	15	16	17	18	19	20	21	22	23	24	25
소방법령 I	②	①	④	③	②	③	④	②	②	①	②	③	②	④	④	④	③	①	④	②	①	①	③	③	①
소방법령 II	③	④	④	③	③	③	④	①	①	④	①	②	①	④	②	④	②	④	③	③	④	①	③	④	①
소방전술	①	③	④	①	②	②	②	④	①	①	①	②	③	④	②	②	③	④	③	①	④	②	③	①	④

소방법령 I (25문항)

01 정답 ②

② (×) 소방공무원은 임용장 또는 임용통지서에 기재된 일자에 임용된 것으로 보며 임용일자를 소급해서는 아니 된다(소방공무원임용령 제4조 제1항).

02 정답 ①

② (×) 6년 6개월 이상, ③ (×) 5년 이상, ④ (×) 4년 이상 (소방공무원법 제15조)

03 정답 ④

④ (×) 소방공무원의 승진·전출 등으로 인사기록관리자가 변경된 경우 변경 전 인사기록관리자는 변경 후 인사기록관리자에게 지체 없이 해당 소방공무원의 인사기록카드(표준인사관리시스템을 통해 송부한다)와 최근 3년간(소방위 이하의 소방공무원인 경우에는 최근 2년간)의 근무성적평정표 및 경력·교육훈련성적·가점 평정표 사본(전자문서를 포함한다)을 송부해야 한다(소방공무원임용령 시행규칙 제13조 제3항).

04 정답 ③

소방공무원임용령 제3조(임용권의 위임) ⑤ 소방청장은 법 제6조제4항에 따라 다음 각 호의 권한을 시·도지사에게 위임한다.
1. 시·도 소속 소방령 이상 소방준감 이하의 소방공무원(소방본부장 및 지방소방학교장은 제외한다)에 대한 전보, 휴직, 직위해제, 강등, 정직 및 복직에 관한 권한
2. 소방정인 지방소방학교장에 대한 휴직, 직위해제, 정직 및 복직에 관한 권한
3. 시·도 소속 소방경 이하의 소방공무원에 대한 임용권

05 정답 ②

② (×) 소방청 및 그 소속기관에 설치된 소방공무원 징계위원회의 의결에 대하여는 소방청에 설치된 소방공무원 징계위원회에 심사 또는 재심사를 청구할 수 있다(소방공무원법 제29조 제3항).

06 정답 ③

- 징계처분의 집행이 종료된 날로부터 다음의 기간이 경과한 때. 다만, 징계처분을 받고 그 집행이 종료된 날로부터 다음의 기간이 경과하기 전에 다른 징계처분을 받은 때에는 각각의 징계처분에 대한 해당기간을 합산한 기간이 경과하여야 한다.
  가. 강등 : 9년 나. 정직 : 7년 다. 감봉 : 5년 라. 견책 : 3년
- 견책 말소제한기간(3년) + 감봉의 말소제한기간(5년) + 정직의 말소제한기간(7년)이 15년이므로 선행처분일인 '21. 2. 1부터 기산하여 '36. 2. 1에 견책, 감봉 1월, 정직 3월을 모두 말소

07 정답 ④

④ (×) 지문의 정족수는 일반적인 경우이다. 위험직무순직공무원으로서 특별한 공적이 있다고 인정하는 사람에 대한 특별승진임용 여부를 심사하기 위한 보통승진심사위원회의 회의는 재적위원 과반수 찬성으로 의결한다(소방공무원 승진임용 규정 제20조 제2항).

08 정답 ②

승진심사대상에서의 제외되는 자는 제6조 제1항 각호의 1에 해당하는 자(註: 승진임용이 제한되는 자), 제36조 제1항의 규정에 의하여 승진시험에 응시할 수 없는 자(註: 시험부정행위자)이다(소방공무원 승진임용 규정 제23조).

㉣ (×) 정직 징계처분의 집행이 끝난 날부터 원칙적으로 18개월이 지나지 않은 자가 제외된다(소극행정, 음주운전, 성폭력 등의 경우는 6개월 가산).

09   정답 ②

임용의 유예 사유(소방공무원임용령 제20조 제1항)
1. 학업의 계속
2. 6월 이상의 장기요양을 요하는 질병이 있는 경우
3. 「병역법」에 따른 병역의무복무를 위하여 징집 또는 소집되는 경우
4. 임신하거나 출산한 경우
5. 그 밖에 임용 또는 임용제청의 유예가 부득이하다고 인정되는 경우

10   정답 ①

임용권자는 다음 각 호의 어느 하나에 해당하는 경우에는 그 순위에 관계없이 임용할 수 있다(소방공무원임용령 제19조 제2항).

> 1. 임용예정기관에 근무하고 있는 소방공무원 외의 공무원을 소방공무원으로 임용하는 경우
> 2. 6개월 이상 소방공무원으로 근무한 경력이 있거나 임용예정직위에 관련된 특별한 자격이 있는 사람을 임용하는 경우
> 3. 도서·벽지·군사분계선 인접지역 등 특수지역 근무희망자를 그 지역에 배치하기 위하여 임용하는 경우
> 4. 채용후보자의 피부양가족이 거주하고 있는 지역에 근무할 채용후보자를 임용하는 경우
> 5. 제5조 제3호(註: 소방학교 또는 각급 공무원교육원 기타 소방기관에의 위탁교육)에 따라 소방공무원의 직무수행과 관련한 실무수습 중 사망한 시보임용예정자를 소급하여 임용하는 경우

11   정답 ②

① (×) '1년'이 아니라 '6개월'이다.
② (○) 시보임용이 예정된 사람 또는 시보임용된 사람이 「소방공무원 교육훈련규정」 별표 1 제1호가목에 따른 신임교육과정을 졸업한 경우에는 이를 임용예정 계급에서 받은 전문교육훈련성적으로 보아 평정한다(소방공무원 승진임용 규정 제10조 제4항).
③ (×) 4점이 아니라 3점이다.
④ (×) '전문능력성적'이 아니라 '전문교육성적'이다.

12   정답 ③

㉠ (×) 시·도 소방본부가 아니라 시·도에 둔다(소방공무원법 제27조 제1항).
㉡ (×) 회의는 위원장과 위원장이 회의마다 지정하는 5명 이상 7명 이내의 위원으로 성별을 고려하여 구성한다. 이 경우 민간위원이 3분의 1 이상 포함되어야 한다(공무원고충처리규정 제3조의3 제7항).

13   정답 ②

② (×) 징계위원회는 서로 관련 없는 2개 이상의 비위가 경합될 때와 하나의 행위로 동시에 여러 종류의 비위가 발생한 때에는 그 중 책임이 무거운 비위에 해당하는 징계보다 1단계 위의 징계로 의결할 수 있다(소방공무원 징계양정 등에 관한 규칙 제10조 제2항).

14   정답 ④

④ (×) 소방청장은 전시, 사변, 그 밖에 이에 준하는 비상사태에서는 2년의 범위에서 제1항 제2호에 따른 계급정년을 연장할 수 있다. 이 경우 소방령 이상의 소방공무원에 대해서는 행정안전부장관의 제청으로 국무총리를 거쳐 대통령의 승인을 받아야 한다(소방공무원법 제25조 제3항).

15   정답 ④

시보임용을 면제하는 경우는 ① 소방공무원으로서 소방공무원승진임용규정에서 정하는 상위계급에의 승진에 필요한 자격요건을 갖춘 자가 승진예정계급에 해당하는 계급의 공개경쟁채용시험에 합격하여 임용되는 경우, ② 정규의 소방공무원이었던 자가 퇴직당시의 계급 또는 그 하위의 계급으로 임용되는 경우이다(소방공무원임용령 제23조 제2항).

16   정답 ④

④ (×) 가점평정에 필요한 세부기준은 소방청장이 정한다(소방공무원 승진임용 규정 시행규칙 제15조의2 제8항).

17   정답 ③

③ (×) 본인이 동의하여 강임된 공무원은 본인의 경력과 해당 기관의 인력 사정 등을 고려하여 우선 임용될 수 있다(국가공무원법 제73조의4 제1항).

18   정답 ①

소방청장은 다음에 해당하는 경우 시·도 상호 간 소방공무원의 인사교류계획을 수립하여 실시할 수 있다(소방공무원임용령 제29조 제1항).

> 1. 시·도 간 인력의 균형있는 배치와 소방행정의 균형있는 발전을 위하여 시·도 소속 소방령 이상의 소방공무원을 교류하는 경우
> 2. 시·도 간의 협조체제 증진 및 소방공무원의 능력발전을 위하여 시·도 간 교류하는 경우
> 3. 시·도 소속 소방경 이하의 소방공무원의 연고지배치를 위하여 필요한 경우

19 정답 ④

④ (×) 근무성적의 평정자(소방공무원 승진임용 규정 시행규칙 별표1) 비고
위 표에도 불구하고 소방청장 또는 특별시장·광역시장·특별자치시장·도지사·특별자치도지사는 다음 각 목의 경우에는 평정자를 따로 지정할 수 있다.
가. 평정자가 누구인지 특정하기 어려운 경우
나. 위 표에서 정하지 않은 기관에 소속된 소방공무원의 경우

20 정답 ②

승진대상자명부의 작성권자(소방공무원 승진임용 규정 제11조 제2항)

1. 소방청 소속 소방공무원, 중앙소방학교·중앙119구조본부 소속 소방경 이상의 소방공무원, 국립소방연구원 소속의 소방령 이상인 소방공무원 및 소방정인 지방소방학교장 : 소방청장
2. 중앙소방학교·중앙119구조본부 소속 소방위 이하의 소방공무원 또는 국립소방연구원 소속 소방경 이하의 소방공무원 : 중앙소방학교장, 중앙119구조본부장 또는 국립소방연구원장
3. 「소방공무원임용령」 제3조 제1항 및 같은 조 제5항 제1호·제3호에 따라 특별시장·광역시장·특별자치시장·도지사·특별자치도지사가 임용권을 행사하는 소방공무원(제4호에 해당하는 경우는 제외) : 시·도지사
4. 지방소방학교, 서울종합방재센터, 소방서, 119특수대응단 또는 소방체험관 소속 소방위 이하의 소방공무원: 지방소방학교장·서울종합방재센터장·소방서장·119특수대응단장 또는 소방체험관장

21 정답 ①

① (×) 외국어에 능통한 사람의 경력경쟁채용등은 소방위 이하 소방공무원으로 채용하는 경우로 한정하며, 그 외국어 능력은 해당 외국어를 모국어로 사용하는 국가의 국민이 고등학교교육 또는 이에 준하는 학교교육을 마치고 작문이나 회화를 할 수 있는 수준이어야 한다(소방공무원임용령 제15조 제7항).

22 정답 ①

임용예정 직무분야	응시교육과정
소방 분야	• 고등학교의 소방 관련 학과를 졸업한 사람 • 2년제 이상 대학의 소방학과·소방안전공학과·소방방재학과·소방행정학과·소방안전관리과나 그 밖에 이와 유사한 학과를 졸업한 사람 • 4년제 대학의 소방학과·소방안전공학과·소방방재학과·소방행정학과·소방안전관리과나 그 밖에 이와 유사한 학과에 재학 중이거나 재학했던 사람으로서 소방청장이 정하는 소방관련 과목을 45학점 이상 이수한 사람

23 정답 ③

소방청장은 매년 11월 30일까지 다음 연도의 소방공무원 교육훈련에 관한 기본정책 및 기본지침을 수립하여 시·도지사와 교육훈련기관의 장에게 통보해야 한다(소방공무원 교육훈련규정 제7조 제1항).

24 정답 ③

	기본경력	초과경력
소방정	평정기준일부터 최근 3년간	기본경력 전 2년간
소방령	평정기준일부터 최근 3년간	기본경력 전 4년간
소방경	평정기준일부터 최근 3년간	기본경력 전 3년간
소방위	평정기준일부터 최근 2년간	기본경력 전 3년간
소방장	평정기준일부터 최근 2년간	기본경력 전 1년간
소방교	평정기준일부터 최근 1년 6개월간	기본경력 전 6개월
소방사	평정기준일부터 최근 1년 6개월간	기본경력 전 6개월간

25 정답 ①

① (×) 두 눈의 시력(교정시력을 포함한다)이 각각 0.8 이상이어야 한다.

소방법령 Ⅱ (25문항)

01   정답 ③

소방기본법 제27조(위험시설 등에 대한 긴급조치)
① 소방본부장, 소방서장 또는 소방대장은 화재 진압 등 소방활동을 위하여 필요할 때에는 소방용수 외에 댐·저수지 또는 수영장 등의 물을 사용하거나 수도(水道)의 개폐장치 등을 조작할 수 있다.
② 소방본부장, 소방서장 또는 소방대장은 화재 발생을 막거나 폭발 등으로 화재가 확대되는 것을 막기 위하여 가스·전기 또는 유류 등의 시설에 대하여 위험물질의 공급을 차단하는 등 필요한 조치를 할 수 있다.

02   정답 ④

④ (×) 「의사상자 등 예우 및 지원에 관한 법률 시행령」 제12조 제1항에 따라 **보건복지부장관**이 결정하여 고시하는 보상금에 따른다(소방기본법 시행령 [별표 2의4]).

03   정답 ④

소방기본법 시행규칙 제3조(종합상황실의 실장의 업무 등)
② 종합상황실의 실장은 다음 각 호의 어느 하나에 해당하는 상황이 발생하는 때에는 그 사실을 지체 없이 별지 제1호 서식에 따라 서면·팩스 또는 컴퓨터통신 등으로 소방서의 종합상황실의 경우는 소방본부의 종합상황실에, 소방본부의 종합상황실의 경우는 소방청의 종합상황실에 각각 보고해야 한다.
1. 다음 각목의 1에 해당하는 화재
   가. 사망자가 5인 이상 발생하거나 사상자가 10인 이상 발생한 화재
   나. 이재민이 100인 이상 발생한 화재
   다. 재산피해액이 50억원 이상 발생한 화재
   라. 관공서·학교·정부미도정공장·문화재·지하철 또는 지하구의 화재
   마. 관광호텔, 층수(「건축법 시행령」 제119조 제1항 제9호의 규정에 의하여 산정한 층수를 말한다. 이하 이 목에서 같다)가 11층 이상인 건축물, 지하상가, 시장, 백화점, 「위험물안전관리법」 제2조 제2항의 규정에 의한 지정수량의 3천배 이상의 위험물의 제조소·저장소·취급소, 층수가 5층 이상이거나 객실이 30실 이상인 숙박시설, 층수가 5층 이상이거나 병상이 30개 이상인 종합병원·정신병원·한방병원·요양소, 연면적 1만5천제곱미터 이상인 공장 또는 「화재의 예방 및 안전관리에 관한 법률」 제18조 제1항 각 호에 따른 화재경계지구에서 발생한 화재
   바. 철도차량, 항구에 매어둔 총 톤수가 1천톤 이상인 선박, 항공기, 발전소 또는 변전소에서 발생한 화재
   사. 가스 및 화약류의 폭발에 의한 화재
   아. 「다중이용업소의 안전관리에 관한 특별법」 제2조에 따른 다중이용업소의 화재
2. 「긴급구조대응활동 및 현장지휘에 관한 규칙」에 의한 통제단장의 현장지휘가 필요한 재난상황
3. 언론에 보도된 재난상황
4. 그 밖에 소방청장이 정하는 재난상황

04   정답 ③

③ (×) 소방활동을 위하여 긴급하게 출동할 때 소방활동에 방해가 되는 물건을 제거하거나 이동시키는 것을 방해한 자는 300만원 이하의 벌금에 처한다.

소방기본법 제50조(벌칙)
다음 각 호의 어느 하나에 해당하는 사람은 5년 이하의 징역 또는 5천만원 이하의 벌금에 처한다.
1. 제16조 제2항을 위반하여 다음 각 목의 어느 하나에 해당하는 행위를 한 사람
   가. 위력(威力)을 사용하여 출동한 소방대의 화재진압·인명구조 또는 구급활동을 방해하는 행위
   나. 소방대가 화재진압·인명구조 또는 구급활동을 위하여 현장에 출동하거나 현장에 출입하는 것을 고의로 방해하는 행위
   다. 출동한 소방대원에게 폭행 또는 협박을 행사하여 화재진압·인명구조 또는 구급활동을 방해하는 행위
   라. 출동한 소방대의 소방장비를 파손하거나 그 효용을 해하여 화재진압·인명구조 또는 구급활동을 방해하는 행위
2. 제21조 제1항을 위반하여 소방자동차의 출동을 방해한 사람
3. 제24조 제1항에 따른 사람을 구출하는 일 또는 불을 끄거나 불이 번지지 아니하도록 하는 일을 방해한 사람
4. 제28조를 위반하여 정당한 사유 없이 소방용수시설 또는 비상소화장치를 사용하거나 소방용수시설 또는 비상소화장치의 효용을 해치거나 그 정당한 사용을 방해한 사람

05   정답 ③

「소방기본법 시행규칙」 제5조(소방활동장비 및 설비의 규격 및 종류와 기준가격)
① 영 제2조제2항의 규정에 의한 국고보조의 대상이 되는 소방활동장비 및 설비의 종류 및 규격은 별표 1의2와 같다.
② 영 제2조제2항의 규정에 의한 국고보조산정을 위한 기준가격은 다음 각호와 같다.
1. 국내조달품 : 정부고시가격
2. 수입물품 : 조달청에서 조사한 해외시장의 시가
3. 정부고시가격 또는 조달청에서 조사한 해외시장의 시가가 없는 물품 : 2 이상의 공신력 있는 물가조사기관에서 조사한 가격의 평균가격

구분	종류		규격
소방활동장비	소방자동차	펌프차 대형	240마력 이상
		중형	170마력 이상 240마력 미만
		소형	120마력 이상 170마력 미만

		대형	240마력 이상
	물탱크 소방차	중형	170마력 이상 240마력 미만
	화학 소방차	비활성가스를 이용한 소방차	
		고성능	340마력 이상
		내폭	340마력 이상
		일반 대형	240마력 이상
		일반 중형	170마력 이상 240마력 미만
	사다리 소방차	고가(사다리의 길이가 33m 이상인 것에 한한다)	330마력 이상
		굴절 27m 이상급	330마력 이상
		굴절 18m 이상 27m 미만급	240마력 이상
	조명차	중형	170마력
	배연차	중형	170마력 이상
	구조차	대형	240마력 이상
		중형	170마력 이상 240마력 미만
	구급차	특수	90마력 이상
		일반	85마력 이상 90마력 미만
	소방정	소방정	100톤 이상급, 50톤급
		구조정	30톤급
	소방헬리콥터		5~17인승

06 정답 ③

「소방기본법 시행규칙」 제8조의2(소방력의 동원 요청)

① 소방청장은 법 제11조의2제1항에 따라 각 시·도지사에게 소방력 동원을 요청하는 경우 동원 요청 사실과 다음 각 호의 사항을 팩스 또는 전화 등의 방법으로 통지하여야 한다. 다만, 긴급을 요하는 경우에는 시·도 소방본부 또는 소방서의 종합상황실장에게 직접 요청할 수 있다.
1. 동원을 요청하는 인력 및 장비의 규모
2. 소방력 이송 수단 및 집결장소
3. 소방활동을 수행하게 될 재난의 규모, 원인 등 소방활동에 필요한 정보
② 제1항에서 규정한 사항 외에 그 밖의 시·도 소방력 동원에 필요한 사항은 소방청장이 정한다.

07 정답 ④

「소방기본법」 제39조의3(국가의 책무)

국가는 소방산업(소방용 기계·기구의 제조, 연구·개발 및 판매 등에 관한 일련의 산업을 말한다. 이하 같다)의 육성·진흥을 위하여 필요한 계획의 수립 등 행정상·재정상의 지원시책을 마련하여야 한다.

「소방기본법」 제39조의5(소방산업과 관련된 기술개발 등의 지원)

① 국가는 소방산업과 관련된 기술(이하 "소방기술"이라 한다)의 개발을 촉진하기 위하여 기술개발을 실시하는 자에게 그 기술개발에 드는 자금의 전부나 일부를 출연하거나 보조할 수 있다.

「소방기본법」 제39조의6(소방기술의 연구·개발사업 수행)

① 국가는 국민의 생명과 재산을 보호하기 위하여 다음 각 호의 어느 하나에 해당하는 기관이나 단체로 하여금 소방기술의 연구·개발사업을 수행하게 할 수 있다.
1. 국공립 연구기관
2. 「과학기술분야 정부출연연구기관 등의 설립·운영 및 육성에 관한 법률」에 따라 설립된 연구기관
3. 「특정연구기관 육성법」 제2조에 따른 특정연구기관
4. 「고등교육법」에 따른 대학·산업대학·전문대학 및 기술대학
5. 「민법」이나 다른 법률에 따라 설립된 소방기술 분야의 법인인 연구기관 또는 법인 부설 연구소
6. 「기초연구진흥 및 기술개발지원에 관한 법률」 제14조의2제1항에 따라 인정받은 기업부설연구소
7. 「소방산업의 진흥에 관한 법률」 제14조에 따른 한국소방산업기술원
8. 그 밖에 대통령령으로 정하는 소방에 관한 기술개발 및 연구를 수행하는 기관·협회
② 국가가 제1항에 따른 기관이나 단체로 하여금 소방기술의 연구·개발사업을 수행하게 하는 경우에는 필요한 경비를 지원하여야 한다.

「소방기본법」 제39조의7(소방기술 및 소방산업의 국제화사업)

① 국가는 소방기술 및 소방산업의 국제경쟁력과 국제적 통용성을 높이는 데에 필요한 기반 조성을 촉진하기 위한 시책을 마련하여야 한다.
② 소방청장은 소방기술 및 소방산업의 국제경쟁력과 국제적 통용성을 높이기 위하여 다음 각 호의 사업을 추진하여야 한다.
1. 소방기술 및 소방산업의 국제 협력을 위한 조사·연구
2. 소방기술 및 소방산업에 관한 국제 전시회, 국제 학술회의 개최 등 국제 교류
3. 소방기술 및 소방산업의 국외시장 개척
4. 그 밖에 소방기술 및 소방산업의 국제경쟁력과 국제적 통용성을 높이기 위하여 필요하다고 인정하는 사업

08 정답 ①

「소방기본법 시행규칙」 제9조의6(한국119청소년단의 사업 범위 등)

① 법 제17조의6에 따른 한국119청소년단의 사업 범위는 다음 각 호와 같다.

1. 한국119청소년단 단원의 선발·육성과 활동 지원
2. 한국119청소년단의 활동·체험 프로그램 개발 및 운영
3. 한국119청소년단의 활동과 관련된 학문·기술의 연구·교육 및 홍보
4. 한국119청소년단 단원의 교육·지도를 위한 전문인력 양성
5. 관련 기관·단체와의 자문 및 협력사업
6. 그 밖에 한국119청소년단의 설립목적에 부합하는 사업

09   정답 ①

「소방기본법 시행령」 제7조의15(운행기록장치 장착 소방자동차의 범위)

법 제21조의3제1항에서 "대통령령으로 정하는 소방자동차"란 「소방장비관리법 시행령」 제6조 및 별표 1 제1호가목에 따른 다음 각 호의 소방자동차를 말한다.
1. 소방펌프차
2. 소방물탱크차
3. 소방화학차
4. 소방고가차(消防高架車)
5. 무인방수차
6. 구조차
7. 그 밖에 소방청장이 소방자동차의 안전한 운행 및 교통사고 예방을 위하여 운행기록장치 장착이 필요하다고 인정하여 정하는 소방자동차

10   정답 ④

「소방기본법 시행규칙」 제13조(운행기록장치 데이터의 보관)

소방청장, 소방본부장 및 소방서장은 소방자동차 운행기록장치에 기록된 데이터(이하 "운행기록장치 데이터"라 한다)를 6개월 동안 저장·관리해야 한다.

「소방기본법 시행규칙」 제13조의2(운행기록장치 데이터 등의 제출)
① 소방청장은 소방자동차의 안전한 운행 및 교통사고 예방을 위하여 소방본부장 또는 소방서장에게 운행기록장치 데이터 및 그 분석 결과 등 관련 자료의 제출을 요청할 수 있다.
② 소방본부장은 관할 구역 안의 소방서장에게 운행기록장치 데이터 등 관련 자료의 제출을 요청할 수 있다.
③ 소방본부장 또는 소방서장은 제1항 또는 제2항에 따라 자료의 제출을 요청받은 경우에는 소방청장 또는 소방본부장에게 해당 자료를 제출해야 한다. 이 경우 소방서장이 제1항에 따라 소방청장에게 자료를 제출하는 경우에는 소방본부장을 거쳐야 한다.

「소방기본법 시행규칙」 제13조의3(운행기록장치 데이터의 분석·활용)
① 소방청장 및 소방본부장은 운행기록장치 데이터 중 과속, 급감속, 급출발 등의 운행기록을 점검·분석해야 한다.
② 소방청장, 소방본부장 및 소방서장은 제1항에 따른 분석 결과를 소방자동차의 안전한 소방활동 수행에 필요한 교통안전정책의 수립, 교육·훈련 등에 활용할 수 있다.

11   정답 ①

「소방기본법 시행령」 제16조(보상위원회 위원의 제척·기피·회피)
① 보상위원회의 위원이 다음 각 호의 어느 하나에 해당하는 경우에는 보상위원회의 심의·의결에서 제척(除斥)된다.
1. 위원 또는 그 배우자나 배우자였던 사람이 심의 안건의 청구인인 경우
2. 위원이 심의 안건의 청구인과 친족이거나 친족이었던 경우
3. 위원이 심의 안건에 대하여 증언, 진술, 자문, 용역 또는 감정을 한 경우
4. 위원이나 위원이 속한 법인(법무조합 및 공증인가합동법률사무소를 포함한다)이 심의 안건 청구인의 대리인이거나 대리인이었던 경우
5. 위원이 해당 심의 안건의 청구인인 법인의 임원인 경우
② 청구인은 보상위원회의 위원에게 공정한 심의·의결을 기대하기 어려운 사정이 있는 때에는 보상위원회에 기피 신청을 할 수 있고, 보상위원회는 의결로 이를 결정한다. 이 경우 기피 신청의 대상인 위원은 그 의결에 참여하지 못한다.
③ 보상위원회의 위원이 제1항 각 호에 따른 제척 사유에 해당하는 경우에는 스스로 해당 안건의 심의·의결에서 회피(回避)하여야 한다.

12   정답 ②

「소방기본법 시행령」 제19조(과태료 부과기준) 법 제56조제1항부터 제3항까지의 규정에 따른 과태료의 부과기준은 별표 3과 같다.

■ 소방기본법 시행령 [별표 3]

과태료의 부과기준(제19조 관련)

1. 일반기준
   가. 위반행위의 횟수에 따른 과태료의 가중된 부과기준은 최근 1년간 같은 위반행위로 과태료 부과처분을 받은 경우에 적용한다. 이 경우 기간의 계산은 위반행위에 대하여 과태료 부과처분을 받은 날과 그 처분 후 다시 같은 위반행위를 하여 적발된 날을 기준으로 한다.

2. 개별기준

위반행위	근거 법조문	과태료 금액(만원)		
		1회	2회	3회 이상
마. 법 제21조의2제2항을 위반하여 전용구역에 차를 주차하거나 전용구역에의 진입을 가로막는 등의 방해행위를 한 경우	법 제56조 제3항	50	100	100

13   정답 ①

① (×) 화재예방법 시행령 제20조(화재예방강화지구의 관리) ① 소방관서장은 법 제18조 제3항에 따라 화재예방강화지구 안의 소방대상물의 위치·구조 및 설비 등에 대한 화재안전조사를 연 1회 이상 실시해야 한다.
② (○) 법 제18조(화재예방강화지구의 지정 등) ⑤ 소방관서장은 화재예방강화지구 안의 관계인에 대하여 대통령령으로 정하는 바에 따라 소방에 필요한 훈련 및 교육을 실시할 수 있다.
③ (○) 시행령 제20조(화재예방강화지구의 관리) ③ 소방관서장은 제2항에 따라 훈련 및 교육을 실시하려는 경우에는 화재예방강화지구 안의 관계인에게 훈련 또는 교육 10일 전까지 그 사실을 통보해야 한다.
④ (○) 시행령 20조(화재예방강화지구의 관리) ④ 시·도지사는 법 제18조 제6항에 따라 다음 각 호의 사항을 행정안전부령으로 정하는 화재예방강화지구 관리대장에 작성하고 관리해야 한다. (이하 생략)

14   정답 ④

보일러 등의 설비 또는 기구 등의 위치·구조 및 관리와 화재예방을 위하여 불을 사용할 때 지켜야 하는 사항 (화재예방법 시행령 [별표 1])
1. 보일러
   다. 기체연료를 사용할 때에는 다음 사항을 지켜야 한다.
     1) 보일러를 설치하는 장소에는 환기구를 설치하는 등 가연성 가스가 머무르지 않도록 할 것
     2) 연료를 공급하는 배관은 금속관으로 할 것
     3) 화재 등 긴급 시 연료를 차단할 수 있는 개폐밸브를 연료용기 등으로부터 0.5미터 이내에 설치할 것
     4) 보일러가 설치된 장소에는 가스누설경보기를 설치할 것

15   정답 ②

특수가연물의 저장 및 취급 기준 (화재예방법 시행령 [별표 3])
특수가연물은 다음 각 목의 기준에 따라 쌓아 저장해야 한다. 다만, 석탄·목탄류를 발전용(發電用)으로 저장하는 경우는 제외한다.
가. 품명별로 구분하여 쌓을 것
나. 다음의 기준에 맞게 쌓을 것 (이하 생략)

구분	살수설비를 설치하거나 방사능력 범위에 해당 특수가연물이 포함되도록 대형수동식소화기를 설치하는 경우	그 밖의 경우
높이	15미터 이하	10미터 이하
쌓는 부분의 바닥면적	200제곱미터(석탄·목탄류의 경우에는 300제곱미터) 이하	50제곱미터(석탄·목탄류의 경우에는 200제곱미터) 이하

16   정답 ④

④ (×) 화재예방법 시행령 제23조(심의회의 운영) ③ 제1항 및 제2항에서 규정한 사항 외에 심의회의 운영 등에 필요한 사항은 소방청장이 정한다.

17   정답 ②

화재예방법 제27조(관계인 등의 의무)
① 특정소방대상물의 관계인은 그 특정소방대상물에 대하여 제24조 제5항에 따른 소방안전관리업무를 수행하여야 한다.
② 소방안전관리대상물의 관계인은 소방안전관리자가 소방안전관리업무를 성실하게 수행할 수 있도록 지도·감독하여야 한다.
③ 소방안전관리자는 인명과 재산을 보호하기 위하여 소방시설·피난시설·방화시설 및 방화구획 등이 법령에 위반된 것을 발견한 때에는 지체 없이 소방안전관리대상물의 관계인에게 소방대상물의 개수·이전·제거·수리 등 필요한 조치를 할 것을 요구하여야 하며, 관계인이 시정하지 아니하는 경우 소방본부장 또는 소방서장에게 그 사실을 알려야 한다. 이 경우 소방안전관리자는 공정하고 객관적으로 그 업무를 수행하여야 한다.
④ 소방안전관리자로부터 제3항에 따른 조치요구 등을 받은 소방안전관리대상물의 관계인은 지체 없이 이에 따라야 하며, 이를 이유로 소방안전관리자를 해임하거나 보수(報酬)의 지급을 거부하는 등 불이익한 처우를 하여서는 아니 된다.

시행령 제7조(화재안전조사의 항목)
소방청장, 소방본부장 또는 소방서장은 법 제7조 제1항에 따라 다음 각 호의 항목에 대하여 화재안전조사를 실시한다.
2. 법 제24조, 제25조, 제27조 및 제29조에 따른 소방안전관리 업무 수행에 관한 사항

18   정답 ④

「화재의 예방 및 안전관리에 관한 법률 시행령」제4조(시행계획의 수립·시행)
① 소방청장은 법 제4조제4항에 따라 기본계획을 시행하기 위한 계획(이하 "시행계획"이라 한다)을 계획 시행 전년도 10월 31일까지 수립해야 한다.
② 시행계획에는 다음 각 호의 사항이 포함되어야 한다.
   1. 기본계획의 시행을 위하여 필요한 사항
   2. 그 밖에 화재의 예방 및 안전관리와 관련하여 소방청장이 필요하다고 인정하는 사항

「화재의 예방 및 안전관리에 관한 법률 시행령」제5조(세부시행계획의 수립·시행)
① 소방청장은 법 제4조제5항에 따라 관계 중앙행정기관의 장과 특별시장·광역시장·특별자치시장·도지사 또는 특별자치도지사(이하 "시·도지사"라 한다)에게 기본계획 및 시행계획을 각각 계획 시행 전년도 10월 31일까지 통보해야 한다.

② 제1항에 따라 통보를 받은 관계 중앙행정기관의 장 및 시·도지사는 법 제4조제6항에 따른 세부시행계획(이하 "세부시행계획"이라 한다)을 수립하여 계획 시행 전년도 12월 31일까지 소방청장에게 통보해야 한다.
③ 세부시행계획에는 다음 각 호의 사항이 포함되어야 한다.
  1. 기본계획 및 시행계획에 대한 관계 중앙행정기관 또는 특별시·광역시·특별자치시·도·특별자치도(이하 "시·도"라 한다)의 세부 집행계획
  2. 직전 세부시행계획의 시행 결과
  3. 그 밖에 화재안전과 관련하여 관계 중앙행정기관의 장 또는 시·도지사가 필요하다고 결정한 사항

19   정답 ③

ㄱ. (×) 연결송수관설비는 소화활동설비이다.
ㄷ. (×) 무선통신보조설비는 소화활동설비이다.
ㅁ. (×) 소화수조·저수조는 소화용수설비이다.

20   정답 ③

① (×) 침대가 없는 숙박시설 : 해당 특정소방대상물의 종사자 수에 숙박시설 바닥면적의 합계를 3㎡로 나누어 얻은 수를 합한 수
② (×) 강의실·교무실·상담실·실습실·휴게실 용도로 쓰는 특정소방대상물 : 해당 용도로 사용하는 바닥면적의 합계를 1.9㎡로 나누어 얻은 수
③ (○) 강당, 문화 및 집회시설, 운동시설, 종교시설 : 해당 용도로 사용하는 바닥면적의 합계를 4.6㎡로 나누어 얻은 수(관람석이 있는 경우 고정식 의자를 설치한 부분은 그 부분의 의자 수로 하고, 긴 의자의 경우에는 의자의 정면너비를 0.45m로 나누어 얻은 수로 함)
④ (×) 바닥면적을 산정할 때에는 복도, 계단 및 화장실의 바닥면적을 포함하지 않는다.

21   정답 ④

특정소방대상물의 관계인이 특정소방대상물에 설치·관리해야 하는 소방시설의 종류 (소방시설법 시행령 [별표 4])

비상조명등을 설치해야 하는 특정소방대상물(창고시설 중 창고 및 하역장, 위험물 저장 및 처리 시설 중 가스시설 및 사람이 거주하지 않거나 벽이 없는 축사 등 동물 및 식물 관련 시설은 제외)은 다음의 어느 하나에 해당하는 것으로 한다.
1) 지하층을 포함하는 층수가 5층 이상인 건축물로서 연면적 3천㎡ 이상인 경우에는 모든 층
2) 1)에 해당하지 않는 특정소방대상물로서 그 지하층 또는 무창층의 바닥면적이 450㎡ 이상인 경우에는 해당 층
3) 터널로서 그 길이가 500m 이상인 것

22   정답 ①

임시소방시설의 종류와 설치기준 등 (소방시설법 시행령 [별표 8])
2. 임시소방시설을 설치해야 하는 공사의 종류와 규모
  가. 소화기 : 법 제6조 제1항에 따라 소방본부장 또는 소방서장의 동의를 받아야 하는 특정소방대상물의 신축·증축·개축·재축·이전·용도변경 또는 대수선 등을 위한 공사 중 법 제15조 제1항에 따른 화재위험작업의 현장(이하 이 표에서 "화재위험작업현장")에 설치한다.
  나. 간이소화장치 : 다음의 어느 하나에 해당하는 공사의 화재위험작업현장에 설치한다.
    1) 연면적 3천㎡ 이상
    2) 지하층, 무창층 또는 4층 이상의 층. 이 경우 해당 층의 바닥면적이 600㎡ 이상인 경우만 해당한다.
  다. 비상경보장치 : 다음의 어느 하나에 해당하는 공사의 화재위험작업현장에 설치한다.
    1) 연면적 400㎡ 이상
    2) 지하층 또는 무창층. 이 경우 해당 층의 바닥면적이 150㎡ 이상인 경우만 해당한다.
  라. 가스누설경보기 : 바닥면적이 150㎡ 이상인 지하층 또는 무창층의 화재위험작업현장에 설치한다.
  마. 간이피난유도선 : 바닥면적이 150㎡ 이상인 지하층 또는 무창층의 화재위험작업현장에 설치한다.
  바. 비상조명등 : 바닥면적이 150㎡ 이상인 지하층 또는 무창층의 화재위험작업현장에 설치한다.
  사. 방화포 : 용접·용단 작업이 진행되는 화재위험작업현장에 설치한다.

23   정답 ③

① (×) 「학교시설사업 촉진법」 제5조의2 제1항에 따라 건축등을 하려는 학교시설 : 연면적 100제곱미터 이상
② (×) 차고·주차장으로 사용되는 바닥면적이 200제곱미터 이상인 층이 있는 건축물이나 주차시설
③ (○) 항공기 격납고, 관망탑, 항공관제탑, 방송용 송수신탑
④ (×) 노유자(老幼者) 시설 및 수련시설 : 연면적 200제곱미터 이상

24   정답 ④

「소방시설 설치 및 관리에 관한 법률 시행규칙」 제5조(신고된 성능위주설계에 대한 검토·평가)
① 제4조제1항에 따라 성능위주설계의 신고를 받은 소방서장은 필요한 경우 같은 조 제2항에 따른 보완 절차를 거쳐 소방청장 또는 관할 소방본부장에게 법 제9조제1항에 따른 성능위주설계 평가단(이하 "평가단"이라 한다)의 검토·평가를 요청해야 한다.
② 제1항에 따라 검토·평가를 요청받은 소방청장 또는 소방본부장은 요청을 받은 날부터 20일 이내에 평가단의 심의·의결을 거쳐 해당 건축물의 성능위주설계를 검토·평가하고, 별지 제3호서식의 성능위주설계 검토·평가 결과서를 작성하여 관할 소방서장

에게 지체 없이 통보해야 한다.
③ 제4조제1항에 따라 성능위주설계 신고를 받은 소방서장은 제1항에도 불구하고 신기술·신공법 등 검토·평가에 고도의 기술이 필요한 경우에는 중앙위원회에 심의를 요청할 수 있다.
④ 중앙위원회는 제3항에 따라 요청된 사항에 대하여 20일 이내에 심의·의결을 거쳐 별지 제3호서식의 성능위주설계 검토·평가 결과서를 작성하고 관할 소방서장에게 지체 없이 통보해야 한다.
⑤ 제2항 또는 제4항에 따라 성능위주설계 검토·평가 결과서를 통보받은 소방서장은 성능위주설계 신고를 한 자에게 별표 1에 따라 수리 여부를 통보해야 한다.

25 정답 ①

「소방시설 설치 및 관리에 관한 법률」 제13조(소방시설기준 적용의 특례)
① 소방본부장이나 소방서장은 제12조제1항 전단에 따른 대통령령 또는 화재안전기준이 변경되어 그 기준이 강화되는 경우 기존의 특정소방대상물(건축물의 신축·개축·재축·이전 및 대수선 중인 특정소방대상물을 포함한다)의 소방시설에 대하여는 변경 전의 대통령령 또는 화재안전기준을 적용한다. 다만, 다음 각 호의 어느 하나에 해당하는 소방시설의 경우에는 대통령령 또는 화재안전기준의 변경으로 강화된 기준을 적용할 수 있다.
  2. 다음 각 목의 특정소방대상물에 설치하는 소방시설 중 대통령령 또는 화재안전기준으로 정하는 것
     가. 「국토의 계획 및 이용에 관한 법률」 제2조제9호에 따른 공동구
     나. 전력 및 통신사업용 지하구
     다. 노유자(老幼者) 시설
     라. 의료시설

「소방시설 설치 및 관리에 관한 법률 시행령」 제13조(강화된 소방시설기준의 적용대상)
법 제13조제1항제2호 각 목 외의 부분에서 "대통령령으로 정하는 것"이란 다음 각 호의 소방시설을 말한다.
1. 「국토의 계획 및 이용에 관한 법률」 제2조제9호에 따른 공동구에 설치하는 소화기, 자동소화장치, 자동화재탐지설비, 통합감시시설, 유도등 및 연소방지설비
2. 전력 및 통신사업용 지하구에 설치하는 소화기, 자동소화장치, 자동화재탐지설비, 통합감시시설, 유도등 및 연소방지설비
3. 노유자 시설에 설치하는 간이스프링클러설비, 자동화재탐지설비 및 단독경보형 감지기
4. 의료시설에 설치하는 스프링클러설비, 간이스프링클러설비, 자동화재탐지설비 및 자동화재속보설비

소방전술 (25문항)

01 정답 ①

구 분	백드래프트현상	플래시오버현상
연소현상	훈소상태(불완전연소상태)	자유연소상태
산소량	산소 부족	상대적으로 산소공급원활
폭발성 유무	폭발현상이며 그에 따른 충격파, 붕괴, 화염폭풍 발생	폭발이 아님
악화요인(연소 확대의 주 매개체)	외부유입 공기(산소)	열(축적된 복사열)
발생시점	성장기, 감퇴기	성장기의 마지막이자 최성기의 시작점

02 정답 ③

알람밸브가 작동될 때 그 원인을 찾는 5단계 활동

1단계	수신기 상에 표시된 층을 확인하고 이 구역을 검색한다.
2단계	스프링클러 시스템을 리세팅(resetting) 한 후 경보가 다시 발생하는지 확인한다. 경보가 다시 울리면 화재이거나 배관 누수일 가능성이 크다.
3단계	건물 위층부터 검색을 시작한다. 검색분대는 꼭대기 층에서부터 계단을 내려오면서 각 층 입구에서 물소리나 연기 냄새가 나는지 확인해야 한다.
4단계	가압송수장치의 펌프를 확인하여 고장 등을 확인한다.(3단계와 동시에 시작할 수 있다.)
5단계	소방시설관리업체로 하여금 소방시설에 대한 전반적인 점검과 보수를 하도록 조치한다.

03 정답 ④

고층건물화재 진압전술
내화구조 건물 화재방어에 준하는 일반적인 진압전술 외에 고층건물 화재진압전술 요령은 다음과 같다.
① 화점층 및 화점상층의 인명구조 및 피난유도를 최우선으로 한다. 선착대는 방재센터로 직접 가서 화점층의 구조대상자 유무, 소방설비의 작동상황, 자위소방대의 활동상황, 건물내부 구조 등 상황을 확인한다.
② 현장지휘관은 선착대장 및 관계자로부터 청취한 정보 등을 종합적으로 분석 판단하여 연소저지선, 제연수단 및 소화수단을 결정한다.
③ 다수의 피난자가 있는 경우에는 피난로 확보를 위해 소화활동을 일시 중지하고 방화문을 폐쇄하여 연기확산 방지조치를 취하고,

특별피난계단과 부속실내의 연기를 배출(크리어존, clear zone)한다. 피난시설의 활용은 옥내특별피난계단을 사용하고, 피난장소는 화재발생지역 위 아래로 2~3층 정도 떨어진 지역으로 거주인원을 이동시킨다.
④ 1차 경계범위는 당해 화재구역의 직상층으로 한다. 직상층이 돌파될 우려가 있는 경우는 그 구역 및 그 구역 직상층을 경계범위로 하고 순차적으로 경계범위를 넓힌다.
⑤ 화점층이 고층인 경우 소방대 진입은 엘리베이터 사용이 안전하다고 판명되는 경우 화재층을 기점으로 2층 이하까지 이용하고 화점층으로의 진입은 옥내특별피난계단을 활용한다.
⑥ 발화층이 3층 이상인 경우에는 원칙적으로 연결송수관을 활용한다. 건물에 설치되어 있는 연결송수관의 송수구 수에 따라 연결송수관 송수대, 스프링클러 송수대를 지정하고 필요한 경우에는 보조 펌프도 활용한다. 내부 호스 연장은 소방대 전용 방수구에서 2구 또는 분기하여 연장한다.
⑦ 배연수단을 신속하게 결정한다. 인명검색·화점검색에 있어서 제2차 안전구획으로의 연기오염방지 조치를 하고 피난 완료시까지 특별피난 계단의 연기오염 방지에 노력한다.
⑧ 방화구획, 개구부의 방화문 폐쇄상황을 확인한다.
⑨ 화점을 확인한 시점에서 전진지휘소를 직하층에 설치하고 자원대기소를 전진지휘소 아래층에 설치하여 교대인력, 공기호흡 예비용기, 조명기구 등의 기자재를 집중시켜 관리한다.
⑩ 인명구조를 위해 사다리차 등의 특수차량도 효과적으로 활용하고, 외부공격은 지휘관의 통제에 따라 실시한다. 화점층 내부로 진입한 진압대는 소방전용 방수구를 점령하여 화재를 진압한다. 경계대는 화점의 직상층 계단 또는 직상층에 배치한다.

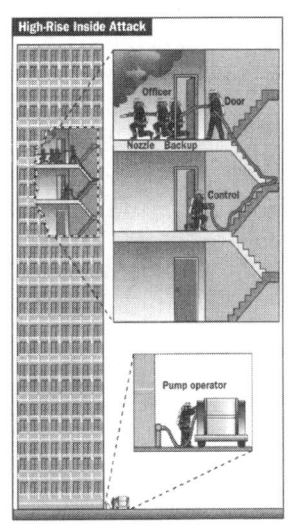

(내부진압팀 기본전술 개념)

⑪ 진입대의 활동거점은 화점층의 특별피난계단 부속실에 확보하는 것을 원칙으로 한다.
⑫ 방수는 직사, 분무방수를 병행하며 과잉방수에 의한 수손피해 방지에 노력한다.
⑬ 초고층건물의 경우 소방설비의 규제가 엄격하므로 급격한 연소확대는 적다고 생각해도 좋다. 따라서 방수에 의한 소화활동을 함부로 성급하게 해서는 안 된다.
⑭ 활동은 지휘자의 지시에 따라서 하는 것을 원칙으로 한다. 특히, 연소상황을 변화시키는 창의 파괴나 도어의 개방은 신중하게 한다.
⑮ 옥상으로 피난한 사람은 상황에 따라 헬리콥터로 구출한다.

04 정답 ①

지위권 확립 8단계 필수적 행동요소
① 1단계 : 지휘권 이양 받기(지휘명령에 대한 책임 맡기)
② 2단계 : 지휘소 설치하기
③ 3단계 : 기존의 상황평가정보 얻기(현재까지의 상황평가하기)
④ 4단계 : 주기적으로 상황을 평가하고 예측하기
⑤ 5단계 : 화재 건물의 1, 2차 검색을 관리하기
⑥ 6단계 : 화재 완진 선언하기
⑦ 7단계 : 화재현장 조사하기
⑧ 8단계 : 화재현장 검토회의 주재하기(대응활동 평가)

05 정답 ②

현장지휘관의 책임완수를 위해 요구되는 능력

의사결정 능력	• 가정과 사실의 구별(즉, 추측된 불완전한 정보와 실제정보의 구별) • 현장작전상황의 환류(재검토)를 통해 작전계획을 변경할 수 있는 유연한 자세 • 표준대응방법의 개발 • 행동개시 후에는 즉시 관리자의 역할로 복귀(전술적 책임은 위임)
지시와 통제 능력	• 스트레스관리(보다 세부적인 문제에 대해 권한위임의 원칙을 적용함으로서 자신과 하위지휘관의 스트레스를 줄여준다) • (권한은 위임하되 모든 책임은 자신이 진다는 고독한 단독지휘관으로서의 행동 준비가 되어야 한다) • 중간점관리(초기지시와 활동상황을 수시로 평가하여 상황변화에 맞게 재 지시 및 통제) • 부족자원관리
재검토와 평가	• 일반적으로 보고는 보고자의 범위 내에서 관찰된 상황만을 설명한다. • 그러므로 다른 사람의 보고서에 의문을 제기하고 보고자가 완전히 그리고 정확하게 알고 있는지 확인하고 의사결정을 내려야 한다.

06 정답 ②

사고 예방대책의 기본원리 5단계
1단계 : 안전조직(조직체계 확립)
2단계 : 사실의 발견(현황파악)
3단계 : 분석 평가(원인 규명)
4단계 : 시정방법의 선정(대책 선정)
5단계 : 시정책의 적용(목표달성)

07 정답 ②

고가 및 굴절 사다리차는 일반적으로 무게중심이 위쪽에 있다.

08 정답 ④

수색구조(Search and Rescue)에 있어서 구조활동은 ① 위험평가 ② 수색 ③ 구조 ④ 응급의료의 순서로 진행된다.

09 정답 ①

위험예지훈련 진행사항

라운드	문제해결 라운드	위험예지훈련 라운드
1R	위험사실을 파악 (현상파악)	'어떠한 위험이 잠재하고 있는가'
2R	위험원인을 조사 (본질추구)	'이것이 위험의 요점이다'
3R	대책을 세운다 (대책수립)	'당신이라면 어떻게 할 것인가'
4R	행동계획을 결정 (목표달성)	'우리들은 이렇게 한다'

자동노출

고층건물화재에서 수직 확산의 가장 흔한 원인은 창문에서 창문으로의 확산경로이다. 이와 같은 화재환경을 "자동노출(Autoexposure)"이라 한다. 일반적으로 화염에 의해 화점 층 창문에서 옆 또는 상층부 창문으로 비화되거나 창문 유리가 파괴 또는 프레임이 녹게 된다. 화염이 상층부로 확산될 위험성이 있거나 확산 중일 때 상층부의 구획공간에 대한 창문 폐쇄, 내외부 방수, 연소물질 제거, 스프링클러 작동 등의 조치가 필요하다.

10 정답 ①

화학보호복 착용순서

① 공기조절밸브호스를 공기호흡기에 연결
② 공기호흡기 실린더를 개방
③ 안면 창에 성애방지제를 도포
④ 하의 착용
⑤ 등지게 착용
⑥ 무전기를 착용
⑦ 공기조절밸브에 호스를 연결
⑧ 면체를 착용
⑨ 헬멧과 장갑 착용
⑩ 보조자를 통해 상의를 착용 후 지퍼를 닫고 공기조절밸브의 작동 상태를 확인

11 정답 ①

자동차 사고 시 현장파악

현장파악은 구조대원이 현장에 처음 도착하는 순간부터 시작하여야 한다.

※ 구조차량의 주차
1. 구조대원이나 장비가 쉽게 도달할 수 있을 만큼 가까운 곳에 주차한다.
2. 너무 가까운 곳에 주차하여 구조활동에 장애를 주어서는 안 된다.
3. 구조차량은 지나가는 차량들로부터 현장을 보호하기 위하여 일시적으로나마 방벽 역할을 하고 후속 차량들이 구조차량의 경광등을 보고 사고 장소임을 인식할 수 있도록 사고 장소의 후면에 주차하는 것이 좋다.
4. 교통흐름을 막지 않도록 최소한 한 개 차로의 통행로는 확보하는 것이 좋다.
   (직선도로인 경우)
- 구조대원이 활동할 수 있도록 15m 정도의 공간을 확보하고 주차한다.
- 안전을 위하여 깔대기(칼라콘) 등으로 유도표지를 설치하고 경광봉을 든 경계요원을 배치한다.
- 유도표지의 설치범위는 도로의 제한속도와 비례한다.

12 정답 ②

오염구역 (Hot zone)	㉠ 빠른 환자 이동(단, 척추손상 환자 시 빠른 척추고정 적용) ㉡ 오염된 의복과 악세사리를 현장에서 가위를 이용해 제거 후 사용한 의료기구 및 의복은 현장에 남겨두고 환자만 이동한다.(의복 및 의료기구는 오염되었다는 가정 하에 실시한다.) ㉢ 들것에 시트를 2장 준비 또는 이불을 가져가 옷을 제거한 환자의 신체를 덮어 주어야 한다. ㉣ 환자의 추가 호흡기계 오염을 방지하기 위해서 독립적 호흡장치(SCBA) 사용 ㉤ 양압환기가 필요한 환자의 경우 산소저장낭이 달린 BVM 사용
오염통제 구역 (Warm zone)	㉠ 오염 통제구역은 오염구역과 안전구역 사이에 위치해 있으며 과 같이 제독 텐트 및 필요 시 펌프차량 등이 위치해 오염을 통제하는 구역이다. 이 구역 역시 오염 가능성이 있는 곳으로 적정 장비 및 훈련을 받은 최소인원으로 구성되어 제독활동을 진행해야 한다. ㉡ 오염구역 활동이 끝난 후에는 대원들은 제독활동을 해야 하며 환자들은 오염구역에서 제독텐트에 들어가기 전에 전신의 옷과 악세사리를 벗어 비닐백에 담아 밀봉 후 다시 드럼통에 담아 이중으로 밀봉해야 한다.(이때, 유성펜을 이용해 비닐백 위에 이름을 적는다.) ㉢ 오염통제구역 내 구급처치는 기본인명소생술로 기도, 호흡, 순환(지혈), 경추 고정, CPR, 전신중독 평가 및 처치가 포함된다. ㉣ 정맥로 확보 등과 같은 침습성 과정은 가급적 제독 후 안전구역에서 실시해야 하며 오염통제구역에서 사용한 구급장비는 안전구역에서 사용해서는 안 된다.
안전구역 (Cold zone)	안전구역은 현장지휘소 및 인력·자원 대기소 등 현장활동 지원을 하는 구역으로 구급대원이 활동하는 구역이기도 하다. 대량환자의 경우 Triage를 통해 환자를 분류한 후 우선순위에 따라 병원으로 이송해야 한다.

사고차량의 위험요인 제거
㉠ 휘발유나 경유와 같이 액체 연료인 경우에는 모래나 흡착포를 이용해서 누출된 연료를 흡수시켜 처리하는 것이 좋다.
㉡ 가스가 완전히 배출될 때 까지 구조작업을 연기하는 것이 좋지만 긴급한 경우라면 고압 분무 방수를 활용해서 가스를 바람 부는 방향으로 희석시키면서 작업하도록 한다.
㉢ 현장에 접근하는 구조대원은 반드시 바람을 등지고 접근하며 구조차량도 사고 장소보다 높은 지점으로 풍상 측에 위치하여야 한다.
㉣ 에어백이 부착된 차량에서 구조작업을 할 때에는 배터리 케이블을 차단하고 잠시 대기하는 것이 좋다. 배터리의 전원을 차단할 때에는 (-)선부터 차단한다.

13   정답 ③

사용법
① 커플링으로 공기용기와 압력조절기, 에어백을 연결한다. 이때 스패너나 렌치 등으로 나사를 조이면 나사산이 손상되므로 가능하면 손으로 연결하도록 한다.
② 에어백을 부풀리기 전에 버팀목을 준비해 둔다. 대상물이 들어 올리는 것과 동시에 버팀목을 넣고 높이가 높아짐에 따라 버팀목을 추가한다.
③ 2개의 백을 사용하는 경우 작은 백을 위에 놓는다. 아래의 백을 먼저 부풀려 위치를 잡고 균형유지에 주의하면서 두개의 백을 교대로 부풀게 한다. 공기를 제거할 때에는 반대로 한다.

(주의사항)
① 2개의 에어백을 겹쳐 사용하면 부양되는 높이는 높아지지만 능력이 증가하지는 않는다. 즉 소형 에어백과 대형 에어백을 겹쳐서 사용하여도 최대 부양능력이 소형 에어백의 능력을 초과하지 못하는 것이다.
② 부양되는 물체가 쓰러질 위험이 높기 때문에 3개 이상을 겹쳐서 사용하지 않는다.
③ 에어백의 팽창 능력 이상의 높이로 들어 올려야 하는 경우에는 받침목을 활용한다.

14   정답 ④

감압정지와 감압시간	실제 잠수 시간이 최대 잠수 가능시간을 초과했을 때에 상승도중 감압표상에 지시된 수심에서 지시된 시간만큼 머무르는 것을 "감압정지"라 하고, 머무르는 시간을 "감압시간"이라 한다. 그리고 감압은 가슴 정 중앙이 지시된 수심에 위치하여야 한다.

15   정답 ②

매듭의 가장 중요한 조건

매듭의 가장 중요한 조건	㉠ 묶기 쉬워야 한다. ㉡ 연결이 튼튼하여 자연적으로 풀리지 않아야 한다. ㉢ 사용 후 간편하게 해체할 수 있어야 한다.
구조활동	㉠ 매듭을 많이 아는 것보다는 잘 쓰이는 매듭을 정확

히 숙지하는 것이 더욱 중요하다.
현장에서의 매듭결정	㉡ 매듭은 정확한 형태를 만들고 단단하게 조여야 풀어지지 않고 하중을 지탱할 수 있다. ㉢ 될 수 있으면 매듭의 크기가 작은 방법을 선택한다. 매듭부분으로 기구, 장비 등을 통과시켜야 하는 경우가 있기 때문이다. ㉣ 매듭의 끝 부분이 빠지지 않도록 주매듭을 묶은 후 옭매듭 등으로 다시 마감해 준다. 이때 끝 부분이 빠지지 않도록 충분한 길이를 남겨두어야 하는데 매듭에서 로프 끝까지 11~20㎝ 정도 남겨 두도록 한다. ㉤ 로프는 매듭 부분의 강도가 저하된다는 사실을 기억한다.

16   정답 ②

일반구조대 ★	시·도의 규칙으로 정하는 바에 따라 소방서마다 1개 대(隊) 이상 설치하되, 소방서가 없는 시·군·구의 경우에는 해당 시·군·구 지역의 중심지에 있는 119안전센터에 설치할 수 있다.
특수구조대 ★★★	소방대상물, 지역 특성, 재난발생 유형 및 빈도 등을 고려하여 시·도의 규칙으로 정하는 바에 따라 지역을 관할하는 소방서에 설치한다. 다만, 고속국도구조대는 직할구조대에 설치할 수 있다. ① 화학구조대 : 화학공장이 밀집한 지역 ② 수난구조대 : 내수면 지역 ※ 하천·댐·호수·저수지 기타 인공으로 조성된 담수나 기수의 수류 또는 수면 ③ 산악구조대 : 자연공원 등 산악지역 ④ 고속국도구조대 : 도로법에 따른 고속국도 ⑤ 지하철구조대 : 도시철도의 역사 및 역무시설
직할구조대	대형·특수 재난사고의 구조, 현장 지휘 및 지원 등을 위하여 소방청 또는 소방본부에 설치하되, 소방본부에 설치하는 경우에는 시·도의 규칙으로 정하는 바에 따른다.
테러대응 구조대 (비상설구조대)	테러 및 특수재난에 전문적으로 대응하기 위하여 필요한 경우 소방청 또는 소방본부에 설치하는 것을 원칙으로 하되, 구조대의 효율적 운영을 위해 필요한 경우, 화학구조대와 직할구조대를 테러대응구조대로 지정할 수 있다.
국제구조대 (비상설구조대)	소방청장은 국외에서 대형재난 등이 발생한 경우 재외국민의 보호 또는 재난발생국의 국민에 대한 인도주의적 구조활동을 위하여 국제구조대를 편성하여 운영할 수 있다. 현재 소방청에 설치하는 직할구조대인 중앙119구조본부에서 업무를 담당하고 있다.
119항공대	소방청장 또는 소방본부장은 초고층 건축물 등에서 구조대상자의 생명을 안전하게 구조하거나 도서·벽지에서 발생한 응급환자를 의료기관에 긴급히 이송하기 위하여 119항공대를 편성하여 운영한다.

17 정답 ③

구조활동 우선순위
① 구명(救命) → ② 신체구출 → ③ 정신적, 육체적 고통경감 → ④ 피해의 최소화

18 정답 ④

철근콘크리트에 있어서 콘크리트의 열팽창률이 철근에 비해 20% 작기 때문에 철근과 결합력이 상실되어 강도가 저하되고 붕괴의 원인이 된다.

19 정답 ③

초기대응절차(LAST)

1단계 : 현장 확인 (Locate)	재난사고가 발생하면 사고 장소와 현장상황을 정확히 파악해야 한다. ① 사고 원인은 무엇이고 어떻게 진행되고 있는가. ② 그 상황에 대응하는 방법과 인력, 장비는 무엇인가. ③ 우리가 적절한 대응능력을 갖추고 있는가를 판단하는 것이다. ※ 현장의 지형적 조건(접근로, 지형, 일출이나 일몰시간, 기후, 수온 등)을 고려해서 구조대의 활동에 예상되는 어려움과 유의해야 할 사항을 판단한다. 이 '②'의 단계에서 필요한 인력과 장비, 지원을 받아야 할 부서 등을 정확히 파악하는 것이 이후 전개되는 구조활동의 성패를 좌우한다.
2단계 : 접근 (Access)	① 구조활동의 실행 단계로 안전하고 신속하게 구조대상자에게 접근하는 단계이다. ② 사고 장소가 바다나 강이라면 구조대원 자신이 물에 들어가지 않아도 되는 안전한 구조방법을 우선 선택하고 산악사고라면 실족이나 추락, 낙석 등의 위험성이 있는지 주의하며 접근한다.
3단계 : 상황의 안정화 (Stabilization)	① 현장을 장악하여 상황이 더 이상 악화되지 않고 안전이 유지될 수 있도록 조치하는 단계이다. ② <u>구조대상자를 위험상황에서 구출하고 부상이 있으면 적절한 응급처치를 한다.</u> 이후 주변의 위험요인을 제거하여 더 이상 사고가 확대되지 않도록 조치한다.
4단계 : 후송 (Transport)	① 구조대상자가 아무런 부상 없이 안전하게 구출되는 것이 최선의 구조활동이지만 사고의 종류나 현장상황에 따라 심각한 손상을 입은 구조대상자를 구출할 수도 있다. ② 이 경우 현장에서 제공할 수 있는 응급처치는 상당히 제한적이다. 또한 외관상 아무런 부상이 없거나 경상으로 보이는 경우에도 심각한 손상이 있거나 후유증이 발생할 수 있기 때문에 구조대상자는 일단 의료기관으로 후송하는 것을 원칙으로 한다. ③ 'T'는 마지막 후송단계로서 사고의 긴급성에 따라 적절한 이동수단을 사용하여 의료기관에 후송하는 것으로 초기대응이 마무리된다.

20 정답 ①

주들것
- 바퀴가 있어 환자를 쉽게 이동할 수 있다.
- 상체의 높이 조절이 가능하다.
- 구급차에 환자를 안정적으로 옮기거나 내릴 때 사용된다.
- 엘리베이터에 탑재가 가능하도록 의자형태로 변형가능하다.
- 운반자의 체력을 최소화할 수 있다.
- 무게중심이 위에 있어 급회전 시 전복될 수 있다.
- 바퀴가 너무 작아 작은 걸림돌에도 넘어질 수 있다.

21 정답 ④

1. 바스켓형 들것
① 플라스틱 중합체나 금속테두리에 철망으로 만들어졌다.
② 주로 고지대·저지대 구조용과 산악용으로 사용되며 긴 척추고정판으로 환자를 고정한 후에 바스켓형에 환자를 결착시킨다.
③ 플라스틱 재질은 자외선에 노출되면 변형될 수 있기 때문에 직사광선을 피해 보관해야 한다.

2. 가변형 들것
① 좁은 곳을 통과할 때 유용하며 천이나 유연물질로 만들어져 있다.
② 손잡이는 세 군데 혹은 네 군데에 있으며 보관할 때 쉽게 접히거나 말린다.
③ <u>척추손상 의심 환자를 1인이 운반할 때에는 적절하지 않다.</u>

3. 의자형(계단용) 들것
① 계단용으로 환자를 앉은 자세로 이동시킬 때 사용된다.
② 좁은 복도나 작은 승강기 그리고 좁은 공간에 유용하며 호흡곤란 환자를 이동시키기에 좋다.

※ 척추손상이나 하체손상 환자 그리고 기도유지를 못하는 의식장애 환자에게 사용해서는 안 된다.

③ 계단을 내려올 때에는 환자의 다리가 먼저 진행방향으로 와야 하며 다리 측을 드는 대원의 가슴과 환자의 다리가 수평을 이루어야 한다.

22   정답 ②

긴급 환자 (적색)	생명을 위협할만한 쇼크 또는 저산소증이 나타나거나 임박한 경우, 만약 즉각적인 처치를 행할 경우에 환자는 안정화될 가능성과 소생 가능성이 있는 경우
응급 환자 (황색)	손상이 전신적인 증상이나 효과를 유발하지만, 아직까지 쇼크 또는 저산소증 상태가 아닌 경우, 전신적 반응이 발생하더라도 적절한 조치를 행할 경우 즉각적인 위험 없이 45~60분 정도 견딜 수 있는 상태
비응급 환자 (녹색)	전신적인 위험 없이 손상이 국한된 경우, 최소한의 조치로도 수 시간 이상 아무 문제가 없는 상태
지연 환자 (흑색)	대량 재난시에 임상적 및 생물학적 사망이 명확히 구분되지 않는 상태와, 자발 순환이나 호흡이 없는 모든 무반응의 상태를 죽음으로 생각한다. 몇 몇 분류에서는 어떤 처치에도 불구하고 생존 가능성이 희박한 경우를 포함

23   정답 ③

죽음에 대한 정서적 반응
부정 - 분노 - 협상 - 우울 - 수용

24   정답 ①

최초 도착 시 차량 배치요령
① 도로 외측에 정차시켜 교통장애를 최소화하도록 하며, 도로에 주차시켜야 할 때에는 차량 주위에 안전표지판을 설치하거나 비상등을 작동시킨다.
② 구급차량의 전면이 주행차량의 전면을 향한 경우에는 경광등과 전조등을 끄고 비상등만 작동시킨다.
③ 사고로 전깃줄이 지면에 노출된 경우에는 전봇대와 전봇대를 반경으로 한원의 외곽에 주차시킨다.
④ 차량화재가 있는 경우에는 화재차량으로부터 30m 밖에 위치시킨다.
⑤ 폭발물이나 유류를 적재한 차량으로부터는 600~800m 밖에 위치한다.
⑥ 화학물질이나 유류가 누출되는 경우에는 물질이 유출되어 흘러내리는 방향의 반대편에 위치시킨다.
⑦ 유독가스가 누출되는 경우에는 바람을 등진 방향에 위치시킨다.

25   정답 ④

기본 용어

해부학적 자세	전면을 향해 서있는 자세로 손바닥은 앞으로 향하고 양팔은 옆으로 내린 상태
중간선	코에서 배꼽까지 수직으로 내린 선으로 인체를 좌우로 나눈다.
앞/뒤	중앙겨드랑이선으로 인체를 나누어 앞과 뒤를 구분한 것이다.
위/아래	위와 아래를 나타낸다.
안쪽/가쪽	중앙선에 가까이 있는지 멀리 있는지를 나타낸다.
양쪽	중앙선의 좌·우 모두에 위치해 있을 때를 말한다. (귀, 눈, 팔 등)
몸쪽/먼쪽	몸통에 가까이 있는지 멀리 있는지를 나타낸다.

2025 소방승진 소방교 파이널 봉투모의고사

개정 2판 1쇄 인쇄	2025년 8월 25일
개정 2판 1쇄 발행	2025년 8월 29일
지 은 이	박이준, 김진수, 김경진
발 행 인	이재남
발 행 처	㈜이패스코리아
	[본사] 서울특별시 영등포구 경인로 775 에이스하이테크시티 2동 1104호
전 화	02-511-4212
팩 스	02-6345-6701
홈페이지	www.kfs119.co.kr
이 메 일	newsguy78@epasskorea.com
등록번호	제318-2003-000119호(2003년 10월 15일)

* 편저자와 협의하여 인지는 생략했습니다.
* 이 책을 무단으로 전재 또는 복제하면 [저작권법] 제136조에 의해 5년 이하의 징역 또는 5천만원 이하의 벌금에 처해지거나 병과될 수 있습니다.
* 파본은 구입처에서 교환해 드립니다.

최단기 소방승진 이패스 소방사관
www.kfs119.co.kr

※ 이 책은 저작권법에 의해 보호를 받는 저작물이므로 무단전재와 복제를 금합니다.
※ 본 교재의 저작권은 이패스코리아에 있습니다.

2025년 소방교 소방승진 제1회

응시번호	
성명	

【시험 과목】

편철순서	제1과목	제2과목	제3과목
과목명	소방법령 I (25문항)	소방법령 II (25문항)	소방전술 (25문항)

응시자 준수사항

☞ 시험지를 받으면 "시험 감독관 또는 방송"의 안내에 따라 다음 사항을 반드시 지켜 주시기 바랍니다.

1. 시험지 표지의 응시번호 및 성명"을 기재하여 주십시오.

2. 시험이 시작되면 시험지의 "편철순서", "페이지 수량", "인쇄 상태"를 반드시 확인한 후에 문제를 푸십시오.
   ※ 본 시험지는 총 16페이지입니다.

3. 시험이 시작되면 문제를 주의 깊게 읽고, 문항의 취지에 가장 적합한 하나의 정답만을 고르십시오. 운영요원에게 문제 내용에 관한 질문은 하실 수 없습니다.

※ 본 시험지는 공개이므로 시험이 종료된 후 가지고 나갈 수 있습니다.

※ 본 표지는 실제 시험지를 모델로 제작되었습니다.

epasskorea

소방교 소방승진

제1회 모의고사

문 항 수 : 75문항
응시시간 : 75분

소방법령 Ⅰ (25문항)

01 다음 중 원칙적으로 교육훈련기관에서의 교육으로 실시하는 교육훈련이 아닌 것은?

① 소방경 계급의 관리역량교육
② 소방령 이하의 전문교육훈련
③ 소방정 계급으로의 승진후보자에 대한 소방정책관리자교육
④ 시보임용된 사람으로서 시보임용 전에 신임교육을 받지 않은 사람에 대한 신임교육

02 2년간 위탁교육훈련을 받고 그와 관련된 직위에 보직된 자는 몇 년 이내에는 소방공무원교육훈련기관의 교관 또는 당해교육훈련내용과 관련되는 직위 외의 직위로 전보할 수 없는가?

① 1년
② 2년
③ 3년
④ 4년

03 소방공무원의 시보임용에 대한 설명으로 옳지 않은 것은?

① 임용권자 또는 임용제청권자는 시보임용기간 중의 소방공무원에 대하여 근무상황을 항상 지도·감독하여야 한다.
② 임용권자 또는 임용제청권자는 시보임용소방공무원 또는 시보임용예정자에 대하여 소방학교 또는 각급 공무원교육원 기타 소방기관에 위탁하여 일정한 기간 직무수행에 필요한 교육훈련을 시킬 수 있으며, 교육훈련과정의 졸업요건을 갖추지 못한 경우에는 시보임용을 하지 않을 수 있다.
③ 교육을 받는 시보임용예정자에 대하여는 예산의 범위안에서 소방사의 1호봉에 해당하는 봉급의 80퍼센트에 상당하는 금액 등을 지급할 수 있다.
④ 임용권자 또는 임용제청권자는 시보임용소방공무원 또는 시보임용예정자에 대하여 소방학교 또는 각급 공무원교육원 기타 소방기관에 위탁하여 일정한 기간 직무수행에 필요한 교육훈련을 시킬 수 있다.

04 소방공무원의 징계에 관한 내용으로 옳지 않은 것은?

① 강등은 1계급 아래로 직급을 내리고, 1개월 내지 3개월간 직무를 정지하며 그 기간 중 보수의 전액을 감한다.
② 파면의 경우 5년간 공무원 임용을 제한한다.
③ 징계위원회는 징계부가금 부과 의결을 한 후에 징계부가금 부과 대상자가 형사처벌을 받거나 변상책임 등을 이행한 경우 또는 환수금이나 가산징수금을 납부한 경우에는 이미 의결된 징계부가금의 감면 등의 조치를 하여야 한다.
④ 징계에 따른 승진임용과 승급 제한에 있어서는 징계처분의 집행이 끝난 날부터 기산한다.

05 소방공무원 공개경쟁채용시험에 관한 내용으로 옳은 것은?

① 필기시험은 각 과목 40퍼센트 이상을 득점하고, 전 과목 총점의 60퍼센트 이상을 득점한 사람 중에서 선발예정인원의 5배수 범위에서 고득점자순으로 결정한다.
② 시험실시에 관한 공고내용을 변경하고자 할 때에는 시험실시 5일 전까지 변경내용을 공고하여야 한다.
③ 소방사 채용시험의 출제수준은 소방업무수행에 필요한 전문적 능력·지식을 검정할 수 있는 정도로 한다.
④ 공개경쟁채용시험의 합격자를 결정할 때 선발예정인원을 초과하여 동점자가 있는 경우에는 그 선발예정인원에도 불구하고 모두 합격자로 한다.

06 소방공무원 승진임용의 제한에 관한 내용으로 옳지 않은 것은?

① 감봉의 징계처분의 집행이 끝난 날부터 12개월이 지나지 않은 사람은 승진임용을 할 수 없다.
② 승진임용 제한기간 중에 있는 사람이 다시 징계처분을 받은 경우의 승진임용 제한기간은 전 처분에 대한 제한기간이 끝난 날부터 계산하고, 징계처분으로 승진임용 제한기간 중에 있는 사람이 휴직하거나 직위해제처분을 받는 경우 징계처분에 따른 남은 승진임용 제한기간은 복직한 날부터 계산한다.
③ 소방공무원 이외의 공무원이 소방공무원으로 임용된 경우, 종전의 신분에서 강등의 징계처분을 받고 그 처분 종료일부터 2년이 지나지 않은 사람은 승진임용을 할 수 없다.
④ 공무상 질병 또는 부상으로 인한 휴직 중에 있으나 재난현장에서 직무수행 중 순직한 사람에 해당되어 특별승진임용하는 경우는 승진임용이 제한되지 아니한다.

07 시간선택제전환 소방공무원 등에 관한 내용으로 옳지 않은 것은?

① 시간선택제전환 소방공무원의 근무시간은 1주당 15시간 이상 35시간 이하의 범위에서 정한다.
② 시간선택제전환 소방공무원을 지정한 경우에는 그 인원수만큼 시간선택제 임기제공무원을 채용할 수 있다.
③ 상시근무체제를 유지하기 위한 교대제 근무자는 시간선택제전환 소방공무원 지정에서 제외한다.
④ 소방공무원이 병가, 출산휴가 또는 유산휴가·사산휴가를 가는 경우 그 공무원의 업무를 해당 임용권자 또는 임용제청권자에게 소속된 다른 소방공무원에게 대행하도록 명할 수 있다.

08 다음 중 특별위로금이 지급될 수 있는 「공무원 재해보상법」상 요양급여의 지급대상이 아닌 경우는?

① 공무수행 과정에서 물리적·화학적·생물학적 요인에 의하여 발생한 질병
② 공무상 부상이나 질병의 치료과정에서 그 부상 또는 질병이 주된 원인이 되어 합병증이 유발된 경우
③ 공무상 재해로 요양 중인 공무원에게 그 공무상 재해로 인한 부상이나 질병이 추가로 발견되어 요양이 필요한 경우
④ 공무와 관련한 사유의 자해행위가 원인이 되어 부상·질병·장해를 입거나 사망한 경우로서, 그 자해행위가 정상적인 인식능력 등이 있는 상태에서 한 행위

09 「소방공무원 복무규정」상 복무점검 등의 내용으로 옳지 않은 것은?

① 소방기관의 장은 근무기강을 확립하기 위하여 소속 소방공무원의 복무를 점검하고, 의무 위반행위의 조사·방지 등의 조치를 해야 한다.
② 소방청장은 소방기관에 대하여 복무점검 또는 조치의 적정성을 확인하기 위해 필요한 자료의 제출을 요구할 수 있으며, 필요하다고 인정되는 경우에는 직접 복무점검을 하거나 의무 위반행위를 조사할 수 있다.
③ 소방청장이 직접 복무점검을 하거나 의무 위반행위를 조사한 경우에는 그 결과를 해당 소방기관의 장에게 통보할 수 있다.
④ 소방청장은 소방기관으로부터 제출받은 자료를 검토한 결과 또는 복무점검이나 의무 위반행위를 조사한 결과, 시정·보완 등이 필요하다고 인정되는 경우에는 그 시정 또는 보완 등 필요한 조치를 요구할 수 있다.

10 「소방공무원 승진임용 규정 시행규칙」상 다음의 가점평정 가운데 배점이 가장 큰 것은?

① 박사학위 취득
② 2급 컴퓨터활용능력 자격 취득
③ 자체 우수제안 우수상 수여
④ 소형선박조종사 자격 취득

11 소방공무원 징계위원회 징계위원의 제척·기피 및 회피에 관한 설명으로 틀린 것은?

① 징계위원회의 위원은 불공정한 의결을 할 우려가 있다고 의심할 만한 타당한 이유가 있을 때에는 스스로 해당 징계등 사건의 심의·의결을 회피할 수 있다.
② 징계위원회의 위원 중 징계 사유가 발생한 때의 직근 상급자였던 사람은 그 징계등 사건의 심의·의결에 관여하지 못한다.
③ 징계위원회는 기피신청이 있는 때에는 재적위원 과반수의 출석과 출석위원 3분의 2 이상의 찬성으로 기피 여부를 의결하여야 한다.
④ 징계위원회는 위원의 제척·기피 또는 회피로 인하여 심의·의결에 출석할 수 있는 위원 수가 과반수(과반수가 3명 미만인 경우에는 3명 이상)에 미달하는 경우에는 위원 과반수(과반수가 3명 미만인 경우에는 3명 이상)를 충족하는 때까지 해당 징계위원회가 설치된 기관의 장에게 해당 심의 대상자에 관한 안건에 한정하여 심의·의결에 참여할 임시위원의 임명 또는 위촉을 요청하여야 한다.

12 소방공무원의 교육훈련성적의 평정에 대한 설명으로 옳지 않은 것은?

① 소방정을 대상으로 실시하는 소방정책관리자교육 성적은 10점으로 한다.
② 교육훈련성적평정을 하는 경우 평정자는 피평정자가 소속된 기관의 소방공무원 인사 담당 공무원이, 확인자는 평정자의 직근 상급 감독자가 된다.
③ 교육훈련성적의 평정은 연 2회 실시하되, 매년 3월 31일과 9월 30일을 기준으로 한다.
④ 「소방공무원 교육훈련규정」 제17조에 따른 수료요건 또는 졸업요건을 갖추지 못한 사람에 대한 교육훈련성적은 평정하지 아니할 수 있다.

13 소방공무원 임용령에 따른 보직관리에서 '1소방공무원 1직위 부여' 원칙의 예외에 해당하는 것은?

① 직제의 신설·개편·폐지 시 6개월 이내의 기간 동안 소속 소방공무원을 기관의 신설준비 등을 위하여 보직 없이 근무하게 하는 경우
② 국제기구, 외국의 정부 또는 연구기관에서의 업무수행 및 능력개발을 위한 1년 이상의 해외 파견근무를 위하여 특히 필요하다고 인정하여 1개월 이내의 기간 동안 소속 소방공무원을 보직 없이 근무하게 하는 경우
③ 결원보충이 승인된 파견자 중 훈련을 위한 파견준비를 위하여 특히 필요하다고 인정하여 3주 이내의 기간 동안 소속 소방공무원을 보직 없이 근무하게 하는 경우
④ 별도정원이 인정되는 휴직자의 복직, 파견된 사람의 복귀 또는 파면·해임·면직된 사람의 복귀 시에 해당 기관에 그에 해당하는 계급의 결원이 없어서 그 계급의 정원에 최초로 결원이 생길 때까지 해당 계급에 해당하는 소방공무원을 보직 없이 근무하게 하는 경우

14 근속승진에 대한 설명으로 옳지 않은 것은?

① 근속승진 기간은 승진소요최저근무연수의 계산 방법에 따라 계산한다.
② 국정과제 등 주요 업무의 추진실적이 우수한 소방공무원이나 적극행정 수행 태도가 돋보인 소방공무원의 경우는 근속승진 기간에서 최대 6월을 단축할 수 있다.
③ 근속승진 요건에 해당하는 경우에는 근속승진 기간에 도달하기 5일 전부터 승진심사를 할 수 있다.
④ 임용권자는 소방경으로의 근속승진임용을 위한 심사를 할 때에는 연도별로 합산하여 해당 기관의 근속승진 대상자의 100분의 50에 해당하는 인원수(소수점 이하가 있는 경우에는 1명을 가산한다)를 초과하여 근속승진임용할 수 없다.

15 「소방공무원임용령」상 임용심사위원회에 대한 설명으로 옳지 않은 것은?

① 시보임용소방공무원의 면직 또는 면직 제청, 임용유예 등의 적부(適否)를 심사하게 하기 위하여 임용권자 또는 임용제청권자 소속으로 임용심사위원회를 둔다.
② 임용심사위원회는 위원장 1명을 포함하여 5명 이상 8명 이하의 위원으로 구성한다.
③ 위원회는 재적위원 3분의 2 이상 출석과 출석위원 과반수 찬성으로 의결한다.
④ 임용권자 또는 임용제청권자는 채용후보자에 대한 자격상실을 결정하거나 시보임용소방공무원에 대한 면직 또는 면직 제청을 결정한 경우에는 의결서의 사본을 첨부하여 해당 채용후보자 또는 시보임용소방공무원에게 통보해야 한다.

16 소방관서장에 관한 내용이다. 빈칸에 들어갈 적절한 숫자를 순서대로 나열하면?

- 임용권자는 소속 소방공무원을 연속하여 ( )회 이상 소방서장으로 보직해서는 안 된다. 다만, 인사 운영상 필요한 경우에는 제외한다
- 시·도 소방본부장 또는 소방서장 직위에 임용된 소방공무원이 해당 직위에 ( )년 이상 근무한 경우에는 다른 직위로 전보해야 한다 (다만, 인사 운영상 필요한 경우에는 제외). 그럼에도 불구하고 임용권자 또는 임용제청권자는 소방여건과 정기인사 주기 등을 고려하여 ( )년의 범위에서 전보시기를 조정할 수 있다.

① 2, 2, 3   ② 3, 2, 1
③ 3, 2, 2   ④ 2, 1, 3

17 소방공무원시험의 응시자격에 대한 설명으로 옳지 않은 것은?

① 경력경쟁채용시험에 있어서 응시연령 기준일은 임용권자의 시험요구일이 속한 연도이다.
② 소방교 경력경쟁채용시험의 응시연령은 20세 이상 40세 이하가 원칙이다.
③ 소방공무원의 채용시험 및 소방간부후보생 선발시험에 응시할 수 있는 신체조건 및 건강상태와 체력시험의 평가기준 및 방법은 행정안전부령으로 정한다.
④ 소방청장은 원활한 결원보충과 지역적인 특수성을 고려하여 필요하다고 인정할 경우에는 일정한 지역에서 일정한 기간 동안 거주한 사람으로 응시자격을 제한하여 시험을 실시할 수 있다.

18 「소방공무원임용령」상 소방공무원의 임용시기에 관한 내용으로 옳지 않은 것은?

① 사망으로 인한 면직은 사망한 다음 날에 면직된 것으로 본다.
② 시보임용예정자가 「소방공무원임용령」에 따른 소방공무원의 직무수행과 관련한 실무수습 중 사망한 경우에는 사망일의 전날을 임용일자로 한다.
③ 순직한 사람이 재직 중 사망한 경우는 사망일을 임용일자로 하여 특별승진임용한다
④ 소방공무원으로서 순직한 사람을 특별승진임용하는 경우 그 사람이 퇴직 후 사망하였다면 퇴직일의 전날을 임용일자로 한다.

19 징계 등 처분기록의 말소기간으로 옳은 것은?

① 강등의 집행이 종료된 날로부터 7년이 경과한 때
② 정직의 집행이 종료된 날로부터 6년이 경과한 때
③ 감봉의 집행이 종료된 날로부터 5년이 경과한 때
④ 견책의 집행이 종료된 날로부터 4년이 경과한 때

20 근무성적평정의 예외에 대한 설명으로 틀린 것은?

① 소방공무원이 휴직, 직위해제나 그 밖의 사유로 근무성적평정 대상기간 중 실제 근무기간이 2개월 미만인 경우에는 근무평정을 하지 아니한다.
② 소방공무원이 국외 파견 등 교육훈련으로 인하여 실제 근무기간이 1개월 미만인 경우에는 직무에 복귀한 후 첫 번째 정기평정을 하기 전까지 최근 2회의 근무성적평정결과의 평균을 해당 소방공무원의 평정으로 본다.
③ 소방공무원이 6월 이상 국가기관·지방자치단체에 파견근무하는 경우에는 파견받은 기관의 의견을 참작하여 근무성적을 평정하여야 한다.
④ 정기평정이후에 신규채용 또는 승진임용된 소방공무원에 대하여는 2월이 경과한 후의 최초의 정기평정일에 평정하는 것을 원칙으로 한다.

21 소방공무원의 별도정원이 인정되는 경우로 옳지 않은 것은?

① 출산휴가와 연속되는 육아휴직을 명하는 경우로서 육아휴직을 명한 이후의 출산휴가기간과 육아휴직 기간을 합하여 6개월 이상인 경우
② 국내의 연구기관, 민간기관 및 단체에서의 업무수행·능력개발이나 국가정책 수립과 관련된 자료수집 등을 위하여 필요한 경우에 해당하여 6개월 이상 파견하는 경우
③ 정년잔여기간이 1년 이내에 있는 자의 퇴직후의 사회적응능력배양을 위한 연수의 경우
④ 시·도지사가 「소방공무원 교육훈련규정」에 따라 훈련기간이 6개월 이상인 국외 위탁교육훈련계획을 수립·시행함에 따라 결원 보충이 필요한 경우

22 승진소요최저근무연수에 포함되는 기간의 내용으로 옳은 것은?

① 국외 유학을 하게 되어 휴직한 경우에 그 휴직 기간
② '파면·해임·강등 또는 정직에 해당하는 징계 의결이 요구 중인 자'에 해당하여 직위해제처분을 받은 사람의 처분 사유가 된 징계처분이 제1심 법원에서 무효 선고된 경우 그 직위해제 기간
③ '금품비위, 성범죄 등 대통령령으로 정하는 비위행위로 인하여 감사원 및 검찰·경찰 등 수사기관에서 조사나 수사 중인 자로서 비위의 정도가 중대하고 이로 인하여 정상적인 업무수행을 기대하기 현저히 어려운 자'에 해당하여 직위해제처분을 받은 사람의 처분사유가 된 비위행위에 대해 검사가 불기소를 한 경우 그 직위해제 기간
④ 국제기구, 외국 기관, 국내외의 대학·연구기관, 다른 국가기관 또는 대통령령으로 정하는 민간기업, 그 밖의 기관에 임시로 채용되어 휴직한 경우에 그 휴직 기간

23 승진대상자명부 작성에 있어서 근무성적평정정의 단위기간 평정점이 없는 경우 평정점의 산정기준으로 옳지 않은 것은?

① 명부작성 기준일부터 가장 최근의 평정단위기간평정점이 없는 경우 : (그 직전에 평정한 평정단위기간평정점 + 45점)/2
② 명부작성 기준일부터 가장 오래된 평정단위기간평정점이 없는 경우 : (그 직후에 평정한 평정단위기간평정점 + 45점)/2
③ 위 ① 및 ②를 제외한 평정점이 없는 평정단위기간이 있는 경우 : 평정점이 없는 평정단위기간의 직전에 평정한 평정단위기간평정점
④ 평정점이 없는 평정단위기간이 연속하여 2회 이상 있는 경우(각각의 평정점) : (연속하여 평정점이 없는 평정단위기간에 가장 가까운 최근의 평정단위기간평정점 + 45점)/2

24 소방공무원의 청원휴직 기간으로 적절하지 않은 것은?

① 5년 이상 재직한 공무원이 직무 관련 연구과제 수행 또는 자기개발을 위하여 학습·연구 등을 하게 될 때 - 2년 이내
② 중앙인사관장기관의 장이 지정하는 연구기관이나 교육기관 등에서 연수하게 될 때 - 2년 이내
③ 8세 이하 또는 초등학교 2학년 이하의 자녀를 양육하기 위하여 필요하거나 여성공무원이 임신 또는 출산하게 된 때 - 자녀 1명에 대하여 3년 이내
④ 국외 유학을 하게 된 때 - 3년 이내로 하되, 부득이한 경우에는 2년의 범위에서 연장 가능

25 의용소방대원으로 근무하고 있는 사람을 경력경쟁채용등의 방법으로 채용할 수 있는 요건으로 옳지 않은 것은?

① 소방서를 처음으로 설치하는 시·군지역인 경우, 그 시·군지역에서 5년 이상 의용소방대원으로 계속하여 근무하고 있는 사람일 것
② 소방서가 설치되어 있지 아니한 시·군지역에 119지역대 또는 119안전센터를 처음으로 설치하는 경우, 그 관할에 속하는 시지역 또는 읍·면지역에서 5년 이상 의용소방대원으로 계속하여 근무하고 있는 사람일 것
③ 소방서·119지역대 또는 119안전센터가 처음으로 설치된 날로부터 1년 이내에 그 지역의 소방공무원으로 임용하는 경우일 것
④ 경력경쟁채용등을 할 수 있는 인원은 처음으로 설치되는 소방서·119지역대 또는 119안전센터의 공무원의 정원 중 소방사 정원의 2분의 1 이내일 것

소방법령 Ⅱ (25문항)

01 「소방기본법」상 강제처분에 대한 내용으로 옳지 않은 것은?

① 소방대장은 사람을 구출하거나 불이 번지는 것을 막기 위하여 필요할 때에는 화재가 발생하거나 불이 번질 우려가 있는 소방대상물 및 토지를 일시적으로 사용할 수 있다.
② 소방서장은 사람을 구출하거나 불이 번지는 것을 막기 위하여 긴급하다고 인정할 때에는 소방대상물과 토지에 대하여 그 사용의 제한 또는 소방활동에 필요한 처분을 할 수 있다.
③ 소방본부장은 소방활동을 위하여 긴급하게 출동할 때에는 소방자동차의 통행과 소방활동에 방해가 되는 주차 또는 정차된 차량 및 물건 등을 제거하거나 이동시킬 수 있다.
④ 소방본부장은 소방활동에 방해가 되는 주차 또는 정차된 차량의 제거나 이동을 위하여 관할 지방자치단체 등 관련 기관에 견인차량과 인력 등에 대한 지원을 요청할 수 있고, 소방청장은 견인차량과 인력 등을 지원한 자에게 비용을 지급할 수 있다.

02 「소방기본법」상 화재 등의 통지에 대한 설명으로 옳지 않은 것은?

① 화재 현장 또는 구조·구급이 필요한 사고 현장을 발견한 사람은 그 현장의 상황을 소방본부, 소방서 또는 관계 행정기관에 지체 없이 알려야 한다.
② 목조건물이 밀집한 지역에서 화재로 오인할 만한 우려가 있는 불을 피우려는 자는 관할 소방본부장 또는 소방서장에게 신고하여야 한다.
③ 창고가 밀집한 지역에서 연막 소독을 하려는 자는 관할 소방본부장 또는 소방서장에게 신고하여야 한다.
④ 석유화학제품을 생산하는 공장이 있는 지역에서 연막 소독을 하려는 자가 신고를 하지 아니하여 소방자동차를 출동하게 한 경우 200만원 이하의 과태료를 부과한다.

03 「소방기본법」상 소방자동차의 보험 가입 등에 관한 내용이다. ( ) 안에 적절한 것은?

- (ㄱ)는 소방자동차의 공무상 운행 중 교통사고가 발생한 경우 그 운전자의 법률상 분쟁에 소요되는 비용을 지원할 수 있는 보험에 가입하여야 한다.
- (ㄴ)는 위에 따른 보험 가입비용의 일부를 지원할 수 있다.

	ㄱ	ㄴ
①	시·도지사	국가
②	소방청장	시·도지사
③	소방본부장 또는 소방서장	시·도지사
④	소방청장	국가

04 「소방기본법」 및 같은 법 시행규칙상 소방안전교육훈련에 관한 설명으로 옳지 않은 것은?

① 소방청장, 소방본부장 또는 소방서장은 노인복지시설의 노인을 대상으로 소방안전교육훈련을 실시할 수 있다.
② 소방안전교육훈련은 이론교육과 실습(체험)교육을 병행하여 실시하되, 실습(체험)교육이 전체 교육시간의 100분의 30 이상이 되어야 한다.
③ 실습(체험)교육 인원은 특별한 경우가 아니면 강사 1명당 30명을 넘지 않아야 한다.
④ 소방청장, 소방본부장 또는 소방서장은 소방안전교육훈련의 실시결과, 만족도 조사결과 등을 기록하고 이를 3년간 보관하여야 한다.

05 「소방기본법 시행규칙」상 소방체험관의 설립 및 운영에 관한 내용으로 생활안전분야에 해당하는 체험실을 모두 고른 것으로 옳은 것은?

> ㄱ. 전기안전 체험실
> ㄴ. 가스안전 체험실
> ㄷ. 여가활동 체험실
> ㄹ. 작업안전 체험실
> ㅁ. 환경안전 체험실

① ㄱ, ㄴ, ㄹ
② ㄴ, ㄷ, ㅁ
③ ㄱ, ㄴ, ㄷ, ㄹ
④ ㄴ, ㄷ, ㄹ, ㅁ

06 「소방기본법」 및 같은 법 시행령 상 소방업무에 관한 종합계획 및 세부계획의 수립·시행에 관한 내용으로 관호 안에 들어갈 단어로 옳은 것은?

> 가. (㉠)은/는 화재, 재난·재해, 그 밖의 위급한 상황으로부터 국민의 생명·신체 및 재산을 보호하기 위하여 소방업무에 관한 종합계획을 (㉡)마다 수립·시행하여야 하고, 이에 필요한 재원을 확보하도록 노력하여야 한다.
> 나. (㉠)은/는 소방업무에 관한 종합계획을 관계 중앙행정기관의 장과의 협의를 거쳐 계획 시행 전년도 (㉢)까지 수립해야 한다.
> 다. (㉣)은/는 종합계획의 시행에 필요한 세부계획을 계획 시행 전년도 (㉤)까지 수립하여 (㉠)에게 제출하여야 한다.

	㉠	㉡	㉢	㉣	㉤
①	소방청장	5년	10월 31일	시·도지사	12월 31일
②	시·도지사	5년	10월 31일	소방청장	11월 30일
③	소방청장	5년	10월 30일	시·도지사	12월 30일
④	소방청장	매년	10월 30일	시·도지사	12월 31일

07 「소방기본법」상 벌칙의 사항이 나머지와 다른 것은?

① 정당한 사유 없이 소방대의 생활안전활동을 방해한 자
② 정당한 사유 없이 소방대가 현장에 도착할 때까지 사람을 구출하는 조치 또는 불을 끄거나 불이 번지지 아니하도록 하는 조치를 하지 아니한 사람
③ 소방활동에 방해가 되는 주차 또는 정차된 차량 및 물건 등의 제거 또는 이동에 따른 처분을 방해한 자 또는 정당한 사유 없이 그 처분에 따르지 아니한 자
④ 정당한 사유 없이 물의 사용이나 수도의 개폐장치의 사용 또는 조작을 하지 못하게 하거나 방해한 자

08 「소방기본법」 및 같은 법 시행령 상 소방자동차 전용구역 등에 관한 내용으로 보기에 해당하는 것으로 볼 수 없는 것은?

> 〈보기〉
> 「건축법」 제2조제2항제2호에 따른 공동주택 중 대통령령으로 정하는 공동주택의 건축주는 제16조제1항에 따른 소방활동의 원활한 수행을 위하여 공동주택에 소방자동차 전용구역(이하 "전용구역"이라 한다)을 설치하여야 한다.

① 아파트 중 세대수가 200세대인 아파트
② 아파트 중 세대수가 150세대인 아파트
③ 기숙사 중 5층에 해당하는 기숙사
④ 기숙사 중 2층에 해당하는 기숙사

09 「소방기본법」상 소방자동차 교통안전 분석 시스템 구축·운영에 관한 내용으로 옳지 <u>않은</u> 것은?

① 소방청장 또는 소방본부장은 대통령령으로 정하는 소방자동차에 행정안전부령으로 정하는 기준에 적합한 운행기록장치를 장착하고 운용하여야 한다.
② 소방청장 또는 소방본부장은 소방자동차의 안전한 운행 및 교통사고 예방을 위하여 운행기록장치 데이터의 수집·저장·통합·분석 등의 업무를 전자적으로 처리하기 위한 시스템을 구축·운영할 수 있다.
③ 소방청장, 소방본부장 및 소방서장은 소방자동차 교통안전 분석 시스템으로 처리된 자료를 이용하여 소방자동차의 장비운용자 등에게 어떠한 불리한 제재나 처벌을 하여서는 아니 된다.
④ 소방자동차 교통안전 분석 시스템의 구축·운영, 운행기록장치 데이터 및 전산자료의 보관·활용 등에 필요한 사항은 행정안전부령으로 정한다.

10 「소방기본법 시행령」상 소방활동구역의 출입자에 해당하는 사람을 고른 것으로 옳은 것은?

> ㄱ. 소방활동구역 안에 있는 소방대상물의 소유자·관리자 또는 점유자
> ㄴ. 전기·가스·수도·통신·교통의 업무에 종사하는 사람으로서 원활한 소방활동을 위하여 필요한 사람
> ㄷ. 취재인력 등 보도업무에 종사하는 사람
> ㄹ. 수사업무에 종사하는 사람

① ㄱ, ㄴ, ㄷ, ㄹ
② ㄱ, ㄴ, ㄷ
③ ㄱ, ㄴ
④ ㄱ

11 「소방기본법」상 소방기관의 설치에 관한 내용이다. 옳지 <u>않은</u> 것은?

① 시·도의 화재 예방·경계·진압 및 조사, 소방안전교육·홍보와 화재, 재난·재해, 그 밖의 위급한 상황에서의 구조·구급 등의 업무를 수행하는 소방기관의 설치에 필요한 사항은 대통령령으로 정한다.
② 소방업무를 수행하는 소방본부장 또는 소방서장은 그 소재지를 관할하는 특별시장·광역시장·특별자치시장·도지사 또는 특별자치도지사의 지휘와 감독을 받는다.
③ 소방청장은 화재 예방 및 대형 재난 등 필요한 경우 시·도 소방본부장 및 소방서장을 지휘·감독하여야 한다.
④ 시·도에서 소방업무를 수행하기 위하여 시·도지사 직속으로 소방본부를 둔다.

12 「소방기본법」상 119종합상황실의 설치 목적에 해당하지 않는 것은?

① 정보의 수집·분석과 판단·전파
② 상황관리
③ 현장 지휘 및 조정·통제
④ 화재 예방과 안전관리의식 고취

13 「화재의 예방 및 안전관리에 관한 법률 시행령」상 특수가연물의 품명과 수량의 기준으로 옳지 <u>않은</u> 것은?

① 나무껍질 및 대팻밥 – 400킬로그램 이상
② 석탄·목탄류 – 10,000킬로그램 이상
③ 가연성 액체류 – 1세제곱미터 이상
④ 면화류 – 200킬로그램 이상

14 「화재의 예방 및 안전관리에 관한 법률 시행령」상 특급 소방안전관리대상물의 범위에 대한 설명이다. ( )에 적절한 것은?

- (ㄱ)층 이상(지하층은 제외)이거나 지상으로부터 높이가 (ㄴ)미터 이상인 아파트
- (ㄷ)층 이상(지하층을 포함)이거나 지상으로부터 높이가 (ㄹ)미터 이상인 특정소방대상물(아파트는 제외)

	ㄱ	ㄴ	ㄷ	ㄹ
①	50	100	50	120
②	50	200	30	120
③	30	100	30	150
④	30	200	50	150

15 「화재의 예방 및 안전관리에 관한 법률 시행령」상 특정소방대상물의 근무자등에게 불시에 소방훈련과 교육을 실시할 수 있는 경우로 규정되어 있지 아니한 것은?

① 노유자 시설
② 교육연구시설
③ 종교시설
④ 의료시설

16 「화재의 예방 및 안전관리에 관한 법률 시행령」상 화재안전취약자 지원 대상으로 가장 적절한 것은?

① 「국민기초생활 보장법」 제2조 제2호에 따른 수급자
② 「장애인복지법」 제6조에 따른 장애인
③ 「노인복지법」 제27조의2에 따른 노인
④ 「다문화가족지원법」 제2조 제1호에 따른 귀화허가 청구인

17 「화재의 예방 및 안전관리에 관한 법률 시행령」상 1급 소방안전관리자 자격시험의 응시자격으로 옳지 않은 것은?

① 대학 또는 고등학교에서 소방안전관리학과를 전공하고 졸업한 사람으로서 해당 학과를 졸업한 후 2년 이상 2급 소방안전관리대상물 또는 3급 소방안전관리대상물의 소방안전관리자로 근무한 실무경력이 있는 사람
② 대학 또는 고등학교에서 소방안전 관련 교과목을 12학점 이상 이수하고 졸업한 후 3년 이상 2급 소방안전관리대상물 또는 3급 소방안전관리대상물의 소방안전관리자로 근무한 실무경력이 있는 사람
③ 3년 이상 2급 소방안전관리대상물의 소방안전관리자로 근무한 실무경력이 있는 사람
④ 1급 소방안전관리대상물의 소방안전관리자가 되려는 사람을 대상으로 하는 강습교육을 수료한 사람

18 「화재의 예방 및 안전관리에 관한 법률」상 용어 정의에 관한 내용으로 <보기>가 설명하는 것은?

〈보기〉

소방청장, 소방본부장 또는 소방서장(이하 "소방관서장"이라 한다)이 소방대상물, 관계지역 또는 관계인에 대하여 소방시설등(「소방시설 설치 및 관리에 관한 법률」 제2조제1항제2호에 따른 소방시설등을 말한다. 이하 같다)이 소방 관계 법령에 적합하게 설치·관리되고 있는지, 소방대상물에 화재의 발생 위험이 있는지 등을 확인하기 위하여 실시하는 현장조사·문서열람·보고요구 등을 하는 활동을 말한다.

① 화재조사
② 화재현장검증
③ 화재안전조사
④ 화재예방안전진단

19 「소방시설의 설치 및 관리에 관한 법률」상 용어 정의로 옳은 것은?

① "성능위주설계"란 건축물 등의 재료, 공간, 이용자, 화재 특성 등을 종합적으로 고려하여 공학적 방법으로 화재 위험성을 평가하고 그 결과에 따라 화재안전성능이 확보될 수 있도록 특정소방대상물을 설계하는 것을 말한다.
② "화재안전성능"이란 화재안전 확보를 위하여 소방대상물의 재료, 공간 및 설비 등에 요구되는 안전성능을 말한다.
③ "소방용품"이란 소방장비등을 구성하거나 소방용으로 사용되는 제품 또는 기기로서 대통령령으로 정하는 것을 말한다.
④ "특정소방대상물"이란 건축물 등의 규모·용도 및 수용인원 등을 고려하여 소방시설을 설치하여야 하는 소방대상물로서 행정안전부령으로 정하는 것을 말한다.

20 「소방시설의 설치 및 관리에 관한 법률」상 소방시설등의 자체점검에 대한 설명으로 옳은 것은?

① 소방시설등이 신설된 경우 사용승인에 따라 건축물을 사용할 수 있게 된 날부터 90일 이내에 자체점검을 하여야 한다.
② 자체점검의 구분 및 대상, 점검인력의 배치기준, 점검자의 자격, 점검 장비, 점검 방법 및 횟수 등 자체점검 시 준수하여야 할 사항은 대통령령으로 정한다.
③ 관계인은 자체점검 결과를 소방시설등에 대한 수리·교체·정비에 관한 이행계획을 첨부하여 소방청장에게 보고하여야 한다.
④ 관계인은 천재지변이나 그 밖에 대통령령으로 정하는 사유로 자체점검을 실시하기 곤란한 경우에는 대통령령으로 정하는 바에 따라 소방본부장 또는 소방서장에게 면제 또는 연기 신청을 할 수 있다.

21 「소방시설의 설치 및 관리에 관한 법률」상 소방기술심의위원회에 대한 내용으로 옳은 것은?

① 중앙소방기술심의위원회는 소방시설에 하자가 있는지의 판단에 관한 사항을 심의한다.
② 소방본부에 지방소방기술심의위원회를 둔다.
③ 지방소방기술심의위원회는 소방시설의 설계 및 공사감리의 방법에 관한 사항을 심의한다.
④ 중앙소방기술심의위원회 및 지방소방기술심의위원회의 구성·운영 등에 필요한 사항은 대통령령으로 정한다.

22 「소방시설의 설치 및 관리에 관한 법률 시행령」상 간이스프링클러설비를 설치해야 하는 특정소방대상물에 대한 내용이다. ( ) 안에 옳은 것은?

- 종합병원, 병원, 치과병원, 한방병원 및 요양병원(의료재활시설은 제외)으로 사용되는 바닥면적의 합계가 (ㄱ) 미만인 시설
- 정신의료기관 또는 의료재활시설로 사용되는 바닥면적의 합계가 (ㄴ) 미만인 시설
- 정신의료기관 또는 의료재활시설로 사용되는 바닥면적의 합계가 (ㄷ) 미만이고, 창살(철재·플라스틱 또는 목재 등으로 사람의 탈출 등을 막기 위하여 설치한 것을 말하며, 화재 시 자동으로 열리는 구조로 되어 있는 창살은 제외)이 설치된 시설

	ㄱ	ㄴ	ㄷ
①	600㎡	600㎡	600㎡
②	600㎡	300㎡ 이상 600㎡	300㎡
③	300㎡	300㎡ 이상 600㎡	600㎡
④	300㎡	600㎡	300㎡

23 「소방시설의 설치 및 관리에 관한 법률 시행령」상 화재안전기준이 변경되어 그 기준이 강화되는 경우, 전력 및 통신사업용 지하구에 강화된 소방시설을 적용하여야 하는 설비로 바르게 묶은 것은?

① 간이스프링클러설비, 자동화재탐지설비 및 단독경보형 감지기, 비상경보설비
② 소화기, 옥내소화전설비, 자동화재탐지설비, 단독경보형 감지기, 피난구조설비
③ 소화기, 자동소화장치, 자동화재탐지설비, 통합감시시설, 유도등 및 연소방지설비
④ 스프링클러설비, 간이스프링클러설비, 자동화재탐지설비 및 자동화재속보설비

24 「소방시설 설치 및 관리에 관한 법률」상 성능위주설계에 관한 내용으로 소방시설을 설치하려는 자가 성능위주설계를 한 경우 누구에게 신고하여야 하는가?

① 소방청장
② 시공지를 관할하는 소방본부장
③ 소재지를 관할하는 소방서장
④ 행정안전부장관

25 「소방시설 설치 및 관리에 관한 법률」 및 같은 법 시행령 상 주택에 설치하는 소방시설에 관한 내용으로 주택용 소방시설을 설치하여야 하는 주택의 종류와 시설의 연결이 옳은 것은?

① 단독주택 – 소화기 및 단독경보형 감지기
② 아파트 – 소화기 및 단독경보형 감지기
③ 기숙사 – 소화기 및 단독경보형 감지기
④ 공동주택 – 자동소화장치 및 단독경보형 감지기

소방전술 (25문항)

01 다음은 방수요령에 대한 설명으로 옳지 <u>않은</u> 것은?

① 직사방수 : 반동력의 감소에 유의한다. 관창 뒤 2m 정도에 여유소방호스를 직경 1.5m 정도의 원이 되도록 하면 반동력은 약 0.1Mpa도 줄게된다.
② 고속분무방수 : 노즐압력 0.6Mpa 노즐 전개각도 10~30° 정도를 원칙으로 하고 덕트스페이스, 파이프샤프트 내 등의 소화, 전도화염의 저지에 유효하다.
③ 중속분무방수 : 노즐압력 0.3Mpa 이상, 노즐 전개각도는 30도 이상으로 하고 용기, 작은탱크의 냉각, 소규모 유류화재, 가스화재의 소화에 유효하다.
④ 저속분무방수 : 간접공격법에 가장 적합한 방수방법으로 연소가 활발한 구역에서는 공간 내의 하층부를 향해 방수한다.

02 화재대응매뉴얼에 대한 설명으로 옳은 것은?

① 표준매뉴얼 : 대부분의 화재대응에 공통적으로 적용하기 위해 작성되는 것으로 고층건물 화재진압 대응매뉴얼, 다중밀집시설 대형화재 실무매뉴얼, 원전(방사능)화재 등이 있다.
② 실무매뉴얼 : 화재대응분야별 현장조치 및 처리세부절차를 규정하는 것으로 재난현장표준작전절차, 긴급구조대응계획, 소방방재 현장조치 행동매뉴얼, 다중밀집시설 대형사고 표준매뉴얼 등이 있다.
③ 특수매뉴얼 : 화재특성에 따른 대응시 유의사항 등으로 이루어진 매뉴얼로 대상별 매뉴얼 작성과 화재진압대원의 전문성 향상을 목적으로 작성되었으며, 주요작성대상으로는 인적, 물적 피해가 매우 큰 대상물, 문화재 등 사회적 영향이 크고 특별한 보호를 필요로 하는 대상물 등이 있다.
④ 대상별 대응매뉴얼 : 사회발전과 첨단복합건물의 등장으로 그 중요성이 커지고 있어 점차 작성대상이 확대되고 있으며, 중요목조문화재나 고층건물, 지하연계복합건축물 등이 있다.

03 질식소화에 대한 설명으로 옳지 <u>않은</u> 것은?

① 소화원리는 분말소화기와 할론 소화기의 소화원리처럼 연소과정에 있는 분자의 연쇄반응을 방해함으로써 화재를 진압하는 원리이다.
② 팽창질석, 팽창진주암을 고온 처리하여 경석상태로 만든 분말을 사용하여 질식 소화하는 방법도 있다.
③ 공기보다 무거운 불연성기체를 연소물 위에 덮어 불연성기체와 산소가 희석 또는 차단되게 하여 소화하는 방법을 말한다.
④ 연소물을 공기, 이산화탄소, 질소 등으로 발포시킨 폼(Foam)으로 덮어 소화하는 방법을 말한다.

04 다음 중 화재 성장기의 진행과정에 대한 순서로써 옳은 것은?

① 롤오버-플레임오버-백드래프트-플래시오버
② 백드래프트-플레임오버-롤오버-플래시오버
③ 플레임오버-백드래프트-롤오버-플래시오버
④ 플래시오버-플레임오버-백드래프트-롤오버

05 소화전 흡수 요령으로 옳지 <u>않은</u> 것은?

① 흡수관은 결합하기 전에 소화전을 개방하여 관내의 모래 등을 배출시킨다.
② 소화전으로부터 흡수중일 때에 타대로부터 송수를 받으면 수도배관 속으로 역류할 수도 있다.
③ 배관 말단의 소화전에는 유입되는 물의 양이 많기 때문에 방수구의 수를 늘리도록 한다.
④ 지하식 소화전의 뚜껑은 손발이 끼이지 않도록 충분히 주의한다.

06 현장정보수집 순위에 대한 설명 중 "3순위"에 해당되는 것은?

> ㉠ 출화원인 등 예방
> ㉡ 연소확대 위험여부
> ㉢ 가스누설과 폭발
> ㉣ 부상자가 있는가 등 인명에 관한 정보

① ㉠ ② ㉡
③ ㉢ ④ ㉣

07 "현장지휘관의 바람직한 자질과 성향"에 관한 사항으로 옳지 않은 것은?

① 안전이 확보된 타당한 위험의 감수능력
② 심리적 체력적 대응능력
③ 지시지향적이 아니라 행동지향적 태도
④ 자신과 다른 사람, 장비, 그리고 전략과 전술적 접근법에 대한 한계인식능력

08 짙은 연기에서 옥내진입 및 행동요령으로써 옳은 것은?

① 어두운 곳에 진입 할 때는 조명기구로 천장을 조명하면서 자세를 낮추고 벽체 등을 따라 진입
② 넓은 장소에 여러 진입팀이 진입하는 경우는 검색봉을 활용해서 벽을 두드리면서 진입하고 이 소리로 상호위치를 판단
③ 화점실 등의 문을 개방하는 경우는 화염의 분출 등에 의한 위험을 피하기 위해 문의 측면에 위치해 엄호방수 태세를 취하면서 서서히 문을 개방
④ 공기용기의 잔량에 주의해서 경보 벨이 울리면 5분 내 탈출한다.

09 구조대상자 존재여부가 불명확할 때 경계대상으로 할 수 있는 것은?

① 문에 도어체크가 걸려있는 경우
② 약간 조용한 현장
③ 공동주택 등에서 야간전등이 꺼져 있는 주거
④ 정보가 없는 경우

10 상업용 고층건물 화재 시 배연을 하지 않는 4가지 구체적인 이유에 대한 설명으로 옳지 않은 것은?

① 굴뚝효과로 인해, 건물 내부의 대류 흐름을 예측할 수 있다.
② 배연은 불꽃 폭풍을 촉발할 지도 모르고, 거주자들과 소방대원들을 위층에 가두면서 계단실을 짙은 연기로 가득 차게 만들 수 있다.
③ 건물 내에서의 대류 흐름은 예측할 수 없기 때문에 배연으로 인하여 오히려 청정구역에 짙은 연기를 끌어들이는 결과를 초래할 수 있다.
④ 기류에 포함된 산소로 인하여 화재의 크기와 강도를 증가시킬 수 있다.

11 간접공격법에 의한 배연·배열 요령으로 옳은 것은?

① 연소물체의 온도가 높은 하층부를 향하여 방수한다.
② 방수 시 개구부는 가능한 한 크게 하는 것이 위험성을 감소시킨다.
③ 물의 큰 기화잠열(538cal)과 기화시의 체적팽창력을 활용하여 배연·배열하는 방법인 것이다.
④ 옥내의 연소가 급격하여 열기가 높은 연기의 경우는 간접공격의 효과는 낮아진다.

12 급기측에서 분무 방수하여 기류를 이용하는 방법의 배연·배열요령으로 옳지 않은 것은?

① 노즐압력은 0.3Mpa이상 분무방수를 한다.
② 노즐 전개각도 60도 정도로 급기구를 완전히 덮을 수 있는 거리를 방수 위치로 선정한다.
③ 개구부가 넓은 경우에는 2구이상의 분무방수로 실시한다.
④ 특히 화염과 배기구 사이에 구조대상자, 구조대원이 있다면 위험하다.

13 화재실 소화요령으로 옳지 <u>않은</u> 것은?

① 진입구에서 실내에 충만한 짙은 연기를 통해 희미한 화점 또는 연소가 확인된 때는 화점에 직사방수 및 확산방수를 병행해서 실시한다.
② 화재 초기로 수용물 또는 벽면, 바닥면 혹은 천장 등이 부분적으로 연소하고 있을 때는 실내로 진입해 직사방수 또는 분무방수에 의해 소화한다.
③ 실내전체가 연소하고 있는 화재중기의 경우에는 직사방수에 의해 진입구로부터 실내전체에 확산 방수한다.
④ 방수목표는 ㉠ 수용물 ㉡ 벽면 ㉢ 천장 ㉣ 바닥면 등의 순서로 한다.

14 위험물의 특성 및 소화방법에 대한 설명으로 옳은 것은?

① 1류 : 가열 등에 의하여 급격하게 분해, 산소를 방출하기 때문에 다른 가연물의 연소를 조장(助長)하고 때로는 폭발하는 경우도 있다.
② 2류 : 위험물의 분해를 억제하는 것을 중점으로 대량방수를 하고 연소물과 위험물의 온도를 내리는 방법을 취한다.
③ 3류 : 액체이며 인화점이 낮은 것은 상온에서도 불꽃이나 불티 등에 의하여 인화한다.
④ 5류 : 유출사고 시는 유동범위가 최소화되도록 적극적으로 방어하고 소다회, 중탄산소다, 소석회 등의 중화제를 사용한다. 소량일 때에는 건조사, 흙 등으로 흡수시킨다.

15 아래 헬기유도수신호 행동요령이 옳은 것은?

① 엔진시동 ② 공중정지
③ 상승   ④ 전진

16 소방용수의 설치기준에 대한 설명으로 옳지 <u>않은</u> 것은?

① 소방호스연장은 다음과 같이 도로를 따라서 연장한 경우 소방호스의 굴곡을 고려하여 기하학적으로 산출하면 반경 약 100m의 범위 내가 된다.
② 소방용수는 도시계획법상의 공업 및 상업지역, 주거지역은 140m 이내, 그 밖의 지역은 100m 이내에 설치하도록 되어 있다.
③ 평상시의 소방대의 유효활동 범위는 소방 활동의 신속, 정확성을 고려하여 연장 호스 10본 이내일 것으로 하고 있다.
④ 소방대의 유효활동 범위와 지역의 건축물 밀집도, 인구 및 기상상황을 고려하여 평상시의 설치기준으로 정해져 있다.

17 재해의 기본원인 4M에 대한 내용으로 옳지 <u>않은</u> 것은?

① Man : 재해원인을 심리적, 생리적, 직장적 원인
② Machine : 기계·설비의 설계상의 결함, 위험방호의 불량
③ Media : 인간공학적 배려부족, 점검 정비의 부족
④ Management : 규정·매뉴얼의 불비, 불철저, 교육·훈련 부족

18 구조장비 선택 시 유의사항으로 옳지 <u>않은</u> 것은?

① 현장상황을 고려하여 특성에 맞는 것
② 긴급 상황에 맞는 것을 선택, 급할 때는 가장 능력이 높은 것
③ 장비는 숙달된 대원이 조작하도록 한다.
④ 동등의 효과가 얻어지는 경우는 속도가 빠른 것

19 소방펌프조작 시 일어날 수 있는 현상으로 다음 내용과 관계 깊은 것은?

> 주로 수원이 부족할 때 흡수하여 방수하거나 중계 송수할 때 연성계의 수치를 확인하여 연성계 이상 압력으로 방수하지 않도록 주의해야 한다.

① 공동현상   ② 수격현상
③ 맥동현상   ④ 플런저현상

20 "소방자동차 진공오일"에 대한 설명으로 옳은 것은?

① 진공오일 탱크 용량은 흡수고 3m인 흡수관 1개로 5회 이상 진공 할 수 있는 용량이다.
② 진공오일의 작용은 밀봉, 윤활, 냉각작용이다.
③ 진공펌프의 성능은 10초 이내에 절대진공의 86%인 660mmHg 도달하여야 한다.
④ 진공펌프의 회전속도는 800~1,200rpm이 적정하다.

21 잠수병에 대한 예방법으로 다음 내용과 관계없는 것은?

> ㉠ 스포츠 다이빙에서는 30m 이하까지 잠수하지 않는 것이 좋다.
> ㉡ 크고 깊은 호흡을 규칙적으로 하는 것
> ㉢ 부상할 때 절대로 호흡을 정지하지 말고 급속한 상승을 하지 않으며, 해저에서는 공기가 없어질 때까지 있어서는 안 된다.

① 탄산가스중독 ② 공기색전증
③ 질소마취 ④ 감압병

22 미국교통국(DOT)의 수송표지의 색상이 가지는 의미를 연결한 것으로 옳은 것은?

① 오렌지 : 폭발성 ② 녹 색 : 중독성
③ 노란색 : 가연성 ④ 빨간색 : 금수성

23 근골격계에 대한 설명으로 옳지 않은 것은?

① 3가지 주요 기능은 ㉠외형 유지 ㉡내부 장기 보호 ㉢신체의 움직임을 가능하게 해준다.
② 척추는 26개로 구성되어 있고 목뼈 7개, 등뼈 12개, 허리뼈 5개, 엉치뼈 1개, 꼬리뼈 1로 나눌 수 있다.
③ 심장근육은 의식에 의해 통제할 수 있는 수의근 형태로 신경자극으로 수축할 수 있는 능력이 있다.
④ 관절의 2가지 유형으로는 엉덩이와 같은 절구관절과 손가락 관절과 같은 타원관절이 있다.

24 "환자자세 유형"에서 다음 내용과 관계 깊은 것은?

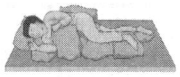

① 의식이 없거나 구토환자의 경우 질식방지에 효과적이다.
② 임부의 경우, 원활한 순환을 위한 자세이다.
③ 주로 쇼크자세로 사용된다.
④ 흉곽을 넓히고 폐의 울혈완화 및 가스교환이 용이하여 호흡상태 악화를 방지한다.

25 순환계에 대한 설명으로 옳지 않은 것은?

① 순환계는 심장, 혈관, 혈액으로 구성되어 있으며 인체의 모든 부분에 혈액을 공급하는 기능을 갖고 있다.
② 오른심방과 오른심실은 정맥혈을 받아들여 산소교환을 위해 허파로 혈액을 보내는 기능을 맡고 있다.
③ 왼심실에서 허파로 혈액을 이동시키는 허파동맥을 제외하고는 모든 동맥은 산소가 풍부한 혈액으로 되어 있다.
④ 정맥은 심장으로 혈액을 다시 이동시키는 역할을 하고 있으며 왼심방으로 혈액을 공급하는 허파정맥을 제외하고는 산소교환이 필요한 혈액을 이동시킨다.

최단기 소방승진 이패스 소방사관
www.kfs119.co.kr

※ 이 책은 저작권법에 의해 보호를 받는 저작물이므로 무단전재와 복제를 금합니다.
※ 본 교재의 저작권은 이패스코리아에 있습니다.

2025년 소방교 소방승진 제2회

응시번호	
성명	

【시험 과목】

편철순서	제1과목	제2과목	제3과목
과목명	소방법령 Ⅰ (25문항)	소방법령 Ⅱ (25문항)	소방전술 (25문항)

응시자 준수사항

☞ 시험지를 받으면 "시험 감독관 또는 방송"의 안내에 따라 다음 사항을 반드시 지켜 주시기 바랍니다.

1. 시험지 표지의 응시번호 및 성명"을 기재하여 주십시오.

2. 시험이 시작되면 시험지의 "편철순서", "페이지 수량", "인쇄 상태"를 반드시 확인한 후에 문제를 푸십시오.
   ※ 본 시험지는 총 16페이지입니다.

3. 시험이 시작되면 문제를 주의 깊게 읽고, 문항의 취지에 가장 적합한 하나의 정답만을 고르십시오. 운영요원에게 문제 내용에 관한 질문은 하실 수 없습니다.

※ 본 시험지는 공개이므로 시험이 종료된 후 가지고 나갈 수 있습니다.

※ 본 표지는 실제 시험지를 모델로 제작되었습니다.

epasskorea

소방교 소방승진

제2회 모의고사

문 항 수 : 75문항
응시시간 : 75분

소방법령 I (25문항)

01 소방청장은 다음에 해당하는 경우 시·도 상호 간 소방공무원의 인사교류계획을 수립하여 실시할 수 있다. ( )에 알맞은 것은?

- 시·도 간 인력의 균형있는 배치와 소방행정의 균형있는 발전을 위하여 시·도 소속 (㉠) 이상의 소방공무원을 교류하는 경우
- 시·도 소속 (㉡) 이하의 소방공무원의 연고지배치를 위하여 필요한 경우

	㉠	㉡		㉠	㉡
①	소방령	소방위	②	소방령	소방경
③	소방경	소방위	④	소방경	소방장

02 「소방공무원임용령」상 별도정원으로 인정되는 경우로 옳지 않은 것은?

① 정년잔여기간이 1년 이내에 있는 자의 퇴직 후의 사회 적응능력배양을 위한 연수(계급정년해당자는 본인의 신청이 있는 경우에 한한다)
② 다른 기관의 업무폭주로 인한 행정지원을 위한 1년 이상의 파견
③ 국내외의 교육기관에서 교육훈련을 받게 하기 위한 소방청 소속 소방공무원에 대한 3개월 이상의 파견
④ 관련기관 간의 긴밀한 협조가 필요한 특수업무의 공동 수행을 위한 1년 이상의 파견

03 다음 빈칸에 들어갈 용어로서 바른 것은?

- 소방공무원인사위원회의 구성 및 운영에 필요한 사항은 (㉠)으로 정한다.
- 소방공무원임용령에 규정된 것 외에 인사위원회의 운영에 관하여 필요한 사항은 (㉡)이/으로 정한다.

	㉠	㉡
①	행정안전부령	인사위원회의 의결을 거쳐 위원장
②	행정안전부령	소방청장
③	대통령령	인사위원회의 의결을 거쳐 위원장
④	대통령령	행정안전부령

04 「소방공무원 승진임용 규정」상 승진소요최저근무연수에 포함되는 기간에 대한 설명이다. ( )에 들어갈 알맞은 숫자는?

통상적인 근무시간보다 짧게 근무하는 소방공무원(이하 "시간선택제전환소방공무원"이라 한다)의 근무기간은 다음 각 호의 기준에 따라 제1항의 기간에 포함한다.
1. 해당 계급에서 시간선택제전환소방공무원으로 근무한 (㉠) 이하의 기간은 그 기간 전부
2. 해당 계급에서 시간선택제전환소방공무원으로 근무한 (㉠)을 넘는 기간은 근무시간에 비례한 기간
3. 해당 계급에서 육아휴직을 대신하여 시간선택제전환소방공무원으로 지정되어 근무한 기간은 대상 자녀별로 (㉡)의 범위에서 그 기간 전부

	㉠	㉡		㉠	㉡
①	1년	2년	②	1년	3년
③	2년	2년	④	2년	3년

05 「소방공무원 보건안전 및 복지 정책심의위원회」가 심의함에 있어 서면제출 또는 위원회 참석의 방법으로 의견을 들어야 하는 소방공무원의 계급으로 옳은 것은?

① 소방령 이하
② 소방경 이하
③ 소방위 이하
④ 소방장 이하

06 다음은 경력경쟁채용시험등을 통하여 채용된 소방공무원을 최초로 그 직위에 임용된 날부터 5년 이내에 '다른 직위 또는 임용권자를 달리하는 기관' 또는 '최초 임용기관 외의 다른 기관'으로 전보할 수 없는 경우이다. 이에 해당하지 않는 것은?

① 외국어에 능통한 사람의 임용
② 소방 업무에 경험이 있는 의용소방대원을 소방사 계급의 소방공무원으로 임용하는 경우
③ 임용예정직에 상응하는 근무실적 또는 연구실적이 있거나 소방에 관한 전문기술교육을 받은 사람의 임용
④ 5급 공채시험 합격자 또는 변호사시험 합격자의 임용

07 소방공무원 특별승진의 실시 등에 관한 설명으로 틀린 것은?

① 직무 수행능력이 탁월하여 소방행정발전에 지대한 공헌실적이 있다고 임용권자가 인정하는 사람의 특별승진은 소방령 이하 계급으로의 승진에 한정한다.
② 소방청과 그 소속기관 소방공무원, 소방본부장 및 지방소방학교장의 특별승진심사는 소방청 중앙승진심사위원회에서 실시한다.
③ 소방청장 또는 시·도지사는 소방공무원이 현장에서 발생한 공무 중의 부상으로 사망하여 사망 경위가 명확하고 재직 중 특별한 공적이 있다고 인정되는 경우에는 승진심사위원회의 심사를 거치지 않고 특별승진임용할 수 있다. 이 경우 소방청장 또는 시·도지사는 특별승진임용일로부터 30일 이내에 승진심사위원회의 사후 추인을 받아야 한다.
④ 소방공무원의 특별승진은 소방청장 또는 소방관서장이 필요하다고 인정하면 수시로 실시할 수 있다.

08 소방공무원의 승진심사는 연 1회 이상 승진심사위원회가 설치된 기관의 장이 정하는 날에 실시한다. 이에 따라 승진심사를 하려는 경우 갖추어야 할 승진심사자료에 해당하지 않는 것은?

① 청렴도조사 결과
② 근무성적평정표
③ 승진심사 대상자 자기역량기술서
④ 승진심사 사전심의표

09 「공무원고충처리규정」상 소방공무원 고충심사위원회에 대한 설명으로 틀린 것은?

① 위원장 1명을 포함하여 7명 이상 15명 이내의 공무원위원과 민간위원으로 구성하고, 민간위원의 수는 위원장을 제외한 위원 수의 2분의 1 이상이어야 한다.
② 위원장은 설치기관 소속 공무원 중에서 인사 또는 감사 업무를 담당하는 과장 또는 이에 상당하는 직위를 가진 사람이 된다.
③ 소방공무원으로 20년 이상 근무하고 퇴직한 사람은 민간위원으로 위촉될 수 있다.
④ 회의는 위원장과 위원장이 회의마다 지정하는 5명 이상 7명 이내의 위원으로 성별을 고려하여 구성하고, 민간위원이 2분의 1 이상 포함되어야 한다.

10 소방공무원의 근무성적평정에 대한 설명으로 옳은 것은?

① 근무성적평정의 결과는 승진·전보·특별승급·성과상여금지급·교육훈련 및 보직관리 등 각종 인사관리에 반영하여야 하며, 근무성적평정의 결과는 공개한다.
② 정기평정이후에 신규채용 또는 승진임용된 소방공무원에 대하여는 원칙적으로 2월이 경과한 후의 최초의 정기평정일에 평정해야 한다.
③ 소방기관의 장은 근무성적평정이 완료되면 평정 대상 소방공무원에게 근무성적평정 결과를 통보하여야 한다.
④ 근무성적평정점을 조정하기 위하여 승진대상자명부 작성단위 기관별로 근무성적평정조정위원회를 두어야 한다.

11 다음의 심사를 위하여 구성되는 중앙승진심사위원회의 위원으로 위촉될 수 있는 사람으로서 가장 옳지 않은 것은?

> 위험직무순직공무원으로서 소방청장 또는 시·도지사가 재직 중 특별한 공적이 있다고 인정하는 사람에 대한 특별승진임용 여부

① 변호사의 직에 10년 근무한 사람
② 대학에서 조교수 이상의 직에 12년 근무한 사람
③ 인사, 노무에 대한 전문지식이 있거나 관련 분야에서 12년 근무한 사람
④ 특별승진심사대상자보다 상위계급의 소방공무원으로서 소방청장이 지명하는 사람

12 소방공무원의 특별위로금에 관한 내용으로 옳지 않은 것은?

① 소방활동, 소방지원활동, 생활안전활동, 소방교육·훈련의 어느 하나에 해당하는 활동이나 교육·훈련으로 인하여 질병에 걸리거나 부상을 입어 「공무원 재해보상법」에 따라 요양급여의 지급대상자로 결정된 소방공무원에게 지급한다.
② 위로금은 공무상요양으로 소방공무원이 요양하면서 출근하지 아니한 기간에 대하여 지급하되, 36개월을 넘지 아니하는 범위에서 지급한다.
③ 위로금을 지급받으려는 소방공무원이 요양 중 사망한 경우는 사망일로부터 3개월 이내에 소방기관의 장에게 신청하여야 한다.
④ 특별위로금의 지급 기준 및 방법 등은 대통령령으로 정한다.

13 소방공무원의 승진임용방법 등에 관한 설명으로 옳지 않은 것은?

① 소방공무원은 바로 아래 하위계급에 있는 소방공무원 중에서 근무성적, 경력평정, 그 밖의 능력을 실증하여 승진임용하는 것을 원칙으로 한다.
② 소방준감 이하 계급으로의 승진은 승진심사에 의하여 하되, 소방령 이하 계급으로의 승진은 대통령령으로 정하는 비율에 따라 승진심사와 승진시험을 병행할 수 있다.
③ 상위직급에 결원이 없어도 해당 계급에서 일정한 기간 동안 재직한 사람은 소방교, 소방장, 소방위, 소방경으로 근속승진임용을 할 수 있다.
④ 소방경 이하의 소방공무원으로서 모든 소방공무원의 귀감이 되는 공을 세우고 순직한 사람에 대해서는 2계급 특별승진시킬 수 있다.

14 소방청 및 시·도에 설치된 징계위원회의 민간위원 자격으로 옳지 않은 것은?

① 소방공무원으로 소방정 이상의 직위에서 근무하고 퇴직한 사람으로서 퇴직일부터 3년이 경과한 사람
② 소방 관련 학문을 담당하는 부교수 이상으로 재직하고 퇴직한 사람
③ 민간부문에서 인사·감사 업무를 담당하는 임원급 또는 이에 상응하는 직위에 근무한 경력이 있는 사람
④ 변호사로 10년 이상 근무한 사람

15 어느 계급의 근무성적평정대상자가 25명이고 "가"에 해당하는 자가 없다. 이 경우 분포비율에 맞도록 평정할 때 "양"은 몇 명인가?

① 8명
② 10명
③ 12명
④ 14명

16 「소방공무원 승진임용 규정 시행규칙」상 대우공무원에 관한 내용으로 옳지 않은 것은?

① 소방위가 대우공무원으로 선발되기 위해서는 승진소요최저근무연수를 경과하고 해당 계급에서 4년 이상 근무해야 한다.
② 임용권자 또는 임용제청권자는 매월 말 5일 전까지 대우공무원 발령일을 기준으로 하여 대우공무원 선발요건에 적합한 대상자를 결정하여야 하고, 그 다음 월 1일에 일괄하여 대우공무원으로 발령하여야 한다.
③ 대우공무원이 강임되는 경우 강임된 계급의 근무기간에 관계없이 강임일자에 강임된 계급의 바로 상위 계급의 대우공무원으로 선발할 수 있다.
④ 대우공무원의 선발에 필요한 사항은 인사혁신처장이 정한다.

17 소방공무원의 경력평정에 관한 설명으로 옳지 않은 것은?

① 경력평정은 승진소요최저근무연수가 경과된 소방정 이하의 소방공무원을 대상으로 한다.
② 경력평정의 평정점은 25점(소방정은 30점)을 만점으로 하되, 기본경력평정점은 22점(소방정은 26점)을, 초과경력평정점은 3점(소방정은 4점)을 각각 만점으로 하고, 계산은 소수점 이하 둘째자리에서 반올림한다.
③ 경력평정대상기간의 산정기준은 승진소요최저근무연수 계산방법에 따르며, 징계처분의 집행에 따른 승진임용제한기간은 경력평정 대상기간에 포함한다.
④ 소방공무원으로 신규임용될 사람이 받은 교육훈련기간은 경력평정대상기간에 포함한다.

18 소방위인 소방공무원의 승진·전출 등으로 인사기록관리자가 변경된 경우 인사기록 등의 이관에 관한 내용이다. 빈칸에 알맞은 것은?

> 변경 전 인사기록관리자는 변경 후 인사기록관리자에게 (　　) 해당 소방공무원의 인사기록카드와 최근 (　)년 간의 근무성적평정표 및 경력·교육훈련성적·가점 평정표 사본을 송부해야 한다.

① 지체 없이, 2　　② 지체 없이, 3
③ 3일 이내에, 2　　④ 3일 이내에, 3

19 전술훈련평가에 대한 내용으로 옳지 않은 것은?

① 전술훈련평가는 화재진압, 구조, 구급 등 소방활동에 필요한 팀별 또는 개인별 전술 및 기술 능력에 대하여 평가한다.
② 소방관서장은 전술훈련평가 시 평가분야에 관련된 자격을 갖춘 소방공무원을 평가자로 지정할 수 있다.
③ 소방위 이하 소방공무원의 전술훈련평가는 직장교육에 대한 시험 등의 평가결과로 대체할 수 있다.
④ 119안전센터, 구조대, 항공대 등 전술훈련평가를 실시하는 각 부서의 장에 대한 전술훈련평가는 소속직원의 평가결과를 반영할 수 있다.

20 임용권자 또는 임용제청권자가 특히 필요한 경우 소방공무원을 최대 5년간(파견 연장 기간 포함) 파견할 수 있는 사유에 해당하지 않는 것은?

① 「공무원 인재개발법」에 따른 공무원교육훈련기관의 교수요원으로 선발되거나 그 밖에 교육훈련 관련 업무수행을 위하여 필요한 경우
② 관련 기관 간의 긴밀한 협조가 필요한 특수업무를 공동수행하기 위하여 필요한 경우
③ 다른 국가기관 또는 지방자치단체나 그 외의 기관·단체에서 국가적 사업을 수행하기 위하여 특히 필요한 경우
④ 국내의 연구기관, 민간기관 및 단체에서의 업무수행·능력개발이나 국가정책 수립과 관련된 자료수집 등을 위하여 필요한 경우

21 소방공무원의 징계절차에 관한 내용으로 가장 적절치 않은 것은?

① 징계위원회가 징계등 혐의자의 출석을 요구할 때에는 출석 통지서로 하되, 징계위원회 개최일 3일 전까지 그 징계등 혐의자에게 도달되도록 하여야 한다.
② 징계등 의결 요구권자는 관할 징계위원회에 중징계 또는 경징계로 구분하여 요구하거나 신청하여야 한다.
③ 징계위원회는 징계등 혐의자가 국외 체류, 형사사건으로 인한 구속, 여행 또는 그 밖의 사유로 징계 의결 또는 징계부가금 부과 의결 요구(신청)서 접수일부터 30일 이내에 출석할 수 없는 경우에는 서면으로 진술하게 하여 징계등 의결을 할 수 있다
④ 징계등 의결 요구를 받은 징계위원회는 그 요구서를 받은 날부터 30일 이내에 징계등에 관한 의결을 해야 한다. 다만, 부득이한 사유가 있을 때에는 해당 징계위원회의 의결로 30일 이내의 범위에서 그 기한을 연기할 수 있다.

22 소방공무원 승진심사에 관한 내용으로 옳지 않은 것은?

① 승진심사위원회는 승진심사위원회가 설치된 기관의 장이 필요하다고 인정할 때에 소집한다.
② 시·도지사가 임용권을 행사하는 소방공무원의 승진심사는 시·도의 보통승진심사위원회 관할이다.
③ 승진후보자로 선발된 사람에 대해서는 승진심사위원회가 설치된 소속기관의 장이 각 계급별로 심사승진후보자명부를 작성한다.
④ 임용권자 또는 임용제청권자는 심사승진후보자명부에 등재된 자가 승진임용되기 전에 징계처분을 받은 경우에는 심사승진후보자명부에서 이를 삭제하여야 한다.

23 「소방공무원임용령」상 임용권자 또는 임용제청권자는 소속 소방공무원을 하나의 직위에 임용해야 한다. 이에 대한 예외에 해당하는 경우는?

① 결원보충이 승인된 파견자 중 훈련을 위한 파견준비를 위하여 특히 필요하다고 인정하여 3주 이내의 기간 동안 소속 소방공무원을 보직 없이 근무하게 하는 경우
② 국제기구, 외국의 정부 또는 연구기관에서의 업무수행 및 능력개발을 위한 1년 이상의 해외 파견근무를 위하여 특히 필요하다고 인정하여 1개월 이내의 기간 동안 소속 소방공무원을 보직 없이 근무하게 하는 경우
③ 직제의 신설·개편·폐지 시 2개월 이내의 기간 동안 소속 소방공무원을 기관의 신설준비 등을 위하여 보직 없이 근무하게 하는 경우
④ 별도정원이 인정되는 휴직자의 복직, 파견된 사람의 복귀 또는 파면·해임·면직된 사람의 복귀 시에 해당 기관에 그에 해당하는 계급의 결원이 없어서 3개월 이내의 기간 동안 소방공무원을 보직 없이 근무하게 하는 경우

24 소방공무원의 직권면직 사유로 가장 적절하지 않은 것은?

① 전직시험에서 세 번 이상 불합격한 자로서 직무수행 능력이 부족하다고 인정된 때
② 휴직 기간이 끝나거나 휴직 사유가 소멸된 후에도 직무에 복귀하지 아니하거나 직무를 감당할 수 없을 때
③ 병역판정검사·입영 또는 소집의 명령을 받고 정당한 사유 없이 이를 기피하거나 군복무를 위하여 휴직 중에 있는 자가 군복무 중 군무를 이탈하였을 때
④ 직무수행 능력이 부족하거나 근무성적이 극히 나쁠 때

25 소방공무원 중 직무 수행능력이 탁월하여 소방행정 발전에 지대한 공헌실적이 있다고 임용권자가 인정하는 사람에 해당하는 특별승진대상자의 범위에 속하지 않는 사람은?

① 천재·지변·화재 기타 이에 준하는 재난에 있어서 위험을 무릅쓰고 헌신분투하여 다수의 인명을 구조하거나 재산의 피해를 방지한 사람
② 교관으로 3년 이상 근무한 사람으로서 소방교육발전에 현저한 공이 있는 사람
③ 소방청장이 특별승진을 공약한 특별한 사항에 관하여 공을 세운 사람
④ 「공무원임용령」에 따라 인사혁신처장이 정하는 포상을 받은 공무원

소방법령 II (25문항)

01 「소방기본법」상 소방지원활동에 대한 설명으로 옳지 <u>않은</u> 것은?

① 자연재해에 따른 급수·배수 및 제설 등 지원활동을 포함한다.
② 단전사고 시 비상전원 또는 조명의 공급활동을 포함한다.
③ 소방지원활동은 소방활동 수행에 지장을 주지 아니하는 범위에서 할 수 있다.
④ 유관기관·단체 등의 요청에 따른 소방지원활동에 드는 비용은 지원요청을 한 유관기관·단체 등에게 부담하게 할 수 있다.

02 「소방기본법 시행규칙」상 소방신호의 종류 및 방법에 대한 설명으로 옳은 것은?

① 소방신호의 종류로 경계신호, 화재신호, 해제신호, 훈련신호가 있다.
② 경계신호는 난타하는 타종신고, 5초 간격을 두고 30초씩 3회의 사이렌신고 방법으로 한다.
③ 해제신호는 상당한 간격을 두고 1타씩 반복하는 타종신고, 30초간 1회의 사이렌신고 방법으로 한다.
④ 소방대의 비상소집을 하는 경우에는 훈련신호를 사용할 수 있다.

03 「소방기본법」상 과태료 부과대상인 것은?

① 정당한 사유 없이 소방대의 생활안전활동을 방해한 자
② 강제처분을 방해한 자 또는 정당한 사유 없이 그 처분에 따르지 아니한 자
③ 전용구역에 차를 주차하거나 전용구역에의 진입을 가로막는 등의 방해행위를 한 자
④ 정당한 사유 없이 소방대가 현장에 도착할 때까지 사람을 구출하는 조치 또는 불을 끄거나 불이 번지지 아니하도록 하는 조치를 하지 아니한 사람

04 「소방기본법」상 소방교육·훈련에 관한 내용으로 소방안전에 관한 교육과 훈련의 대상자에 해당하지 <u>않은</u> 것은?

① 「영유아보육법」 제2조에 따른 어린이집의 영유아
② 「유아교육법」 제2조에 따른 유치원의 유아
③ 「아동복지법」 제52조에 따른 아동복지시설에 거주하거나 해당 시설을 이용하는 아동
④ 「장애인복지법」 제58조에 따른 장애인복지시설에 거주하거나 해당 시설을 이용하는 장애인

05 「소방기본법 시행규칙」상 종합상황실의 실장의 업무 등에서 소방서의 종합상황실의 경우는 소방본부의 종합상황실에, 소방본부의 종합상황실의 경우는 소방청의 종합상황실에 각각 보고해야 하는 사항에 해당하지 <u>않은</u> 것은?

① 재산피해액이 60억원 발생한 화재
② 차량이 10개가 연결된 지하철에서 발생한 화재
③ 층수가 15층인 건축물에서 발생한 화재
④ 병실이 50개인 종합병원에서 발생한 화재

06 「소방기본법 시행령」상 국고보조 대상사업의 범위와 기준보조율에 관한 내용으로 옳지 <u>않은</u> 것은?

① 국고보조 대상사업의 범위에 소방자동차의 구입이 포함된다.
② 국고보조 대상사업의 범위에 소방관서용 청사의 건축이 포함된다.
③ 소방활동장비 및 설비의 종류와 규격은 행정안전부령으로 정한다.
④ 국고보조 대상사업의 기준보조율은 「소방장비 관리에 관한 법률 시행령」에서 정하는 바에 따른다.

07 「소방기본법」상 소방활동 종사 명령에 관한 내용으로 소방활동에 종사한 사람으로서 소방활동의 비용을 지급받을 수 있는 사람을 고른 것으로 옳은 것은?

> ㄱ. 소방대상물에 화재, 재난·재해, 그 밖의 위급한 상황이 발생한 경우 그 관계인
> ㄴ. 고의 또는 과실로 화재 또는 구조·구급 활동이 필요한 상황을 발생시킨 사람
> ㄷ. 화재 또는 구조·구급 현장에서 물건을 가져간 사람
> ㄹ. 그 현장에 있는 사람으로 하여금 사람을 구출하는 일을 한 사람

① ㄱ, ㄴ, ㄷ, ㄹ　　② ㄴ, ㄷ, ㄹ
③ ㄷ, ㄹ　　　　　　④ ㄹ

08 「소방기본법」상 한국소방안전원의 설립 등에 관한 내용으로 한국소방안전원의 설립 목적에 해당하지 않는 것은?

① 소방기술의 개발
② 소방기술과 안전관리기술의 향상 및 홍보
③ 교육·훈련 등 행정기관이 위탁하는 업무의 수행
④ 소방 관계 종사자의 기술 향상

09 「소방기본법」상 소방력의 기준 등과 소방장비 등에 대한 국고보조에 관한 내용으로 옳지 않은 것은?

① 소방기관이 소방업무를 수행하는 데에 필요한 인력과 장비 등에 관한 기준은 행정안전부령으로 정한다.
② 소방청장은 소방력의 기준에 따라 관할구역의 소방력을 확충하기 위하여 필요한 계획을 수립하여 시행하여야 한다.
③ 소방자동차 등 소방장비의 분류·표준화와 그 관리 등에 필요한 사항은 따로 법률에서 정한다.
④ 국가는 소방장비의 구입 등 시·도의 소방업무에 필요한 경비의 일부를 보조한다.

10 「소방기본법」상 생활안전활동으로 옳지 않은 것은?

① 단전사고 시 비상전원 또는 조명의 공급
② 소방시설 오작동 신고에 따른 조치활동
③ 위해동물, 벌 등의 포획 및 퇴치 활동
④ 끼임, 고립 등에 따른 위험제거 및 구출 활동

11 「화재의 예방 및 안전관리에 관한 법률 시행규칙」상 소방안전관리대상물의 관계인이 그 장소에 근무하거나 거주 또는 출입하는 사람들이 화재가 발생한 경우에 안전하게 피난할 수 있도록 수립·시행하여야 하는 피난계획에 포함되어야 하는 사항은 다음 중 모두 몇 개인가?

> ㄱ. 층별, 구역별 피난대상 인원의 연령별·성별 현황
> ㄴ. 소방시설의 변경 전후 현황
> ㄷ. 화재경보의 수단 및 방식
> ㄹ. 피난약자 및 피난약자를 동반한 사람의 피난동선과 피난방법
> ㅁ. 각 거실에서 옥외(옥상 또는 피난안전구역을 포함한다)로 이르는 피난경로

① 1개　　② 2개
③ 3개　　④ 4개

12 「화재의 예방 및 안전관리에 관한 법률」상 화재안전조사의 정의이다. ( ) 안에 적절한 것은?

> "화재안전조사"란 (ㄱ)이 소방대상물, 관계지역 또는 관계인에 대하여 소방시설등이 소방 관계 법령에 적합하게 설치·관리되고 있는지, 소방대상물에 화재의 발생 위험이 있는지 등을 확인하기 위하여 실시하는 (ㄴ) 등을 하는 활동을 말한다.

	ㄱ	ㄴ
①	소방청장, 소방본부장 또는 소방서장	현장조사, 문서열람, 보고요구
②	소방청장, 소방본부장	현장조사, 문서열람, 보고요구
③	소방청장, 소방본부장 또는 소방서장	현장조사, 감식 및 감정, 문서열람
④	소방본부장 또는 소방서장	현장조사, 감식 및 감정, 문서열람

13 「화재의 예방 및 안전관리에 관한 법률」 및 같은 법 시행령상, 다른 법령에 따라 전기·가스·위험물 등의 안전관리 업무에 종사하는 자는 소방안전관리업무의 전담이 필요한 소방안전관리대상물의 소방안전관리자를 겸할 수 없다. 이에 해당하는 소방안전관리대상물이 아닌 것은?

① 30층(지하층은 제외)인 아파트
② 가연성 가스를 800톤 저장·취급하는 시설
③ 연면적 2만제곱미터인 판매시설
④ 지상층의 층수가 11층인 복합건축물

14 「화재의 예방 및 안전관리에 관한 법률 시행규칙」상 소방안전관리자 등에 대한 실무교육의 설명으로 옳은 것은?

① 시·도지사는 실무교육의 대상·일정·횟수 등을 포함한 실무교육의 실시 계획을 매년 수립·시행해야 한다.
② 실무교육을 실시하려는 경우에는 실무교육 실시 2주 전까지 일시·장소, 그 밖에 실무교육 실시에 필요한 사항을 인터넷 홈페이지에 공고하고 교육대상자에게 통보해야 한다.
③ 소방안전관리자는 소방안전관리자로 선임된 날부터 6개월 이내에 실무교육을 받아야 하며, 그 이후에는 2년마다 1회 이상 실무교육을 받아야 한다.
④ 소방안전관리자 강습교육 또는 실무교육이나 소방안전관리보조자 실무교육을 받은 후 2년 이내에 소방안전관리보조자로 선임된 사람은 해당 강습교육을 수료하거나 실무교육을 이수한 날에 실무교육을 이수한 것으로 본다.

15 「화재의 예방 및 안전관리에 관한 법률」상 시·도지사가 화재예방강화지구로 지정하여 관리할 수 있는 지역은 다음 중 몇 개인가?

> ㄱ. 시장지역
> ㄴ. 공장·창고가 있는 지역
> ㄷ. 위험물의 저장 및 처리 시설이 있는 지역
> ㄹ. 석유화학제품을 생산하는 공장이 있는 지역
> ㅁ. 「물류시설의 개발 및 운영에 관한 법률」에 따른 물류단지

① 1개　　② 2개
③ 3개　　④ 4개

16 「화재의 예방 및 안전관리에 관한 법률 시행규칙」상 소방안전관리업무 대행 기준에 관한 내용으로 1급 소방안전관리대상물에 스프링클러설비가 설치된 경우 대행인력의 기술등급 기준에 해당하는 것은? (단, 연면적 5천제곱미터 이상인 경우를 말한다.)

① 초급점검자 이상 1명 이상
② 중급점검자 이상 1명 이상
③ 고급점검자 이상 1명 이상
④ 특급점검자 이상 1명 이상

17 「화재의 예방 및 안전관리에 관한 법률 시행령」상 소방안전관리자 자격시험 응시자격에 관한 내용으로 특급 소방안전관리자 시험에 응시할 수 있는 자격기준에 해당하지 않은 것은?

① 1급 소방안전관리대상물의 소방안전관리자로 소방설비기사의 경우에는 자격 취득 후 2년 이상 관리업자를 감독하는 소방안전관리자로 선임되어 근무한 실무경력이 있는 사람
② 1급 소방안전관리대상물의 소방안전관리자로 선임될 수 있는 자격을 갖춘 후 1급 소방안전관리대상물의 소방안전관리보조자로 7년 이상 근무한 실무경력이 있는 사람
③ 특급 소방안전관리대상물의 소방안전관리보조자로 10년 이상 근무한 실무경력이 있는 사람
④ 총괄재난관리자로 지정되어 1년 이상 근무한 경력이 있는 사람

18 「소방시설의 설치 및 관리에 관한 법률 시행령」상 둘 이상의 특정소방대상물이 복도 또는 통로로 연결된 경우에 이를 하나의 특정소방대상물로 보지 않는 것은?

① 내화구조로 된 연결통로가 벽이 없는 구조로서 그 길이가 10m 이하인 경우
② 컨베이어로 연결되거나 플랜트설비의 배관 등으로 연결되어 있는 경우
③ 지하보도, 지하상가, 지하가로 연결된 경우
④ 자동방화셔터 또는 60분+ 방화문이 설치되지 않은 피트로 연결된 경우

19 「소방시설의 설치 및 관리에 관한 법률 시행령」상 스프링클러설비를 설치해야 하는 특정소방대상물에 대한 설명이다. ( ) 안에 적절한 것은?

> 판매시설, 운수시설 및 창고시설(물류터미널로 한정)로서 바닥면적의 합계가 (ㄱ) 이상이거나 수용인원이 (ㄴ) 이상인 경우에는 모든 층

	ㄱ	ㄴ
①	3천㎡	500명
②	3천㎡	300명
③	5천㎡	500명
④	5천㎡	300명

20 「소방시설의 설치 및 관리에 관한 법률」 및 같은 법 시행령 상 특정소방대상물의 관계인은 내용연수가 경과한 소방용품을 교체하여야 한다. 다음의 ( )에 알맞은 것은?

> • 내용연수를 설정해야 하는 소방용품은 (ㄱ) 형태의 소화약제를 사용하는 소화기로 한다.
> • 소방용품의 내용연수는 (ㄴ)으로 한다.

	ㄱ	ㄴ		ㄱ	ㄴ
①	분말	5년	②	분말	10년
③	액체	5년	④	액체	10년

21 「소방시설의 설치 및 관리에 관한 법률 시행령」상 내진설계기준에 맞게 설치하여야 하는 소방시설에 해당하지 않는 것은?

① 스프링클러설비
② 옥내소화전설비
③ 물분무등소화설비
④ 연결살수설비

22 「소방시설의 설치 및 관리에 관한 법률」상 소방시설관리사에 대한 설명으로 옳지 않은 것은?

① 소방시설관리사가 되려는 사람은 소방청장이 실시하는 관리사시험에 합격하여야 한다.
② 소방시설관리사는 소방청장의 허가가 있으면 동시에 둘 이상의 업체에 취업할 수 있다.
③ 소방시설관리사증을 발급받은 사람이 소방시설관리사증을 잃어버렸거나 못 쓰게 된 경우에는 행정안전부령으로 정하는 바에 따라 소방시설관리사증을 재발급받을 수 있다.
④ 관리업의 기술인력으로 등록된 소방시설관리사는 성실하게 자체점검 업무를 수행하여야 한다.

23 「소방시설 설치 및 관리에 관한 법률 시행규칙」상 소방시설등의 자체점검 결과의 조치 등에 관한 내용으로 괄호 안에 들어갈 단어로 옳은 것은?

> 가. 관리업자 또는 소방안전관리자로 선임된 소방시설관리사 및 소방기술사(이하 "관리업자등"이라 한다)는 자체점검을 실시한 경우에는 법 제22조제1항 각 호 외의 부분 후단에 따라 그 점검이 (㉠) 이내에 별지 제9호서식의 소방시설등 자체점검 실시결과 보고서(전자문서로 된 보고서를 포함한다)에 소방청장이 정하여 고시하는 소방시설등점검표를 첨부하여 (㉡)에게 제출해야 한다.
> 나. 자체점검 실시결과 보고서를 제출받거나 스스로 자체점검을 실시한 (㉢)은 법 제23조제3항에 따라 자체점검이 (㉣) 이내에 별지 제9호서식의 소방시설등 자체점검 실시결과 보고서(전자문서로 된 보고서를 포함한다)에 다음 각 호의 서류를 첨부하여 (㉤)에게 서면이나 소방청장이 지정하는 전산망을 통하여 보고해야 한다.

	㉠	㉡	㉢	㉣	㉤
①	끝난 날부터 10일	관계인	관계인	끝난 날부터 15일	소방본부장 또는 소방서장
②	끝난 날부터 10일	관계인	소방본부장 또는 소방서장	끝난 다음날부터 15일	소방본부장 또는 소방서장
③	끝난 다음날부터 10일	소방본부장 또는 소방서장	관계인	끝난 다음날부터 15일	관계인
④	끝난 다음날부터 10일	소방본부장 또는 소방서장	소방본부장 또는 소방서장	끝난 날부터 15일	관계인

24 「소방시설 설치 및 관리에 관한 법률 시행령」상 유사한 소방시설의 설치 면제의 기준에 관한 내용으로 제연설비가 면제될 수 있는 기준으로 괄호 안에 들어갈 단어로 옳은 것은?

> 직접 외부 공기와 통하는 배출구의 면적의 합계가 해당 제연구역[제연경계(제연설비의 일부인 천장을 포함한다)에 의하여 구획된 건축물 내의 공간을 말한다] 바닥면적의 (㉠) 이상이고, 배출구부터 각 부분까지의 (㉡) 이내이며, 공기유입구가 화재안전기준에 적합하게 (외부 공기를 직접 자연 유입할 경우에 유입구의 크기는 배출구의 크기 이상이어야 한다) 설치되어 있는 경우

	㉠	㉡
①	100분의 1	수평거리 30m
②	100분의 2	수평거리 50m
③	100분의 1	보행거리 30m
④	100분의 2	보행거리 50m

25 「소방시설 설치 및 관리에 관한 법률 시행령」상 화재위험작업 및 임시소방시설 등에 관한 내용으로 시행령 별표8 임시소방시설을 설치해야 하는 공사의 종류와 규모에 관한 사항 가운데 괄호 안에 들어갈 단어로 옳은 것은?

> 나. 간이소화장치: 다음의 어느 하나에 해당하는 공사의 화재위험작업현장에 설치한다.
>   1) 연면적 (㉠) 이상
>   2) 지하층, 무창층 또는 (㉡) 이상의 층. 이 경우 해당 층의 바닥면적이 (㉢) 이상인 경우만 해당한다.
> 다. 비상경보장치: 다음의 어느 하나에 해당하는 공사의 화재위험작업현장에 설치한다.
>   1) 연면적 (㉣) 이상
>   2) 지하층 또는 무창층. 이 경우 해당 층의 바닥면적이 (㉤) 이상인 경우만 해당한다.
> 라. 가스누설경보기: 바닥면적이 (㉥) 이상인 지하층 또는 무창층의 화재위험작업현장에 설치한다.
> 마. 간이피난유도선: 바닥면적이 (㉦) 이상인 지하층 또는 무창층의 화재위험작업현장에 설치한다.
> 바. 비상조명등: 바닥면적이 (㉧) 이상인 지하층 또는 무창층의 화재위험작업현장에 설치한다.

	㉠	㉡	㉢	㉣	㉤	㉥	㉦	㉧
①	3천㎡	4층	600㎡	400㎡	150㎡	100㎡	100㎡	100㎡
②	3천㎡	4층	600㎡	400㎡	150㎡	150㎡	150㎡	150㎡
③	3천㎡	6층	400㎡	600㎡	100㎡	100㎡	100㎡	100㎡
④	2천㎡	6층	500㎡	600㎡	100㎡	150㎡	150㎡	150㎡

소방전술 (25문항)

01 소방활동 검토회의에 관한 사항으로 옳은 것은?

① 검토회의는 화재발생일로부터 7일 이내에 개최한다.
② 검토회의는 화재를 진압한 소방본부 또는 소방서에서 개최한다.
③ 중요화재, 특수화재의 경우 통제관은 관할 소방본부장으로 하되 필요한 경우 소방서장도 할 수 있다.
④ 건물의 구조별 표시방법은 목조는 녹색, 방화조는 황색, 내화조는 적색으로 표시한다.

02 화재진행에 영향을 미치는 요인들에서 다음 내용과 관계 깊은 것은?

> 구획실 화재가 성장기로부터 최성기로 전환되는 데 있어서 중요한 역할을 한다.

① 최초가연물의 위치
② 연소하는 구획실에서 진행되는 온도의 변화
③ 복사에너지
④ 충분한 공기

03 화재진압전략 "RECEO" 순서가 바르게 된 것은?

① 생명보호-내부확대방지-외부확대방지-화재진압-점검, 조사
② 생명보호-외부확대방지-내부확대방지-화재진압-점검, 조사
③ 내부확대방지-외부확대방지-생명보호-화재진압-점검, 조사
④ 화재진압-외부확대방지-내부확대방지-생명보호-점검, 조사

04 "플래시오버의 징후와 특징"에 대한 설명으로 옳지 않은 것은?

① 일정공간 내에서의 전면적인 자유연소
② 실내 모든 가연물의 동시발화 현상
③ 두텁고, 뜨겁고, 진한연기가 위로 쌓임
④ Rollover 현상이 관찰됨

05 소방차량 현장 도착 후 소방용수 유도 및 부서에 대한 설명으로 옳지 않은 것은?

① 현장 도착하여 연기나 열기를 확인할 수 없어도 반드시 소방용수를 점령하여 방수할 수 있는 태세를 갖춘다.
② 소방용수부서 차량은 가능한 한 수평이 되게 하고 바퀴 고임목을 하여 안전사고를 방지하여야 한다.
③ 사다리차 등의 소방차량은 소방용수와는 관계없이 독자적으로 자기 소대의 임무에 따라 부서를 한다.
④ 사다리차로 높은 곳에서 현장활동을 지원하기 위하여 조명이나 방수를 하는 경우에는 반드시 화재건물에 접근하여야 한다.

06 피난유도원의 임무와 행동에 대한 내용으로 옳은 것은?

① 피난에 사용하는 계단 등의 우선순위는 원칙으로 ① 특별피난계단 ② 피난교 ③ 옥외계단 ④ 옥외피난용 사다리 및 피난계단의 순서로 한다.
② 바로 위층 피난을 우선으로 하고 계단을 내려오는 사람은 직하층으로 일시 유도한 후 지상으로 대피시킨다.
③ 옥상 직하 층의 피난 자 등은 옥상을 일시 피난장소로 지정해서는 안 된다.
④ 화점층 계단 출입구는 계단의 피난 자들이 통과할 때까지 개방한다.

07 수직부분 경계관창 배치에 대한 설명으로 옳지 않은 것은?

① 방화셔터는 상부의 셔터 감는 장치에서 천장 속으로 연소 확대된다.
② 옥내계단은 화점층의 계단실로 통하는 방화문을 폐쇄하고 화점실의 창을 파괴한다.
③ 엘리베이터 스페이스내의 연기는 옥상 기계실을 개방하여 배출한다.
④ 파이프샤프트 내에 연소하고 있을 때는 최상층, 점검구 혹은 옥상으로부터 방수한다.

08 사다리를 활용한 방수에 대한 설명으로써 옳은 것은?

① 관창을 어깨에 거는 방법의 경우는 전개형 분무노즐의 직사방수로 0.3~0.4Mpa가 한도이지만 허리에 대는 방법은 관창을 로프로 창틀 또는 사다리 선단에 결속하면 0.25Mpa까지도 방수할 수 있다.
② 배기구의 경우는 직사방수 또는 분무방수로 하고, 급기구의 경우는 직사방수로 한다.
③ 사다리에서는 주로 횡방향으로의 방수가 안전하고, 호스는 사다리의 중간에 로프 등으로 결속하여 낙하를 방지한다
④ 활동높이는 사다리 길이로 결정하되 3층 정도까지로 한다.

09 "대원에 대한 엄호방수"에 대한 설명으로 옳지 않은 것은?

① 강렬한 복사열로부터 대원을 방호할 때는 열원과 대원 사이에 분무방수를 행한다.
② 관창각도는 60~70도로 하고 관창수 스스로가 차열을 필요로 할 때는 70~90도로 한다.
③ 복사열이 강한 장소에서 분무방수 작업 시 할 수 있다.
④ 관창압력 0.6Mpa정도로 분무방수를 한다.

10 가스의 불완전연소 현상으로써 다음 내용과 관계 깊은 것은?

> 가스분출구멍으로 부터 가스유출속도가 연소속도보다 크게 되었을 때 가스는 염공에 접하여 연소치 않고 염공에서 떨어져서 연소한다.

① 황염
② Lifting(선화)
③ Flash back(역화)
④ Blow off

11 소방전술의 유형에 대한 설명으로 옳지 않은 것은?

① 포위전술 : 관창을 화점에 진입 배치하는 전술형태로 소규모 화재에 적합하다.
② 공격전술 : 관창을 화점에 포위 배치하여 진압하는 전술형태로 초기 진압 시에 적합하다.
③ 블록전술 : 인접건물로의 화재확대방지를 위해 적용하는 전술형태로 블록(Block)의 4방면 중 확대가능한 면을 동시에 방어하는 전술이다.
④ 중점전술 : 소방대가 집중적으로 진화하는 작전으로 예를 들면 위험물 옥외저장탱크 화재 등에 사용된다.

12 "소방용수시설유지관리"에 관한 설명으로 옳지 않은 것은?

① 수도에 있어서는 그 설치자가 설치·유지와 관리를 한다. 이를 명확히 하기 위하여 소방기본법과 수도법에서 정하고 있다.
② 소방 활동에 필요한 소화전·급수탑·저수조 기타의 소방용수시설은 관할 시·군에서 설치하여 유지 관리하여야 한다.
③ 고장 발생 시 상수도 관리 부서인 각 수도사업소에 개·보수사항을 의뢰하여 보수하거나 소방기관 자체 예산으로 보수하고 있다.
④ 소방본부장 또는 소방서장은 원활한 소방 활동을 위하여 소방용수 조사를 연 1회 이상 실시하여 야 한다.

13 소방안전관리의 특성에서 다음 내용과 관계 깊은 것은?

> 호스연장 시 호스를 화재 건물과 가까이 두고 연장하지 않도록 하는 것은 화재건물의 낙하물체나 고열의 복사열에 의한 호스손상을 방지하여 결과적으로 진압활동이나 인명구조시 엄호방수가 완전히 이루어질 수 있도록 하기 위한 것이다.

① 양면성 ② 반복성
③ 일체성 ④ 특이성

14 소방청장에게 긴급 상황으로 보고하여야 할 화재가 아닌 것은?

① 사망자가 8명이며, 사상자가 26명 발생한 화재
② 먼 바다에 운항중인 외항선, 항공기, 발전소 및 변전소의 화재
③ 재산피해 130억원 추정되는 화재
④ 대상이 특수하여 사회적 이목이 집중될 것으로 예상되는 화재

15 소방차량으로 소화전을 이용한 급수방법으로써 다음 내용에서 3번째 순서인 것은?

> ⓐ 자체급수밸브 개방
> ⓑ 중계구 직결관을 이용하여 소화전 연결
> ⓒ 소방펌프 구동
> ⓓ 중계구 개방 (메인밸브는 잠금상태)
> ⓔ 물탱크 급수

① ⓐ ② ⓑ
③ ⓒ ④ ⓓ

16 로프수명에 대한 설명으로 옳은 것은?

① 로프는 사용횟수와 관계 없이 무관하게 강도가 저하된다.
② 가끔 사용하는 로프는 2년 마다 교체하여야 한다.
③ 스포츠클라이밍 사용로프는 1년마다 교체하여야 한다.
④ UIAA 권고사항에 따르면 로프는 4년 경과 시 폐기한다.

17 "구조 활동의 원칙" 으로 옳지 않은 것은?

① 구조대원은 행동에 들어가기 전에 자신보다는 타인의 안전을 먼저 확인해야 한다.
② 사고의 양상과 주변의 위험요인을 파악하고 자신의 능력이 감당할 수 있는 한계 내에서 구조활동에 임하도록 한다.
③ 한 대원은 오직 한사람의 지휘관에게만 보고하고 한 사람의 지휘만을 받는다.
④ 우선순위는 인명의 안전 - 사고의 안정화 - 재산가치의 보존이다.

18 로프의 성능에 대한 설명으로 옳지 않은 것은?

① 인장력은 구조활동에 있어서 로프에 대원 1인이 매달릴 때 대원의 몸무게와 흔들림에 따른 충격력을 고려하면 130kg 정도의 하중이 걸리며, 두 명의 대원이 활동하면 260kg 정도가 된다.
② 산악용 11mm 로프의 경우 대부분 1,000kg 내외의 인장강도를 가진다.
③ 로프의 충격력은 추락물체가 정지하는 데 필요한 힘으로 이 힘을 받을 때 충격이 발생하고 충격이 작을수록 안전하다.
④ 충격력은 80kg에 대하여 700daN~900daN 정도이다.

19 절단용구조장비에 대한 설명으로 옳은 것은?

① 동력절단기 : 철재, 목재, 콘크리트 등 절단 대상물에 따라 사용되는 절단날이 각각 다르므로 적정한 절단날이 장착되어 있는지 확인하고 정확히 고정하고 대상물에 날을 먼저 댄 후에 절단 날을 회전시키도록 한다.
② 체인톱 : 압축공기를 동력원으로 하여 절단톱날을 작동시켜 안전하게 철재나 스텐레스, 비철금속 등을 절단할 수 있다.
③ 공기톱 : 동력에 의해 구동되는 톱날로 목재를 절단하는 장비이며, 수중이나 위험물질이 누출된 장소에서도 안전하게 사용할 수 있다.
④ 유압전개기 : 유압을 활용하여 물체의 틈을 벌리거나 압착할 수 있는 장비로 수중에서도 사용이 가능하다.

20 사고현장에서 긴급한 경우 이외에는 사용하지 않도록 하는 매듭은?

① 클램하이스트 매듭
② 감아매기 매듭
③ 말뚝매기매듭
④ 잡아매기매듭

21 다음 중 줄을 이용한 수중탐색 방법에 대한 설명으로 옳은 것은?

① 반원탐색 : 시야가 좋지 않으며 탐색면적이 좁고 수심이 깊을 때 활용하는 방법이다.
② 원형탐색 : 조류가 세고 탐색면적이 넓을 때 사용한다.
③ 소용돌이탐색 : 비교적 큰 물체를 탐색하는데 적합한 방법이다.
④ 왕복탐색 : 시야가 좋고 탐색면적이 넓을 때 사용하는 방법이다.

22 수심과 공기소모량의 관계에서 다음 ( )안에 들어갈 내용은?

수심(m)	절대압력 (atm)	소모시간 (분)	공기소모율 (L/분)
20	(㉠)	20	(㉡)

① ㉠ 3 ㉡ 45
② ㉠ 5 ㉡ 75
③ ㉠ 4 ㉡ 60
④ ㉠ 7 ㉡ 90

23 환자 응급이동에 대한 설명으로 옳지 <u>않은</u> 것은?

① 척추손상에 대한 예방조치를 할 수 있다.
② 보통 척추손상 의심환자를 차량 밖으로 구조하는 데 약 10분 정도 걸리는 것을 1~2분으로 단축시킬 수 있다.
③ 환자의 상태가 즉각적인 이송이나 응급처치를 요하는 경우에 사용하는 것으로 쇼크, 가슴손상으로 인한 호흡곤란 등이 있다.
④ 이동 방법으로는 1인 환자 끌기, 담요 끌기 등이 있다.

24 기도확보 유지 장비에 대한 설명으로 옳지 <u>않은</u> 것은?

① 입인두 기도기 : 기도기 플랜지가 환자의 입술이나 치아에 걸려 있도록 한다.
② 코인두 기도기 : 크기는 코 끝에서 귓불 끝까지의 길이이다.
③ 후두마스크 기도기 : 일회용이 아닌 40회 정도 멸균 재사용이 가능하다.
④ 아이 겔 : 튜브 형태의 성문 위 기도기와 차별적으로 부드러운 젤 형태로 모양이 만들어진 기도기로 소독한 후 재사용이 가능하다.

25 "호흡유지장비"에 대한 설명으로 옳은 것은?

① 코삽입관 : 6~10L의 유량으로 흡입 산소농도를 35~60%까지 증가시킬 수 있다.
② 단순얼굴마스크 : 유량을 분당 1~6L로 조절하면 산소농도를 24~44%로 유지할 수 있다.
③ 비재호흡마스크 : 만성폐쇄성폐질환(COPD)환자에게 유용하다.
④ 벤튜리마스크 : 특수한 용도로 산소를 제공할 경우에 사용되며 표준 얼굴 마스크에 연결 된 공급배관을 통해 특정 산소 농도를 공급해 주는 호흡기구이다.

최단기 소방승진 이패스 소방사관
www.kfs119.co.kr

※ 이 책은 저작권법에 의해 보호를 받는 저작물이므로 무단전재와 복제를 금합니다.
※ 본 교재의 저작권은 이패스코리아에 있습니다.

2025년 소방교 소방승진 제3회

응시번호	
성명	

【시험 과목】

편철순서	제1과목	제2과목	제3과목
과목명	소방법령 Ⅰ(25문항)	소방법령 Ⅱ(25문항)	소방전술 (25문항)

응시자 준수사항

☞ 시험지를 받으면 "시험 감독관 또는 방송"의 안내에 따라 다음 사항을 반드시 지켜 주시기 바랍니다.

1. 시험지 표지의 응시번호 및 성명"을 기재하여 주십시오.

2. 시험이 시작되면 시험지의 "편철순서", "페이지 수량", "인쇄 상태"를 반드시 확인한 후에 문제를 푸십시오.
   ※ 본 시험지는 총 20페이지입니다.

3. 시험이 시작되면 문제를 주의 깊게 읽고, 문항의 취지에 가장 적합한 하나의 정답만을 고르십시오. 운영요원에게 문제 내용에 관한 질문은 하실 수 없습니다.

※ 본 시험지는 공개이므로 시험이 종료된 후 가지고 나갈 수 있습니다.

※ 본 표지는 실제 시험지를 모델로 제작되었습니다.

epasskorea

소방교 소방승진

제3회 모의고사

문 항 수 : 75문항
응시시간 : 75분

소방법령 Ⅰ (25문항)

01 인사기록의 관리에 대한 설명으로 옳지 <u>않은</u> 것은?

① 인사기록관리자는 소속 소방공무원에 대한 인사기록을 「공무원 인사기록·통계 및 인사사무 처리 규정」에 따른 표준인사관리시스템으로 작성·유지·관리할 수 있다.
② 소방공무원은 성명·주소 기타 인사기록의 기록내용을 변경하여야 할 정당한 사유가 있는 때에는 그 사유가 발생한 날부터 30일 이내에 소속 인사기록관리자에게 신고해야 한다.
③ 신규채용된 소방공무원의 인사기록은 초임보직 소방기관의 장이 작성한다.
④ 소방령인 소방공무원의 전출로 인사기록관리자가 변경된 경우 변경 전 인사기록관리자는 변경 후 인사기록관리자에게 해당 소방공무원의 인사기록카드와 최근 2년간의 근무성적평정표 및 경력·교육훈련 성적·가점 평정표 사본을 송부해야 한다.

02 「소방공무원 보건안전 및 복지 기본법」상 소방관서장의 책무 또는 권한으로 규정되어 있는 것은?

① 전염병, 정신질환 또는 계속적으로 소방업무를 수행할 경우 질병이 현저히 악화될 우려가 있다는 의사의 소견이 있는 경우에는 소방업무 수행의 전부 또는 일부를 제한할 수 있다.
② 소방공무원의 건강 보호·유지를 위하여 소방전문의료기관·소방전문치료센터, 「국민건강보험법」에 따른 건강진단을 실시하는 기관 또는 「의료법」 제3조에 따른 의료기관에서 소방공무원에 대한 특수건강진단을 실시하여야 한다.
③ 퇴직소방공무원에게 사회적응교육 및 직업교육훈련을 실시할 수 있다.
④ 직업성질환의 진단 및 발생원인 규명 또는 그 예방을 위하여 필요한 경우에는 소방공무원의 질병과 소방활동 현장의 유해요인의 상관관계에 관하여 직업성질환역학조사를 실시할 수 있다.

03 소방공무원에 대한 임명장 또는 임용장의 내용으로 옳지 <u>않은</u> 것은?

① 임용권자(임용권을 위임받은 사람을 포함)는 소방공무원으로 신규채용되거나 승진되는 소방공무원에게 임명장을 수여한다. 이 경우 소속 소방기관의 장이 대리 수여할 수 있다.
② 전보되는 소방공무원에게 필요한 경우 인사발령 통지서로 임용장을 갈음할 수 있다.
③ 대통령이 임용하는 공무원의 임명장에는 임용권자의 직인 외에 국새를 함께 날인한다.
④ 대통령이 소방청장 또는 시·도지사에게 임용권을 위임한 소방령 이상의 소방공무원의 임명장에는 임용권자의 직인을 날인한다.

04 소방공무원인사위원회의 구성에 관한 내용으로 옳지 <u>않은</u> 것은?

① 소방청에 설치된 인사위원회의 위원장은 소방청차장이 된다.
② 인사위원회는 위원장을 포함한 5명 이상 7명 이하의 위원으로 구성한다.
③ 위원은 인사위원회가 설치된 기관의 장이 임명 또는 위촉하는 소방정 이상의 소방공무원과 민간위원으로 구성한다.
④ 간사는 인사위원회가 설치된 기관의 장이 소속공무원 중에서 임명한다

05 징계의 가중의결에 관한 내용이다. 빈칸에 순서대로 들어갈 숫자는?

- 서로 관련 없는 2개 이상의 비위가 경합될 때와 하나의 행위로 동시에 여러 종류의 비위가 발생한 때에는 그 중 책임이 무거운 비위에 해당하는 징계보다 ( )단계 위의 징계로 의결할 수 있다.
- 징계처분에 따른 승진임용 제한기간 중에 발생한 비위로 다시 징계의결이 요구된 경우에는 그 비위에 해당하는 징계보다 ( )단계 위의 징계로 의결할 수 있다.
- 징계처분에 따른 승진임용 제한기간이 끝난 후 1년 이내에 발생한 비위로 징계의결이 요구된 경우에는 ( )단계 위의 징계로 의결할 수 있다.

① 2, 2, 1   ② 1, 2, 1
③ 2, 1, 2   ④ 1, 1, 2

06 경력경쟁채용시험을 통해 임용될 수 있는 계급의 설명으로 옳지 않은 것은?

① 소방에 관한 전문기술교육을 받은 박사학위 소지자의 임용 - 소방령 이하
② 임용예정직에 상응하는 근무실적이 있는 소령인 군인의 임용 - 소방령
③ 임용예정 직무에 관련된 의사 자격증 소지자의 임용 - 소방령 이하
④ 의용소방대원으로 5년 이상 계속하여 근무하고 있는 사람의 임용 - 소방사

07 소방교육훈련정책위원회의 구성 등에 관한 내용으로 옳지 않은 것은?

① 위원회의 위원장은 소방청장이 된다.
② 위원회는 위원장 1명을 포함한 50명 이내의 위원으로 구성한다.
③ 소방청장은 소방공무원의 교육훈련 정책 및 발전과 관련한 사항을 심의·조정하기 위하여 필요한 경우 소방교육훈련정책위원회를 구성·운영할 수 있다.
④ 위원회의 회의는 재적위원 과반수의 출석으로 개의하고, 출석위원 과반수의 찬성으로 의결한다.

08 소방공무원 승진임용의 제한에 관한 내용이다. 빈칸에 들어갈 알맞은 내용은?

소방공무원은 징계처분의 집행이 끝난 날부터 일정한 기간은 승진임용이 제한된다. 이 경우 징계처분을 받은 후 해당 계급에서 훈장·포장·모범공무원포상·( ) 이상의 표창 또는 제안의 채택·시행으로 포상을 받은 경우에는 승진임용 제한기간의 ( )을 단축할 수 있다.

① 국무총리, 3분의 1
② 국무총리, 2분의 1
③ 행정안전부장관, 3분의 1
④ 행정안전부장관, 2분의 1

09 소방공무원의 보직관리에 대한 설명으로 틀린 것은?

① 직제의 신설·개편·폐지 시 2개월 이내의 기간 동안 소속 소방공무원을 기관의 신설준비 등을 위하여 보직 없이 근무하게 할 수 있다.
② 임용권자 또는 임용제청권자는 소방공무원을 보직하는 경우에는 특별한 사정이 없으면 배우자 또는 직계비속이 거주하는 지역을 고려하여 보직해야 한다.
③ 경력경쟁채용시험등을 통하여 채용된 소방공무원을 처음 임용하는 경우에는 그 시험실시 당시의 임용예정 직위 외의 직위에 임용할 수 없다.
④ 소방청장은 전문성이 특히 요구되는 직위를 전문직위로 지정하여 관리할 수 있는바, 전문직위에 임용된 소방공무원은 3년의 범위에서 소방청장이 정하는 기간이 지나야 다른 직위로 전보할 수 있다.

10 다음은 시·도지사가 임용권을 행사하는 소방공무원을 대상으로 위탁교육을 실시할 때 훈련기간 동안 그 인원에 해당하는 정원이 해당 기관에 따로 있는 것으로 보는 경우 중의 하나이다. 빈칸에 들어갈 내용으로 바르게 짝지은 것은?

시·도지사가 「소방공무원 교육훈련규정」 제37조에 따라 소속 ( ) 이하의 소방공무원을 대상으로 훈련기간이 ( ) 이상인 국내 위탁교육 훈련계획을 수립·시행함에 따라 결원 보충이 필요한 경우

① 소방경 - 6개월   ② 소방경 - 1년
③ 소방위 - 6개월   ④ 소방경 - 1년

11 소방공무원의 시간선택제근무에 관한 내용으로 옳지 <u>않은</u> 것은?

① 소방공무원이 원할 때에는 상시근무체제를 유지하기 위한 교대제 근무자를 포함하여 통상적인 근무시간보다 짧은 시간을 근무하는 소방공무원으로 지정할 수 있다.
② 시간선택제전환소방공무원의 근무시간은 1주당 15시간 이상 35시간 이하의 범위에서 임용권자 또는 임용제청권자가 정한다.
③ 시간선택제전환소방공무원의 1일 근무시간은 최소 3시간 이상이어야 한다
④ 임용권자 또는 임용제청권자는 소방공무원이 시간선택제전환소방공무원으로 지정된 때에는 시간선택제전환소방공무원의 근무시간 외의 업무를 그 소속 소방공무원에게 대행하도록 명할 수 있다.

12 소방공무원 채용후보자명부에 관한 설명으로 옳은 것은?

① 채용후보자명부는 시험성적순위에 의하여 작성하되 시험성적이 같을 경우에는 취업보호대상자, 연령이 많은 사람, 필기시험 성적 우수자의 순위에 따라 작성한다.
② 채용후보자가 소방공무원법을 위반하여 징계 사유에 해당하는 비위를 3회 이상 저지른 경우 채용후보자의 자격을 상실한다.
③ 채용후보자명부의 유효기간은 3년으로 한다.
④ 임용권자는 필요에 따라 1년의 범위에서 채용후보자명부의 유효기간을 연장할 수 있다.

13 소방공무원의 승진소요최저근무연수에 관한 내용으로 틀린 것은?

① 사법연수원의 연수생으로 수습한 기간은 소방령 이하 소방공무원의 승진소요최저근무연수에 포함된다.
② 공무원 재해보상법에 따른 공무상 질병 또는 부상으로 인하여 신체·정신상의 장애로 장기 요양이 필요함에 따라 휴직한 경우에 그 휴직 기간은 승진소요최저근무연수에 포함된다.
③ 법률의 규정에 따른 의무를 수행하기 위하여 직무를 이탈하게 됨으로써 휴직한 경우는 승진소요최저근무연수에 포함된다.
④ 다른 법령에 따라 공무원의 신분으로 재직하던 사람이 소방장 이상의 소방공무원으로 임용된 경우 종전의 신분으로 재직한 기간은 재임용일부터 5년 이내의 경력에 한정하여 행정안전부령으로 정하는 기준에 따라 환산하여 승진소요최저근무연수에 포함된다.

14 다음의 직권면직사유 가운데 징계위원회의 동의를 받아야 하는 것은?

① 해당 직급·직위에서 직무를 수행하는데 필요한 자격증의 효력이 없어지거나 면허가 취소되어 담당 직무를 수행할 수 없게 된 때
② 병역판정검사·입영 또는 소집의 명령을 받고 정당한 사유 없이 이를 기피하거나 군복무를 위하여 휴직 중에 있는 자가 군복무 중 군무(軍務)를 이탈하였을 때
③ 직무수행능력이 부족하거나 근무성적이 극히 나쁜 자에 해당하여 대기 명령을 받은 자가 그 기간에 능력 또는 근무성적의 향상을 기대하기 어렵다고 인정된 때
④ 휴직 기간이 끝나거나 휴직 사유가 소멸된 후에도 직무에 복귀하지 아니하거나 직무를 감당할 수 없을 때

15 다음 중 경력경쟁채용등에 대한 설명으로 맞는 것은?

① 직위가 없어지거나 과원이 되어 퇴직한 소방공무원을 퇴직한 날부터 5년 이내에 퇴직 시에 재직하였던 계급 또는 그에 상응하는 계급의 소방공무원으로 재임용할 수 있다.
② 소방정 이하의 소방공무원을 경력경쟁채용등으로 채용하려는 경우 체력시험을 반드시 실시한다.
③ 임용예정 직무에 관련된 자격증 소지자를 임용하는 경우 자격증을 소지한 후 해당 분야에서 2년 이상 종사한 경력이 있어야 한다.
④ 종전의 재직기관에서 징계처분을 받은 사람은 경력경쟁채용등을 할 수 없다.

16 공무원에 대한 징계의 집행절차에 대한 설명으로 옳지 않은 것은?

① 징계위원회는 징계등 사건의 접수·처리상황을 관리하기 위하여 징계등 처리대장을 갖추어 두어야 한다.
② 임용권자와 징계처분등 처분권자가 다를 경우 징계처분등 처분권자가 강등, 정직, 감봉 또는 견책의 징계처분등을 하였을 때에는 지체 없이 그 결과에 의결서 사본을 첨부하여 임용권자와 그 소방공무원이 소속한 소방기관의 장에게 통지하여야 한다.
③ 공무원에 대하여 징계처분등을 할 때나 강임·휴직·직위해제 또는 면직처분(본인의 원에 따른 면직처분 포함)을 할 때에는 그 처분권자 또는 처분제청권자는 처분사유를 적은 설명서를 교부하여야 한다.
④ 처분권자는 피해자가 요청하는 경우 「성폭력범죄의 처벌 등에 관한 특례법」 제2조에 따른 성폭력범죄 및 「양성평등기본법」 제3조 제2호에 따른 성희롱에 해당하는 사유로 처분사유 설명서를 교부할 때에는 그 징계처분결과를 피해자에게 함께 통보하여야 한다.

17 소방공무원 징계위원회의 구성에 대한 설명으로 옳지 않은 것은?

① 소방서에 설치된 징계위원회는 위원장 1명을 포함하여 9명 이상 15명 이하의 위원으로 구성한다.
② 민간위원의 수는 위원장을 제외한 위원 수의 2분의 1 이상이어야 한다.
③ 민간부문에서 인사·감사 업무를 담당하는 임원급 또는 이에 상응하는 직위에 근무한 경력이 있는 사람도 민간위원으로 위촉될 수 있다.
④ 위원장은 해당 징계위원회가 설치된 기관의 장의 차순위 계급자가 된다. 다만, 시·도에 설치된 기관의 장은 해당 징계위원회의 위원장을 소방준감 이상의 소방공무원 중에서 임명할 수 있다.

18 소방공무원 채용후보자명부의 등재순위에 의하지 않고 임용할 수 있는 경우가 아닌 것은?

① 6개월 이상 소방공무원으로 근무한 경력이 있거나 임용예정직위에 관련된 특별한 자격이 있는 사람을 임용하는 경우
② 채용후보자의 피부양가족이 거주하고 있는 지역에 근무할 채용후보자를 임용하는 경우
③ 임용예정기관에 근무하고 있는 소방공무원 외의 공무원을 소방공무원으로 임용하는 경우
④ 소방공무원의 직무수행과 관련한 실무수습 중 부상당한 시보임용예정자를 소급하여 임용하는 경우

19 승진대상자명부의 작성기준 등에 관한 설명으로 옳지 않은 것은?

① 승진대상자명부 및 승진대상자통합명부는 매년 4월 1일과 10월 1일을 기준으로 하여 작성한다.
② 승진대상자명부는 작성기준일로부터 20일 이내에 작성하여야 한다.
③ 소방교는 근무성적평정점 70퍼센트, 경력평정점 15퍼센트, 교육훈련성적평정점 15퍼센트의 비율로 작성한다.
④ 중앙소방학교 소속 소방경 이하의 소방공무원에 대한 승진대상자명부는 중앙소방학교장이 작성한다.

20 교육훈련기관에서의 교육훈련 결과에 대한 조치사항으로 옳지 않은 것은?

① 각 교육훈련과정은 교육훈련대상자가 100점 만점에 60점 이상의 성적을 받으면 수료요건을 갖춘 것으로 한다.
② 교육훈련기관의 장은 교육훈련을 받은 사람의 교육훈련성적을 교육훈련 수료 또는 졸업 후 10일 이내에 그 소속 소방기관장등에게 통보해야 한다.
③ 소방기관장등은 수료 또는 졸업요건을 갖추지 못한 사람에 대해서는 한 차례에 한정하여 다시 교육훈련을 받게 할 수 있다.
④ 교육훈련기관의 장은 위 ③에 따라 다시 교육훈련을 받은 사람이 거듭 수료 또는 졸업요건을 갖추지 못한 경우로서 근무성적이 매우 불량하여 「국가공무원법」상 징계 사유에 해당된다고 인정할 때에는 관할 징계위원회에 징계의결의 요구 또는 징계의결 요구의 신청 등의 조치를 할 수 있다.

21 「소방공무원임용령」상 면접시험의 평정요소로 규정된 것이 아닌 것은?

① 전문지식·기술과 그 응용능력
② 협업 능력
③ 문제해결 능력
④ 침착성 및 책임감

22 소방공무원의 특별승진에 관한 내용으로 옳지 않은 것은?

① '재직 중 공무로 사망한 공무원, 재직 중 공무상 부상 또는 질병으로 사망한 공무원, 재직 중 공무상 부상 또는 질병으로 퇴직후 사망한 공무원'으로서 위험을 무릅쓰고 헌신 분투하여 현저한 공을 세우고 사망하였거나 부상을 입어 사망한 사람 또는 직무수행 중 다른 사람의 모범이 되는 공을 세우고 사망하였거나 부상을 입어 사망한 사람 중 소방청장 또는 시·도지사가 재직 중 특별한 공적이 있다고 인정하는 사람은 2계급 특별승진시킬 수 있다.
② 20년 이상 근속하고 정년퇴직일 전 1년 이상의 기간 중 자진하여 퇴직하는 사람으로서 재직 중 특별한 공적이 있다고 인정되는 사람은 재직기간 중 성희롱 범죄의 사유로 경징계 처분을 받은 경우 특별승진임용될 수 있다.
③ 직무 수행능력이 탁월하여 소방행정발전에 지대한 공헌실적이 있다고 임용권자가 인정하는 사람은 소방령 이하 계급으로 승진할 수 있다.
④ 청렴과 봉사정신으로 직무에 정려하여 다른 공무원의 귀감이 되는 공적이 있다고 인정되는 특별유공자의 공적은 소방공무원이 해당 계급에서 이룩한 공적으로 한정한다.

23 소방공무원 임용령에 따른 소방공무원 신규채용시 응시자격에 대한 설명으로 옳지 않은 것은?

① 소방공무원 외의 공무원으로서 소방기관에서 소방업무를 담당한 경력이 있는 자를 소방공무원으로 임용하는 경우에는 연령제한 규정을 적용하지 아니한다.
② 소방간부후보생 선발시험에 응시할 수 있는 사람의 나이는 21세 이상 40세 이하로 한다.
③ 소방장 이하 소방공무원의 경력경쟁채용시험 등에 응시하려는 사람은 제1종 운전면허 중 대형면허 또는 보통면허를 받은 자이어야 한다.
④ 소방청장은 원활한 결원보충과 지역적인 특수성을 고려하여 필요하다고 인정할 경우에는 일정한 지역에서 일정한 기간 동안 거주한 사람으로 응시자격을 제한하여 시험을 실시할 수 있다.

24 소방공무원 고충심사의 결과 처리에 관한 내용으로 옳지 않은 것은?

① 인사혁신처장 또는 설치기관의 장은 이행 결과를 정기적으로 조사하여 인터넷 홈페이지에 공개할 수 있다.
② 시정을 요청받은 처분청 또는 관계 기관의 장은 특별한 사유가 없으면 이를 이행하고, 시정 요청을 받은 날부터 15일 이내에 그 처리 결과를 설치기관의 장에게 알려야 한다.
③ 심사결과 중 '시정을 요청할 정도에 이르지 아니하나, 제도나 정책 등의 개선이 필요하다고 인정되는 경우'에 따른 개선 권고를 받은 처분청 또는 관계 기관의 장은 이를 이행하도록 노력해야 한다.
④ 보통고충심사위원회등의 고충심사 결정에 불복하여 중앙고충심사위원회 또는 「교육공무원법」에 따른 교육공무원 중앙고충심사위원회에 재심을 청구하는 경우에는 그 심사결과를 통보받은 날부터 30일 이내에 청구서를 제출해야 한다.

25 「소방공무원 보건안전 및 복지 기본법」상 보건안전관리책임자의 자격에 관한 내용으로 옳지 않은 것은?

① 보건안전관리책임자는 보건안전관리총괄책임자, 보건안전관리책임자, 현장보건안전관리책임자로 구분한다.
② 보건안전관리총괄책임자는 소방관서에서 보건안전관리 업무를 총괄하는 과장급 소방공무원으로 한다.
③ 보건안전관리책임자는 소방관서에서 보건안전관리총괄책임자를 보조하는 소방공무원 중 최상위 소방공무원으로 한다.
④ 현장보건안전관리책임자는 소방활동 현장의 지휘책임을 지는 소방공무원 중에 둔다.

소방법령 II (25문항)

01 「소방기본법 시행규칙」상 원활한 소방활동을 위하여 실시하는 소방용수시설 및 지리조사에 대한 설명으로 옳지 않은 것은?

① 소방본부장 또는 소방서장은 원활한 소방활동을 위하여 소방용수시설 및 지리조사를 2개월마다 1회 이상 실시하여야 한다.
② 소방대상물에 인접한 도로의 폭·교통상황, 도로주변의 토지의 고저·건축물의 개황에 대한 조사를 포함한다.
③ 조사결과는 전자적 처리가 불가능한 특별한 사유가 없으면 전자적 처리가 가능한 방법으로 작성·관리하여야 한다.
④ 지리조사의 결과를 2년간 보관하여야 한다.

02 「소방기본법 시행령」상 소방차 전용구역의 설치 방법으로 옳지 않은 것은?

① 전용구역 노면표지의 외곽선은 빗금무늬로 표시한다.
② 빗금은 두께를 30센티미터로 하여 50센티미터 간격으로 표시한다.
③ 전용구역 노면표지 도료의 색채는 황색을 기본으로 한다.
④ 문자(P, 소방차 전용)는 적색으로 표시한다.

03 「소방기본법」상 공장·창고가 밀집한 지역에서 화재로 오인할 만한 우려가 있는 불을 피우거나 연막 소독을 하려는 자는 신고하여야 한다. 이 경우 신고를 하지 아니하여 소방자동차를 출동하게 한 자에게 부과하는 과태료의 부과·징수권자로 옳은 것은?

① 시·도지사
② 소방본부장 또는 소방서장
③ 시·도지사, 소방본부장 또는 소방서장
④ 소방청장

04 「소방기본법 시행규칙」상 소방용수시설 및 비상소화장치의 설치기준으로 옳지 않은 것은?

① 소방청장은 설치된 소방용수시설에 대하여 소방용수표지를 보기 쉬운 곳에 설치하여야 한다.
② 비상소화장치는 비상소화장치함, 소화전, 소방호스, 관창을 포함하여 구성한다.
③ 소방호스 및 관창은 소방청장이 정하여 고시하는 형식승인 및 제품검사의 기술기준에 적합한 것으로 설치한다.
④ 비상소화장치의 설치기준에 관한 세부 사항은 소방청장이 정한다.

05 「소방기본법」상 소방의날 제정과 운영 등에 관한 내용으로 옳은 것은?

① 국민의 안전의식과 화재에 대한 경각심을 높이고 안전문화를 정착시키기 위하여 매년 11월 19일을 소방의 날로 정하여 기념행사를 한다.
② 소방의 날 행사에 관하여 필요한 사항은 소방청장 또는 소방서장이 따로 정하여 시행할 수 있다.
③ 소방서장은 소방행정 발전에 공로가 있다고 인정되는 사람을 명예직 소방대원으로 위촉할 수 있다.
④ 소방청장은 「의사상자 등 예우 및 지원에 관한 법률」 제2조에 따른 의사상자(義死傷者)로서 같은 법 제3조제3호 또는 제4호에 해당하는 사람을 명예직 소방대원으로 위촉할 수 있다.

06 「소방기본법」상 용어 정의에서 소방대에 해당하는 사람을 고른 것으로 옳은 것은?

ㄱ. 소방공무원	ㄴ. 소방안전관리자
ㄷ. 의무소방원	ㄹ. 자체소방대원
ㅁ. 위험물안전관리자	ㅂ. 의용소방대원

① ㄱ, ㄴ, ㄷ
② ㄱ, ㄷ, ㄹ
③ ㄱ, ㄷ, ㅂ
④ ㄱ, ㅁ, ㅂ

07 「소방기본법」상 소방업무에 관한 종합계획의 수립·시행 등에 관한 내용으로 종합계획에 포함되어야할 사항으로 옳지 <u>않은</u> 것은?

① 소방서비스의 질 향상을 위한 정책의 기본방향
② 소방업무에 필요한 장비의 구비
③ 소방업무에 필요한 기반조성
④ 소방업무의 교육 및 홍보(소방자동차의 우선 통행 등에 관한 홍보를 제외한다)

08 「소방기본법 시행령」상 소방안전교육사 시험방법, 시험과목, 시험위원 등에 관한 내용으로 옳지 <u>않은</u> 것은?

① 소방안전교육사시험은 제1차 시험 및 제2차 시험으로 구분하여 시행한다.
② 소방안전교육사시험의 제1차 시험 과목은 소방학개론, 소방관계법규, 재난관리론 및 교육학개론 중 응시자가 선택하는 3과목으로 한다.
③ 소방안전교육사시험의 응시자격심사위원으로 소방위 이상의 소방공무원도 자격이 된다.
④ 소방안전교육사시험의 시험위원 중 채점위원은 5명으로 한다.

09 「소방기본법 시행규칙」상 소방신호의 종류 및 방법에 관한 내용으로 옳지 <u>않은</u> 것은?

① 경계신호는 타종으로 1타와 연2타를 반복, 싸이렌으로 5초 간격을 두고 30초씩 3회 발령한다.
② 발화신호는 타종으로 난타, 싸이렌으로 5초 간격을 두고 15초씩 3회 발령한다.
③ 해제신호는 타종으로 상당한 간격을 두고 1타씩 반복, 싸이렌으로 1분간 1회 발령한다.
④ 훈련신호는 타종으로 연3타반복, 싸이렌으로 10초 간격을 두고 1분씩 3회 발령한다.

10 「소방기본법」상 화재 등의 통지에 관한 내용으로 화재로 오인할 만한 우려가 있는 불을 피우거나 연막(煙幕) 소독을 하려는 자가 관할 소방본부장 또는 소방서장에게 신고하여야 하는 지역 또는 장소에 해당하는 것으로 옳은 것은?

> ㄱ. 시장지역
> ㄴ. 공장·창고가 밀집한 지역
> ㄷ. 목조건물이 밀집한 지역
> ㄹ. 위험물의 저장 및 처리시설이 밀집한 지역
> ㅁ. 노후 및 불량건축물이 밀집한 지역

① ㄱ, ㄴ
② ㄱ, ㄴ, ㄷ
③ ㄱ, ㄴ, ㄷ, ㄹ
④ ㄱ, ㄴ, ㄷ, ㄹ, ㅁ

11 「소방기본법」상 강제처분에 관한 내용으로 옳지 <u>않은</u> 것은?

① 소방본부장, 소방서장 또는 소방대장은 사람을 구출하거나 불이 번지는 것을 막기 위하여 필요할 때에는 화재가 발생하거나 불이 번질 우려가 있는 소방대상물 및 토지를 일시적으로 사용하거나 그 사용의 제한 또는 소방활동에 필요한 처분을 할 수 있다.
② 사람을 구출하거나 불이 번지는 것을 막기 위하여 긴급하다고 인정할 때에 소방대상물 또는 토지 외의 소방대상물과 토지에 대하여 처분을 할 경우 처분을 방해한 자 또는 정당한 사유 없이 그 처분에 따르지 아니한 자 3년이하의 징역 또는 3천만원 이하의 벌금에 처한다.
③ 소방본부장, 소방서장 또는 소방대장은 소방활동을 위하여 긴급하게 출동할 때에는 소방자동차의 통행과 소방활동에 방해가 되는 주차 또는 정차된 차량 및 물건 등을 제거하거나 이동시킬 수 있다.
④ 소방본부장, 소방서장 또는 소방대장은 소방활동에 방해가 되는 주차 또는 정차된 차량의 제거나 이동을 위하여 관할 지방자치단체 등 관련 기관에 견인차량과 인력 등에 대한 지원을 요청할 수 있고, 요청을 받은 관련 기관의 장은 정당한 사유가 없으면 이에 협조하여야 한다.

12 「소방기본법」상 다음 중 괄호 안에 들어갈 단어로 옳은 것은?

> 이 법은 화재를 (㉠)하거나 진압하고 화재, 재난·재해, 그 밖의 위급한 상황에서의 (㉡) 활동 등을 통하여 국민의 생명·신체 및 재산을 보호함으로써 (㉢) 및 질서 유지와 (㉣)에 이바지함을 목적으로 한다.

	㉠	㉡	㉢	㉣
①	예방·대비	구조·구급	공공의 안전	복리향상
②	예방·경계	구조·구급	공공의 안녕	복리증진
③	예방·대비	구조·구급	공공의 안녕	복리향상
④	예방·경계	구조·구급	공공의 안전	복리증진

13 「화재의 예방 및 안전관리에 관한 법률 시행령」상 소방안전 특별관리시설물에 해당하지 않는 것은?

① 수용인원 1천명 이상인 영화상영관
② 점포가 300개 이상인 전통시장
③ 연면적 10만제곱미터 이상인 물류창고
④ 전력용 및 통신용 지하구

14 「화재의 예방 및 안전관리에 관한 법률」 및 같은 법 시행령, 시행규칙상 통계의 작성 및 관리에 대한 설명으로 옳지 않은 것은?

① 소방청장은 화재의 예방 및 안전관리에 관한 통계를 3년마다 작성·관리하여야 한다.
② 소방청장은 통계를 체계적으로 작성·관리하고 분석하기 위하여 전산시스템을 구축·운영할 수 있으며, 빅데이터를 활용하여 화재발생 동향 분석 및 전망 등을 할 수 있다.
③ 소방청장은 통계자료를 작성·관리하기 위하여 관계 중앙행정기관의 장, 지방자치단체의 장, 공공기관의 장 또는 관계인 등에게 필요한 자료와 정보의 제공을 요청할 수 있다.
④ 소방청장은 한국소방안전원으로 하여금 통계자료의 작성·관리에 관한 업무를 수행하게 할 수 있다.

15 「화재의 예방 및 안전관리에 관한 법률 시행령」상 옮긴 물건 등의 보관기간 및 보관기간 경과 후 처리에 관한 내용으로 옳은 것은?

① 소방관서장은 옮긴 물건 등을 보관하는 경우에는 그 날부터 10일 동안 해당 소방관서의 인터넷 홈페이지에 그 사실을 공고해야 한다.
② 옮긴 물건 등의 보관기간은 공고기간의 종료일 다음 날부터 7일까지로 한다.
③ 소방관서장은 보관기간이 종료된 때에는 보관하고 있는 옮긴 물건 등을 매각할 수 있다.
④ 보관하고 있는 옮긴 물건 등이 부패·파손 또는 이와 유사한 사유로 정해진 용도로 계속 사용할 수 없는 경우에는 폐기해야 한다.

16 「화재의 예방 및 안전관리에 관한 법률 시행령」 제28조에 따른 소방안전관리 업무의 대행 대상 및 업무에 대하여 옳지 않은 것은?

① 지상층의 층수가 11층 이상인 1급 소방안전관리대상물(연면적 1만5천제곱미터 이상인 특정소방대상물과 아파트는 제외)은 대행 대상이 될 수 있다.
② 3급 소방안전관리대상물은 대행 대상이 될 수 있다.
③ 피난시설, 방화구획 및 방화시설의 관리는 대행 업무가 될 수 있다.
④ 소방훈련 및 교육은 대행 업무가 될 수 있다.

17 「화재의 예방 및 안전관리에 관한 법률」 및 같은 법 시행규칙 상 통계의 작성 및 관리에 관한 내용으로 통계자료의 작성·관리에 관한 업무의 전부 또는 일부를 전문성이 있는 기관을 지정하여 수행하게 할 경우 기관에 해당하지 않는 것은?

① 「소방기본법」 제40조제1항에 따라 설립된 한국소방안전원
② 「소방산업의 진흥에 관한 법률」 제14조제1항에 따라 설립된 한국소방산업기술원
③ 「정부출연연구기관 등의 설립·운영 및 육성에 관한 법률」 제8조에 따라 설립된 정부출연연구기관
④ 「통계법」 제15조에 따라 지정된 통계작성지정기관

18 「화재의 예방 및 안전관리에 관한 법률」상 화재의 예방 및 안전관리 기본계획 등의 수립·시행에 관한 내용으로 기본계획에 포함되어야 하는 사항에 해당하지 않은 것은?

① 화재예방정책의 기본목표 및 추진방향
② 화재의 예방과 안전관리를 위한 대국민 교육·홍보
③ 화재예방정책의 여건 변화에 관한 사항
④ 화재의 예방과 안전관리 관련 전문인력의 육성·지원 및 관리

19 「소방시설의 설치 및 관리에 관한 법률 시행령」상 정수장, 수영장, 목욕장과 같이 화재안전기준을 적용하기 어려운 특정소방대상물에 대하여 설치하지 않을 수 있는 소방시설은?

① 연결송수관설비
② 자동화재탐지설비
③ 옥외소화전
④ 비상경보설비

20 「소방시설의 설치 및 관리에 관한 법률」상 특정소방대상물별로 설치하여야 하는 소방시설의 정비 등에 관한 내용이다. ( ) 안에 알맞은 것은?

> 소방청장은 건축 환경 및 화재위험특성 변화사항을 효과적으로 반영할 수 있도록 소방시설 규정을 ( )에 1회 이상 정비하여야 한다.

① 6개월 ② 1년
③ 2년   ④ 3년

21 「소방시설의 설치 및 관리에 관한 법률 시행령」상 피난층 및 무창층에 대한 설명으로 옳지 않은 것은?

① "피난층"이란 곧바로 지상으로 갈 수 있는 출입구가 있는 층을 말한다.
② "무창층"이란 지상층 중 개구부(건축물에서 채광·환기·통풍 또는 출입 등을 위하여 만든 창·출입구, 그 밖에 이와 비슷한 것을 말한다)의 면적의 합계가 해당 층의 바닥면적의 30분의 1 이하가 되는 층을 말한다.
③ 무창층의 개구부 요건으로 내부 또는 외부에서 쉽게 부수거나 열 수 없어야 한다.
④ 무창층의 개구부 요건으로 해당 층의 바닥면으로부터 개구부 밑부분까지의 높이가 1.2미터 이내이어야 한다.

22 「소방시설의 설치 및 관리에 관한 법률 시행령」상 화재안전기준에 따라 옥내소화전설비를 설치하여야 하는 특정소방대상물에 대한 설명이다. ( ) 안에 옳은 것은? (위험물 저장 및 처리 시설 중 가스시설, 지하구 및 업무시설 중 무인변전소은 제외)

> 다음의 어느 하나에 해당하는 경우에는 모든 층
> • 연면적 (ㄱ)㎡ 이상인 것(터널은 제외한다)
> • 지하층·무창층(축사는 제외한다)으로서 바닥면적이 (ㄴ)㎡ 이상인 층이 있는 것
> • 층수가 4층 이상인 것 중 바닥면적이 (ㄷ)㎡ 이상인 층이 있는 것

	ㄱ	ㄴ	ㄷ
①	3천	600	600
②	1천5백	600	600
③	3천	600	500
④	1천5백	600	500

23 「소방시설의 설치 및 관리에 관한 법률 시행령」상 성능위주설계를 해야 하는 특정소방대상물의 범위로 옳지 않은 것은?

① 50층 이상(지하층은 제외)이거나 지상으로부터 높이가 200미터 이상인 아파트의 신축
② 터널 중 수저(水底)터널 또는 길이가 3천미터 이상인 것의 신축
③ 하나의 건축물에 영화상영관이 10개 이상인 특정소방대상물의 신축
④ 「초고층 및 지하연계 복합건축물 재난관리에 관한 특별법」에 따른 지하연계 복합건축물에 해당하는 특정소방대상물

24 「소방시설 설치 및 관리에 관한 법률 시행규칙」상 등록사항의 변경신고 등에 관한 내용으로 변경사항별 첨부하여야 하는 서류의 연결이 옳은 것만 고른 것은?

> ㄱ. 명칭·상호가 변경된 경우: 소방시설관리업 등록증 및 등록수첩
> ㄴ. 영업소 소재지가 변경된 경우: 소방시설관리업 등록증 및 등록수첩
> ㄷ. 대표자가 변경된 경우: 소방시설관리업 등록증 및 등록수첩
> ㄹ. 기술인력이 변경된 경우: 소방시설관리업 등록증, 변경된 기술인력의 기술자격증(경력수첩을 포함한다) 및 소방기술인력대장

① ㄱ, ㄴ
② ㄱ, ㄴ, ㄷ
③ ㄱ, ㄷ, ㄹ
④ ㄴ, ㄷ

25 「소방시설 설치 및 관리에 관한 법률」상 과징금처분에 관한 내용으로 옳지 않은 것은?

① 시·도지사는 영업정지를 명하는 경우로서 그 영업정지가 이용자에게 불편을 주거나 그 밖에 공익을 해칠 우려가 있을 때에는 영업정지처분을 갈음하여 3천만원 이하의 과징금을 부과할 수 있다.
② 과징금을 부과하는 위반행위의 종류와 위반 정도 등에 따른 과징금의 금액, 그 밖에 필요한 사항은 행정안전부령으로 정한다.
③ 시·도지사는 과징금을 내야 하는 자가 납부기한까지 내지 아니하면 「국가행정제재·부과금의 징수 등에 관한 법률」에 따라 징수한다.
④ 시·도지사는 과징금의 부과를 위하여 필요한 경우에는 납세자의 인적사항, 과세정보의 사용 목적 및 과징금의 부과 기준이 되는 매출액을 적은 문서로 관할 세무관서의 장에게 「국세기본법」 제81조의13에 따른 과세정보의 제공을 요청할 수 있다.

소방전술 (25문항)

01 고속분무방수 요령 및 특성에 대한 설명으로 옳은 것은?

① 노즐압력 0.3Mpa 이상, 노즐 전개각도는 30도 이상으로 한다.
② 소규모 유류화재, 가스화재의 소화에 유효하다.
③ 용기, 작은탱크의 냉각에 유효하다.
④ 닥트스페이스, 파이프샤프트 내 등의 소화에 유효하다.

02 소방활동검토회의에 대한 설명으로 옳은 것은?

① 검토회의는 화재를 진압한 소방본부 또는 소방서에서 개최한다.
② 검토회의는 화재발생일로부터 15일 이내에 개최한다.
③ 화재발견 및 현장도착 시 연소범위는 점선으로 구분 표시하고 도로는 그 폭원을 미터(m)로 표시한다.
④ 방위표시도는 반드시 기입하고 제1출동대는 적색으로 표시한다.

03 "화재의 특수현상과 대처법"에 대한 내용으로 옳은 것은?

① 플레임오버 : 통로나 출구를 따라 진행되는 화염 확산은 일반적인 구획 공간 내의 화염 확산보다 치명적이다.
② 백드래프트 : 복도와 같은 통로공간에서 벽, 바닥 표면의 가연물에 화염이 급속하게 확산되는 현상을 묘사하는 용어이다.
③ 롤오버 : 밀폐된 건축물 내에서 화재가 진행될 때 연소과정은 산소공급이 부족한 상태에서 서서히 훈소된다.
④ 플래시오버 : 전형적으로 공간 내의 화재가 성장단계에 있고, 소방관들이 화점에 진입하기 전(前) 복도에 머무를 때 발생한다.

04 옥외호스연장에 대한 설명으로 옳지 않은 것은?

① 옥외계단에서 3층 이하의 경우는 손으로 연장하거나 소방호스를 매달아 올려 연장한다.
② 사다리등반에 의한 소방호스연장 방법은 3층 이하의 경우에 실시한다.
③ 사다리 등반 시는 아래로 소방호스를 사다리와 분리해서 연장하고, 진입 후에는 소방호스를 사다리 위로 연장한다.
④ 인접건물 사이가 떨어져 있는 경우는 사다리를 접은 상태로 인접건물에 걸쳐 연장한다.

05 다음 중 저층건물에서 짙은 연기의 흐름을 좌우하는 요소와 성격이 다른 하나는?

① 창문 등 개구부 개방을 통한 외부 공기
② 연소 압력
③ 공조시스템
④ 화재로 인한 열

06 안전벨트에 관한 설명으로서 옳지 않은 것은?

① 구조활동 시에는 반드시 상·하단형 벨트를 사용해야 한다.
② 안전벨트의 허리 벨트 버클은 한 번 통과시키고 난 다음 다시 거꾸로 통과시켜야 안전하며 끝을 5cm 이상 남겨야 한다.
③ 장비걸이는 보통 10kg 내외의 하중을 지탱하므로 절대로 로프나 자기 확보 줄을 장비걸이에 연결하지 않도록 한다.
④ 5년 정도 사용하면 외관상 이상이 있는지 확인한 후 사용하는 것이 좋다.

07 유리 파괴요령"에 대한 설명으로 옳은 것은?

① 12mm 이상 두꺼운 유리 : 해머로도 파괴가 용이하지 못하므로 유리의 열전도율이 낮은 특성을 이용하여 가스절단기로 급속 가열하여 열에 의해 파괴되도록 한다.
② 망입유리 : 해머, 도끼 등으로 유리를 가늘게 깨고 칼 등을 사용하여 플라스틱 막을 잘라 내거나 가스절단기 등으로 태워 자른다.
③ 방탄유리 : 창의 중앙부분을 강타하여 금이 생기더라도 효과는 없으므로 반드시 창틀에 가까운 부분을 파괴한다.
④ 강화유리 : 충격에 의해 파괴되지만 탈락은 없다. 단, 충격을 가할 때 작은 파편이 비산하므로 방진안경 또는 헬멧의 후드를 활용하여 위해를 방지한다.

08 구조장비 중 탐색구조장비에 해당되지 <u>않은</u> 것은?

① 화학작용제 탐지기
② 119구조견
③ 적외선 야간투시경
④ GPS수신기

09 건물구조에 대한 지식정보에 대한 설명으로 옳은 것은?

① 복사 : 열과 연기를 확산시켜 연소 범위를 확대시키는 가장 흔한 방식이다.
② 자동노출 : 고체물질의 고온에서 저온으로 열이 전달되는 방식이다.
③ 전술 : 1개 단위의 진압대가 현장에서 수행하는 구체적 작전을 말한다.
④ 전도 : 공간을 통해 열이 사방으로 전달되는 방식으로 화염을 사방으로 확대시키는 대형화재의 주범이다.

10 프랭크버드(Frank Bird) 이론에 대한 설명으로 옳은 것은?

① 이론의 순서는 제어의 부족-기본원인-직접원인-사고-재해손실이다.
② 사고와 재해의 관련을 명백히 하기 위해 「1:29:300의 법칙」으로 재해구성비율을 설명한다.
③ 기본원인이란 경영자, 안전관리자 등 안전감독기관이 안전에 관한 제도, 조직, 지도, 관리 등을 소홀히 하는 것을 의미한다.
④ 제어의 부족이란 불안전한 행동 또는 불안전한 상태로 일컬어지는 것으로서 하인리히의 연쇄이론에서도 가장 중요한 대책사항으로 볼 수 있다.

11 소방용수시설 설치기준에 대한 설명으로 다음 내용에서 저수조 기준과 관계있는 것은?

| ㉠ 4.5m | ㉡ 0.5m | ㉢ 100㎜ |
| ㉣ 65㎜ | ㉤ 1.7m | ㉥ 60cm |

① ㉠ - ㉡ - ㉥
② ㉠ - ㉢ - ㉣
③ ㉡ - ㉤ - ㉥
④ ㉠ - ㉡ - ㉢

12 구조방법을 결정하는데 있어서 구조 활동의 순서로써 옳은 것은?

㉠ 구조대상자의 구명에 필요한 조치를 취한다.
㉡ 2차 재해의 발생위험을 제거한다.
㉢ 구조대상자의 상태 악화 방지에 필요한 조치를 취한다.
㉣ 현장활동에 방해되는 각종 장해요인을 제거한다.
㉤ 구출활동을 개시한다.

① ㉣-㉢-㉠-㉡-㉤
② ㉠-㉡-㉣-㉢-㉤
③ ㉣-㉡-㉠-㉢-㉤
④ ㉣-㉢-㉠-㉡-㉤

13 현수로프 설치원칙으로써 옳지 않은 것은?

① 로프는 한 겹으로 사용하는 것을 원칙으로 하고 직경 9㎜ 이하의 로프는 반드시 두 겹으로 한다.
② 하강 로프의 길이는 현수점에서 하강지점(지표면)까지 로프가 완전히 닿고 1~2m 정도의 여유가 있어야 한다.
③ 로프 가방을 사용하면 로프가 엉키지 않고 손상을 방지할 수 있다.
④ 필요하면 현수로프를 보조로프로 고정하여 움직이지 않도록 한다.

14 헬기하강에 대한 설명으로 옳은 것은?

① 헬리콥터에 다가갈 때에는 기체의 뒷면으로 접근하며 기장 또는 기내 안전원의 신호에 따라 탑승한다.
② 공중에서 로프를 투하하는 경우에는 로터의 하향풍에 로프가 휘말릴 수 있기 때문에 반드시 로프백에 수납하여 투하한다.
③ 착지점 약 5m 상공에서 서서히 제동을 걸기 시작 지상 약 3m 위치에서는 반드시 정지할 수 있는 스피드까지 낮추어 지상에 천천히 착지한다.
④ 꼬리날개(Tail rotor)는 고속으로 회전하여 매우 위험하므로 절대 기체의 측면 쪽으로 접근하지 않도록 한다.

15 다음 중 산악구조장비에 대한 설명으로 옳은 것은?

① 스태틱로프는 신장률이 7% 이상 정도로서 신축성이 높아 충격을 흡수하는 데 유리하므로 자유낙가 발생할 수 있는 암벽등반에 유리하다.
② 로프를 사리고 끝처리는 풀리지 않도록 단단히 묶어 두도록 한다.
③ 슬링은 등반 시 짧게 잘라서 사용하거나 고정용 또는 안전벨트의 대용 등으로 사용할 수도 있다.
④ 다이내믹 로프는 부드러우면서 여러 가지 색상이 섞인 화려한 문양이다.

16 구조대원이 갇혔거나 길을 잃었을 경우 조치사항으로 옳은 것은?

① 가능한 한 처음 검색을 시작했던 방향을 기억해 내어 돌아가서는 안 된다.
② 커플링의 결합부위를 찾아서 암 커플링이 향하는 쪽으로 기어 나간다.
③ 의식이 흐려지면 랜턴이 천장을 비추도록 놓고 출입문 가운데나 벽에 누워서 발견되기 쉽게 한다.
④ 긴급한 경우 창문 밖으로 방화복이나 헬멧 등 보호장비를 던져서 구조를 요청하는 신호를 보낸다.

17 잠수기본 장비에 대한 설명으로 옳은 것은?

① 잠수복 : 보편적으로 수온이 13℃ 이하에서는 발포고무로 만든 습식잠수복을 착용하고 수온이 24℃ 이하로 낮아지면 건식잠수복을 착용하도록 권장한다.
② 공기통 : 장기간 보관할 때 공기통에 공기를 50bar로 압축하여 세워두고, 다음번 사용할 때에는 공기통을 깨끗이 비우고 새로운 공기를 압축하여 사용한다.
③ 중량벨트 : 본인에게 알맞은 중량벨트의 선택방법은 모든 장비를 착용한 상태에서 얼굴 높이에 수면이 위치하도록 하는 것이다.
④ 부력조절기 : 사용 후 깨끗한 물로 씻어야 하고, 물로 헹구어서 공기를 넣어 통풍이 잘되는 곳에서 말려야 하고 내부에 물이 들어가서는 안된다.

18 엘리베이터 안전장치에 대한 설명으로 옳지 않은 것은?

① 와이어로프의 강도는 최대하중의 10배 이상의 안전율로 설치한다.
② 기계적 결함으로 로프가 끊어져도 평소 이동 속도의 1.4배 이상에서 작동되는 브레이크 장치로 인해 추락하지는 않는다.
③ 완충기는 어떤 원인으로 카가 중간층을 지나치는 경우, 충격을 완화시키는 것으로 통상 정격속도가 60m/min 이하의 경우는 스프링완충기를, 60m/min을 초과하는 것에는 유압완충기를 사용한다.
④ 화이널리미트 스위치는 최상층 및 최하층에 근접할 때에, 자동적으로 엘리베이터를 정지시켜 과주행을 방지한다.

19 가스의 분류에 대한 설명으로 옳은 것은?

① 압축가스 : 액화암모니아, 염소, 프로판, 산화에틸렌
② 액화가스 : 수소, 산소, 질소, 메탄
③ 용해가스 : 아르곤
④ 가연성가스 : 메탄, 에탄, 프로판, 부탄, 수소

20 다음 GHS 국내 표시법으로 다음 내용과 관계있는 것은?

① 인화성　　② 유해성
③ 폭발성　　④ 독성

21 외상처치장비인 부목에 대한 설명으로 옳은 것은?

① 진공부목 : 변형된 관절 및 골절에 유용하며, 전신진공부목은 척추고정이 잘 된다.
② 패드부목 : 사지골절에 사용하기가 적합하며, X-ray촬영이 안 된다.
③ 목뼈보호대 : 환자를 구출하거나 이송하기 전에 목 고정에 필요한 장비이며, 머리를 중립자세로 유지하고 턱에서 하악까지의 높이를 측정한다.
④ 공기부목 : 출혈이 있는 경우 지혈효과가 있으며, 개방성 골절이 있는 환자에게 사용해서는 안 된다.

22 신체역학에 따른 환자들어올리기에 대한 설명으로 옳지 <u>않은</u> 것은?

① 들어 올릴 때 등을 일직선으로 유지하고 다리, 엉덩이의 근육을 이용한다.
② 다리를 약간 붙이고 발끝을 안으로 향하게 한다.
③ 들것을 들어 올릴 때 양손의 간격은 20~30cm 떨어져 잡는다.
④ 물체를 가능한 한 몸에서 가까이 하도록 한다.

23 환자의 비 응급이동 요령으로 다음 내용과 관계 깊은 것은?

> 두 명의 대원이 척추손상이 없는 환자를 이동할 때 사용하는 방법으로 호흡곤란 환자는 피한다.

① 직접들어올리기
② 무릎, 겨드랑이 들기법
③ 바로누운 환자이동
④ 시트 끌기

24 START분류법에서 남아있는 환자에 대한 우선순위 분류방법으로 긴급환자로 볼 수 없는 것은?

① 호흡이 없는 환자가 기도개방처치 후 호흡이 없다.
② 호흡수가 분당 30회 이상이다.
③ 호흡은 없고 맥박이 있다.
④ 의식장애가 있다.

25 구조현장 안전관리에 대한 내용으로 옳은 것은?

① 작은 선박은 운항 중에 횡파를 받아 전복할 우려가 있으므로 파도와 직각으로 부딪히도록 한다.
② 항공기 사고 시 엔진이 가동 중인 기체에 접근할 때는 급·배기에 의한 사고를 방지하기 위하여 기체에 후면으로 접근한다.
③ 현행법상 사망에 대한 판정은 의사자격증을 가진 사람이 확인한다.
④ 발생되는 사고를 예방하고 부상을 줄이기 위해서는 손목 파지법이 아닌 악수법을 사용한다.

최단기 소방승진 이패스 소방사관
www.kfs119.co.kr

※ 이 책은 저작권법에 의해 보호를 받는 저작물이므로 무단전재와 복제를 금합니다.
※ 본 교재의 저작권은 이패스코리아에 있습니다.

2025년 소방교 소방승진 제4회

응시번호	
성명	

【시험 과목】

편철순서	제1과목	제2과목	제3과목
과목명	소방법령 I (25문항)	소방법령 II (25문항)	소방전술 (25문항)

응시자 준수사항

☞ 시험지를 받으면 "시험 감독관 또는 방송"의 안내에 따라 다음 사항을 반드시 지켜 주시기 바랍니다.

1. 시험지 표지의 응시번호 및 성명"을 기재하여 주십시오.

2. 시험이 시작되면 시험지의 "편철순서", "페이지 수량", "인쇄 상태"를 반드시 확인한 후에 문제를 푸십시오.
   ※ 본 시험지는 총 16페이지입니다.

3. 시험이 시작되면 문제를 주의 깊게 읽고, 문항의 취지에 가장 적합한 하나의 정답만을 고르십시오. 운영요원에게 문제 내용에 관한 질문은 하실 수 없습니다.

※ 본 시험지는 공개이므로 시험이 종료된 후 가지고 나갈 수 있습니다.

※ 본 표지는 실제 시험지를 모델로 제작되었습니다.

epasskorea

소방교 소방승진

제4회 모의고사

문 항 수 : 75문항
응시시간 : 75분

소방법령 Ⅰ (25문항)

01 「소방공무원의 복무규정」에 대한 설명으로 옳지 않은 것은?

① 화재 진압 또는 구조·구급 활동을 할 때 소방공무원을 지휘·감독하는 사람은 정당한 이유 없이 그 직무수행을 거부 또는 유기하거나 소방공무원을 지정된 근무지에서 진출·후퇴 또는 이탈하게 하여서는 아니 된다.
② 소방기관의 장은 근무성적이 뛰어나거나 다른 소방공무원의 모범이 될 공적이 있는 소방공무원에게 1회 7일 이내의 포상휴가를 줄 수 있다.
③ 소방기관의 장은 2조 교대제 근무를 하는 소방공무원에게는 순번을 정하여 주기적으로 근무일에 휴무하게 할 수 있다. 다만, 비상근무를 하는 경우에는 그러하지 아니하다
④ 소방공무원은 휴무일이나 근무시간 외에 공무가 아닌 사유로 3시간 이내에 직무에 복귀하기 어려운 지역으로 여행하려는 경우에는 소속 소방기관의 장에게 신고하여야 한다.

02 「공무원고충처리규정」상 성폭력범죄·성희롱의 신고 및 조사 절차의 내용으로 옳지 않은 것은?

① 누구나 기관 내 성폭력범죄 또는 성희롱 발생 사실을 알게 된 경우 이를 인사혁신처장 및 임용권자등에게 신고할 수 있다.
② 인사혁신처장은 신고를 받은 경우 지체 없이 신고내용을 확인하고 해당 임용권자등이 조사를 실시했는지 여부를 확인하여 조사를 실시하지 않은 경우에는 조사 실시 및 그 결과 제출을 요구할 수 있다.
③ 인사혁신처장이 직접 조사하는 경우 피해자등, 피신고자, 관계인 또는 관계기관 등에 대하여 조사 사항과 관련이 있다고 인정되는 자료의 제출을 요구하는 방법 등으로 조사한다.
④ 임용권자등은 조사 결과 공직 내 성희롱 또는 성폭력 발생 사실이 확인되면 가해자에게 직위해제, 징계의결 요구, 승진임용 심사 대상에서 제외, 다른 직위에의 전보, 교육훈련 등 파견근무, 「공무원 성과평가 등에 관한 규정」에 따른 취하위등급 부여, 감사·감찰·인사·교육훈련 분야 등의 보직 제한의 어느 하나에 해당하는 조치를 할 수 있다.

03 소방간부후보생을 소방위로 임용할 때 원칙적으로 보직할 수 있는 곳만으로 묶은 것은?

① 지방소방학교, 119특수대응단
② 소방체험관, 소방서
③ 서울종합방재센터, 119안전센터
④ 중앙119구조본부, 소방청

04 119특수구조대 소속 소방위의 휴직에 대한 권한을 행사하는 사람은?

① 중앙119구조본부장
② 소방청장
③ 119특수구조대장
④ 시·도지사

05 「공무원보수규정」상 용어의 정의로서 옳은 것은?

① "보수"란 봉급에서 각종 수당을 제외한 금액을 말한다.
② "승격"이란 외무공무원이 현재 임용된 직위의 직무등급보다 높은 직무등급의 직위(고위공무원단 직위는 제외한다)에 임용되는 것을 말한다.
③ "성과연봉"은 개인의 경력, 누적성과와 계급 또는 직무의 곤란성 및 책임의 정도를 반영하여 지급되는 기본급여의 연간 금액을 말한다.
④ "연봉월액"이란 해당 직책과 계급을 반영하여 일정액으로 지급되는 금액을 말한다.

06 소방공무원법에 따른 인사교류에 의한 임용에 대한 설명으로 옳지 <u>않은</u> 것은?

① 소방청장은 소방공무원의 능력을 발전시키고 소방사무의 연계성을 높이기 위하여 소방청과 시·도 간 및 시·도 상호 간에 인사교류가 필요하다고 인정하면 인사교류계획을 수립하여 실시하여야 한다.
② 시·도 상호 간 인사교류의 인원(연고지배치를 위하여 실시하는 인원을 제외)은 필요한 최소한으로 하되, 소방청장은 교류인원을 정할 때에는 미리 해당 시·도지사의 의견을 들어야 한다.
③ 소방청장은 소방인력 관리를 위해 필요한 경우에는 소방청과 시·도 간 및 시·도 상호 간의 인사교류를 제한할 수 있다.
④ 임용권자는 소방공무원을 전입 또는 전출하려는 경우에는 소방공무원 전입·전출동의요구서에 따라 해당 소방기관의 장의 동의를 받아야 한다.

07 「소방공무원 임용령」상 임용권자 또는 임용제청권자가 소방공무원을 2년 이내(필요한 경우 총 파견기간 5년의 범위에서 연장 가능) 파견할 수 있는 경우는?

① 「공무원 인재개발법」에 따른 공무원교육훈련기관의 교수요원으로 선발되거나 그 밖에 교육훈련 관련 업무수행을 위하여 필요한 경우
② 다른 기관의 업무폭주로 인한 행정지원의 경우
③ 「공무원 인재개발법」에 따른 교육훈련을 위하여 필요한 경우
④ 국제기구, 외국의 정부 또는 연구기관에서의 업무수행 및 능력개발을 위하여 필요한 경우

08 경력경쟁시험으로 임용예정분야별 채용계급에 해당하는 자격증 소지자를 임용하는 경우 시험 방법은?

① 서류전형, 체력시험, 종합적성검사, 면접시험, 필기시험, 실기시험을 모두 실시
② 서류전형·종합적성검사와 면접시험. 다만, 시험실시권자가 필요하다고 인정하는 경우에는 체력시험을 병행 가능
③ 서류전형·체력시험·면접시험. 다만, 업무의 특수성 등을 고려하여 필요하다고 인정되는 경우에는 필기시험과 실기시험을 병행하여 실시 가능
④ 서류전형·체력시험·종합적성검사·면접시험과 필기시험 또는 실기시험. 다만, 업무의 특수성 등을 고려하여 필요하다고 인정되는 경우에는 필기시험과 실기시험을 모두 병행하여 실시 가능

09 소방공무원 채용시험의 사후조치에 관한 설명으로 옳지 <u>않은</u> 것은?

① 시험실시권자는 시험을 실시한 때에는 그 시험의 실시내용 및 결과를 소방청장에게 보고하여야 한다.
② 다른 법령에 의한 국가공무원 또는 지방공무원의 임용시험에서 부정행위를 하여 당해 시험에의 응시자격이 정지중에 있는 자는 그 기간중 소방공무원임용령에 의한 시험에 응시할 수 없다.
③ 부정행위를 한 응시자가 공무원일 경우에는 시험실시권자는 관할 징계위원회에 징계의결을 요구하거나 그 공무원이 소속하고 있는 기관의 장에게 이를 요구할 수 있다.
④ 대리 시험을 의뢰한 사람에 대해서는 그 시험을 정지 또는 무효로 하거나 합격을 취소하고, 그 처분이 있은 날부터 5년간 소방공무원임용령에 따른 시험의 응시자격을 정지한다.

10 「소방공무원 승진임용 규정」 및 같은 법 시행규칙상 소방공무원의 승진임용에 관한 내용으로 옳지 않은 것은?

① 소방위로 승진하기 위해서는 원칙적으로 소방장에서 1년 이상 재직하여야 한다.
② 시험승진의 경우 승진소요최저근무연수의 계산 기준일은 제1차 시험일의 전일이다.
③ 심사승진의 경우 승진소요최저근무연수의 계산 기준일은 승진심사 실시일의 전일이다.
④ 강등되거나 강임되었던 사람이 원(原) 계급으로 승진된 경우에는 강등되거나 강임되기 전의 계급에서 재직한 기간은 원 계급에서 재직한 연수에 포함하지 아니한다.

11 승진임용 제한기간의 계산에 관한 다음의 내용에서 ( ) 안에 적절한 것은?

- 승진임용 제한기간 중에 있는 사람이 다시 징계처분을 받은 경우의 승진임용 제한기간은 (㉠)부터 계산한다.
- 징계처분으로 승진임용 제한기간 중에 있는 사람이 직위해제처분을 받는 경우 징계처분에 따른 남은 승진임용 제한기간은 (㉡)부터 계산한다.

① ㉠ - 전 처분에 대한 제한기간이 끝난 날
　㉡ - 직위해제처분을 받은 날
② ㉠ - 다시 징계처분을 받은 날
　㉡ - 직위해제처분을 받은 날
③ ㉠ - 전 처분에 대한 제한기간이 끝난 날
　㉡ - 복직한 날
④ ㉠ - 다시 징계처분을 받은 날
　㉡ - 복직한

12 소방공무원 징계위원회 징계위원의 제척·기피 및 회피에 관한 설명으로 옳은 것은?

① 징계위원회의 위원은 제척 사유에 해당하면 스스로 해당 징계등 사건의 심의·의결을 회피할 수 있다.
② 징계위원회는 위원의 제척·기피 또는 회피로 인하여 심의·의결에 출석할 수 있는 위원 수가 과반수에 미달하는 경우에는 위원 과반수를 충족하는 때까지 상급기관의 장에게 해당 심의 대상자에 관한 안건에 한정하여 심의·의결에 참여할 임시위원의 임명 또는 위촉을 요청하여야 한다.
③ 징계위원회의 위원 중 징계등 심의 대상자의 친족 또는 직근 상급자(징계 사유가 발생한 때의 직근 상급자였던 사람은 불포함)나 그 징계등 사유와 관계가 있는 사람은 그 징계등 사건의 심의·의결에 관여하지 못한다.
④ 징계위원회는 기피신청이 있는 때에는 재적위원 과반수의 출석과 출석위원 과반수의 찬성으로 기피 여부를 의결하여야 한다.

13 「국가유공자 등 예우 및 지원에 관한 법률」상 보상을 받는 국가유공자의 유족이나 가족의 범위를 잘못 기술한 것은?

① 60세 이상의 직계존속과 성년인 형제자매가 없는 미성년 제매
② 배우자(사실혼 관계에 있는 사람을 포함한다)
③ 부모(생부 또는 생모 외에 국가유공자를 양육하거나 부양한 사실이 있는 부 또는 모의 배우자가 있는 때에는 국가유공자를 주로 양육하거나 부양한 사람 1명을 부 또는 모로 본다)
④ 자녀(양자는 국가유공자가 직계비속이 없어 입양한 사람 1명만을 자녀로 본다)

14 소방공무원법에 따른 특별위로금에 대한 설명으로 옳은 것은?

① 소방공무원이 공무상 질병 또는 부상으로 인하여 치료 등의 요양을 하는 경우에는 특별위로금을 지급해야 한다.
② 위로금은 공무상요양으로 소방공무원이 요양하면서 출근하지 아니한 기간에 대하여 지급하되, 36개월을 넘지 아니하는 범위에서 지급한다.
③ 「공무원 재해보상법」에 따른 요양급여의 결정에 대한 불복절차가 인용 결정으로 최종 확정된 경우에는 확정된 날의 다음날부터 6개월 이내에 소방기관의 장에게 신청하여야 한다.
④ 특별위로금의 지급 기준 및 방법 등은 소방청장이 정한다.

15 소방기관의 장은 소방청장이 수립한 소방공무원 교육훈련 기본정책 및 기본지침에 따라 직장훈련계획을 수립해야 한다. 직장훈련계획에 포함되는 사항으로 가장 옳지 <u>않은</u> 것은?

① 부서별·직무 분야별 전문성 강화를 위한 전문교육훈련
② 공직가치 확립 및 정부 시책에 대한 교육
③ 신규채용자 및 보직변경자에 대한 소방법령 교육
④ 직장훈련 시간 총량 목표 및 관리에 관한 사항

16 소방공무원의 가점평정에 대한 설명으로 옳지 <u>않은</u> 것은?

① 소방업무와 관련한 전국 및 특별시·광역시·특별자치시·도·특별자치도 단위 대회 또는 평가 결과 우수한 성적을 얻은 경우는 2.0점을 초과할 수 없다.
② 해당 계급에서 학사·석사 또는 박사학위를 취득하거나 언어 능력이 우수하다고 인정되는 경우는 0.5점을 초과할 수 없다.
③ 소방행정의 균형발전을 위하여 소방청장이 실시하는 인사교류의 대상이 된 경우는 3.0점을 초과할 수 없다.
④ 해당 계급에서 격무·기피부서에 근무한 때의 가점은 1.5점을 초과할 수 없다.

17 다음 중 소방공무원에게 직위를 부여하지 않을 수 있는 경우에 관한 규정으로 맞는 것은?

① 별도정원이 인정되는 파면·해임·면직된 사람의 복귀 시에 해당 기관에 그에 해당하는 계급의 결원이 없어서 그 계급의 정원에 최초로 결원이 생길 때까지 해당 계급에 해당하는 소방공무원을 보직 없이 근무하게 하는 경우
② 직제의 신설·개편·폐지 시 3개월 이내의 기간 동안 소속 소방공무원을 기관의 신설준비 등을 위하여 보직 없이 근무하게 하는 경우
③ 국제기구, 외국의 정부 또는 연구기관에서의 업무수행 및 능력개발을 위하여 필요한 경우에 2년 이상의 해외 파견근무를 위하여 특히 필요하다고 인정하여 3주 이내의 기간 동안 소속 소방공무원을 보직 없이 근무하게 하는 경우
④ 결원보충이 승인된 파견자로서 「국제과학기술협력규정」에 따른 2년 이상의 장기 국외훈련을 위한 파견준비를 위하여 특히 필요하다고 인정하여 2주 이내의 기간 동안 소속 소방공무원을 보직 없이 근무하게 하는 경우

18 다음은 소방공무원의 별도정원의 범위와 관련된 사항이다. ( ) 안에 들어갈 내용은?

> 시·도지사가 임용권을 행사하는 소방공무원을 대상으로 국내외 위탁교육을 실시할 때 다음의 어느 하나에 해당하는 경우에는 그 훈련기간 동안 그 인원에 해당하는 정원이 해당 기관에 따로 있는 것으로 본다.
> • 소방청장이 「소방공무원 교육훈련규정」 제37조에 따라 수립하는 훈련기간이 (㉠) 이상인 교육훈련계획에 따라 교육훈련대상자의 직급 및 인원이 기관별로 결정된 경우
> • 시·도지사가 「소방공무원 교육훈련규정」 제37조에 따라 소속 소방경 이하의 소방공무원을 대상으로 훈련기간이 (㉡) 이상인 국내 위탁교육훈련계획을 수립·시행함에 따라 결원 보충이 필요한 경우

	㉠	㉡		㉠	㉡
①	1년	1년	②	1년	6개월
③	6개월	6개월	④	6개월	1년

19 징계절차에서 피해자 및 징계등 혐의자의 진술권에 관한 내용으로 옳지 않은 것은?

① 징계등 혐의자는 의견서 또는 구술로 자기에게 이익이 되는 사실을 진술하거나 증거를 제출할 수 있다.
② 징계위원회는 징계등 요구사건의 피해자가 신청하는 경우에는 그 피해자에게 징계위원회에 출석하여 해당 사건에 대해 의견을 진술할 기회를 주어야 한다.
③ 피해자가 이미 해당 사건에 관하여 징계의결등의 요구과정에서 충분히 의견을 진술하여 다시 진술할 필요가 없다고 인정되는 경우에는 징계위원회에 출석하여 진술할 기회를 주지 않아도 된다.
④ 피해자의 진술로 징계위원회 절차가 현저하게 지연될 우려가 있는 경우에는 징계위원회에 출석하여 진술할 기회를 주지 않아도 된다.

20 「소방공무원법」상 소방공무원인사위원회를 설치하는 기관들로만 짝지은 것은?

① 춘천시, 세종특별자치시, 전라북도
② 소방청, 행정안전부, 경상북도
③ 강원도, 인천소방본부, 소방청
④ 소방청, 제주특별자치도, 광주광역시

21 근무성적평정의 예외에 대한 설명으로 옳은 것은?

① 소방공무원이 국외 파견 등 교육훈련으로 인하여 실제 근무기간이 1개월 미만인 경우에는 직무에 복귀한 후 첫 번째 정기평정을 하기 전까지 가장 최근의 근무성적평정을 해당 소방공무원의 평정으로 본다.
② 소방공무원이 6월 이상 국가기관·지방자치단체에 파견근무하는 경우에는 파견받은 기관의 의견을 참작하여 근무성적을 평정하여야 한다
③ 소방공무원이 소방청과 시·도 간 또는 시·도 상호 간에 인사교류된 경우에는 인사교류 전에 받은 근무성적평정을 해당 소방공무원의 평정으로 할 수 없다.
④ 소방공무원이 휴직, 직위해제나 그 밖의 사유로 근무성적평정 대상기간 중 실제 근무기간이 2개월 미만인 경우에는 근무평정을 하지 아니한다.

22 경력평정에 대한 설명으로 옳지 않은 것은?

① 승진소요최저근무연수가 경과된 소방정 이하의 소방공무원을 대상으로 한다.
② 기본경력 및 초과경력의 평정점수는 월별 점수에 근무한 기간(월)을 곱하여 소수점 셋째자리에서 반올림한다.
③ 경력평정대상기간은 경력월수를 단위로 하여 계산하되, 일수는 월 단위로 환산하여 1개월 미만은 반영하지 않는다.
④ 징계처분의 집행에 따른 승진임용제한기간 및 소방공무원으로 신규임용될 사람이 받은 교육훈련기간은 경력평정대상기간에 포함한다.

23 소방공무원 승진대상자 명부를 작성하기 위한 체력검정성적 평정점 계산방식이다. ( )에 들어갈 적절한 내용은?

- 소방령 이하 소방장 이상 계급의 소방공무원 : 명부작성 기준일부터 최근 (㉠) 이내에 해당 계급에서 최근 2회 평정한 평정점의 평균
- 소방교 이하 계급의 소방공무원 : 명부작성 기준일부터 최근 1년 6개월 이내에 해당 계급에서 최근 (㉡) 평정한 평정점의 평균

	㉠	㉡		㉠	㉡
①	2년 6개월	2회	②	2년 6개월	1회
③	3년	3회	④	3년	2회

24 수사기관으로부터 공무원의 범죄사건에 대한 결과통보를 다음과 같이 받았을 때, 비위의 정도 및 과실의 경중, 고의성 유무 등 사안에 따라 혐의사실이 인정되는 경우에 징계의결을 요구하는 것은?

① 공소권없음 결정
② 죄가안됨 결정
③ 기소유예 결정
④ 공소제기 결정

25 인사기록의 변경 및 수정 등에 관한 내용으로 옳지 않은 것은?

① 인사기록관리자는 소방공무원이 감봉 징계처분을 받고 그 집행이 종료된 날로부터 5년이 경과한 때에는 당해 소방공무원의 인사기록카드에 등재된 징계처분의 기록을 말소하여야 한다.
② 소방공무원은 성명·주소 기타 인사기록의 기록내용을 변경하여야 할 정당한 사유가 있는 때에는 그 사유가 발생한 날부터 30일 이내에 소속 인사기록관리자에게 신고해야 한다.
③ 인사기록관리자는 징계처분에 대한 일반사면과 특별사면이 있은 때에는 인사기록카드에 등재된 징계처분의 기록을 말소하여야 한다.
④ 인사기록관리자는 파손 또는 심한 오손으로 사용할 수 없게 된 때에는 인사기록을 재작성할 수 있다.

소방법령 II (25문항)

01 「소방기본법」상 용어의 정의에 대한 설명으로 적합하지 <u>않은</u> 것은?

① 특정소방대상물이란 건축물, 차량, 항구에 매어둔 선박, 선박 건조 구조물, 산림, 그 밖의 인공 구조물 또는 물건을 말한다.
② 관계지역이란 소방대상물이 있는 장소 및 그 이웃 지역으로서 화재의 예방·경계·진압, 구조·구급 등의 활동에 필요한 지역을 말한다.
③ 소방본부장이란 특별시·광역시·특별자치시·도 또는 특별자치도에서 화재의 예방·경계·진압·조사 및 구조·구급 등의 업무를 담당하는 부서의 장을 말한다.
④ 소방대장이란 소방본부장 또는 소방서장 등 화재, 재난·재해, 그 밖의 위급한 상황이 발생한 현장에서 소방대를 지휘하는 사람을 말한다.

02 「소방기본법」상 소방안전교육사의 결격사유로 옳지 <u>않은</u> 것은?

① 피성년후견인
② 금고 이상의 형의 집행유예를 선고받고 그 유예기간 중에 있는 사람
③ 법원의 판결 또는 다른 법률에 따라 자격이 정지되거나 상실된 사람
④ 금고 이상의 실형을 선고받고 그 집행이 끝나거나 (집행이 끝난 것으로 보는 경우를 포함한다) 집행이 면제된 날부터 3년이 지나지 아니한 사람

03 「소방기본법」상 소방대의 긴급통행에 관한 설명으로 옳은 것은?

① 모든 차와 사람은 소방자동차(지휘를 위한 자동차와 구조·구급차를 포함한다)가 화재진압 및 구조·구급 활동을 위하여 출동을 할 때에는 이를 방해하여서는 아니 된다.
② 모든 차와 사람은 소방자동차가 화재진압 및 구조·구급 활동을 위하여 사이렌을 사용하여 출동하는 경우에는 앞에 끼어들거나 가로막는 행위를 하여서는 아니 된다.
③ 우선 통행에 관하여는 「도로교통법」에서 정하는 바에 따른다.
④ 화재, 재난·재해, 그 밖의 위급한 상황이 발생한 현장에 신속하게 출동하기 위하여 긴급할 때에는 일반적인 통행에 쓰이지 아니하는 도로·빈터 또는 물 위로 통행할 수 있다.

04 「소방기본법」상 소방공무원이 소방활동, 소방지원활동, 생활안전활동으로 인하여 민·형사상 책임과 관련된 소송을 수행할 경우 변호인 선임 등 소송수행에 필요한 지원을 할 수 있는 자를 모두 열거하면?

① 소방청장, 소방본부장 또는 소방서장
② 소방청장, 시·도지사
③ 시·도지사
④ 소방청장

05 「소방기본법 시행규칙」상 종합상황실의 실장의 업무 등에 관한 내용으로 종합상황실 실장의 업무를 고른 것으로 옳은 것은?

ㄱ. 재난상황의 발생의 신고접수
ㄴ. 하급소방기관에 대한 출동지령
ㄷ. 재난상황의 전파 및 보고
ㄹ. 재난상황의 수습에 필요한 정보수집 및 제공

① ㄱ
② ㄱ, ㄴ
③ ㄱ, ㄴ, ㄷ
④ ㄱ, ㄴ, ㄷ, ㄹ

06 「소방기본법 시행령」상 소방기술민원센터의 설치·운영에 관한 내용으로 소방기술민원센터의 업무를 고른 것으로 옳은 것은?

> ㄱ. 소방시설, 소방공사와 위험물 안전관리 등과 관련된 법령해석 등의 민원의 처리
> ㄴ. 소방기술민원과 관련된 질의회신집 및 해설서 발간
> ㄷ. 소방기술과 안전관리에 관한 교육 및 조사·연구
> ㄹ. 소방업무에 관하여 행정기관이 위탁하는 업무

① ㄱ
② ㄱ, ㄴ
③ ㄱ, ㄴ, ㄷ
④ ㄱ, ㄴ, ㄷ, ㄹ

07 「소방기본법」상 손실보상의 대상이 아닌 것은?

① 위험 구조물 등의 제거활동으로 인하여 손실을 입은 자
② 소방대의 위법한 소방업무 또는 소방활동으로 인하여 손실을 입은 자
③ 위해동물, 벌 등의 포획 및 퇴치 활동으로 인하여 손실을 입은 자
④ 화재 진압 등 소방활동을 위하여 필요할 때에는 소방용수 외에 댐·저수지 또는 수영장 등의 물을 사용하거나 수도(水道)의 개폐장치 등의 조작으로 인하여 손실을 입은 자

08 「소방기본법 시행령」상 소방청장의 한국소방안전원에 대한 감독 사항을 모두 고른 것으로 옳은 것은?

> ㄱ. 이사회의 중요의결 사항
> ㄴ. 회원의 가입·탈퇴 및 회비에 관한 사항
> ㄷ. 사업계획 및 예산에 관한 사항
> ㄹ. 회원에 대한 기술지원 등 정관으로 정하는 사항

① ㄱ, ㄴ, ㄷ
② ㄱ, ㄴ, ㄹ
③ ㄱ, ㄷ, ㄹ
④ ㄴ, ㄷ, ㄹ

09 「소방기본법 시행규칙」상 소방업무의 상호응원협정에 관한 내용으로 상호응원협정사항에 포함되어야 할 사항으로 옳지 않은 것은?

① 화재의 예방·경계·진압활동에 관한 사항
② 응원출동대상지역 및 규모에 관한 사항
③ 소방장비 및 기구의 정비와 연료의 보급에 관한 사항
④ 응원출동의 요청방법에 관한 사항

10 「소방기본법」 및 같은 법 시행령 상 소방안전교육사의 배치에 관한 내용으로 옳지 않은 것은?

① 소방안전교육사를 소방청, 소방본부 또는 소방서에 배치할 수 있다.
② 소방안전교육사를 한국소방안전원, 한국소방산업기술원 또는 한국화재보험협회에 배치할 수 있다.
③ 소방안전교육사를 소방청과 소방본부에 2명 이상 배치할 수 있다.
④ 소방안전교육사를 소방서와 한국소방안전원(시·도지부)에 1명 이상 배치할 수 있다.

11 「소방기본법 시행규칙」상 소방용수표지에 관한 내용으로 괄호 안에 들어갈 단어로 옳은 것은?

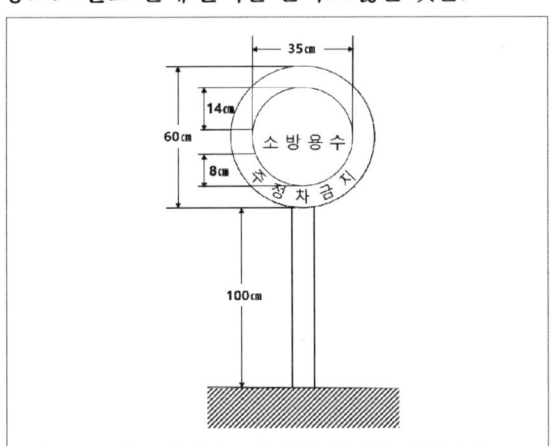

안쪽 문자는 (㉠), 바깥쪽 문자는 (㉡)으로, 안쪽 바탕은 (㉢), 바깥쪽 바탕은 (㉣)으로 하고, 반사재료를 사용해야 한다.

	㉠	㉡	㉢	㉣
①	노란색	파란색	흰색	붉은색
②	붉은색	노란색	파란색	붉은색
③	흰색	노란색	붉은색	파란색
④	흰색	붉은색	파란색	노란색

12 「소방기본법」상 자체소방대의 설치·운영 등에 관한 내용으로서 자체소방대는 소방대가 현장에 도착한 경우 (   )의 지휘·통제에 따라야 한다.에서 괄호 안에 들어갈 단어로 옳은 것은?

① 소방청장   ② 소방본부장
③ 소방서장   ④ 소방대장

13 「화재의 예방 및 안전관리에 관한 법률 시행령」상 화재의 예방 및 안전관리에 관한 기본계획 등의 수립·시행에 관한 설명으로 옳지 <u>않은</u> 것은?

① 소방청장은 화재의 예방 및 안전관리에 관한 기본계획을 계획 시행 전년도 8월 31일까지 관계 중앙행정기관의 장과 협의한 후 계획 시행 전년도 9월 30일까지 수립해야 한다.
② 소방청장은 기본계획을 시행하기 위한 계획을 계획 시행 전년도 10월 31일까지 수립해야 한다.
③ 소방청장은 관계 중앙행정기관의 장과 특별시장·광역시장·특별자치시장·도지사 또는 특별자치도지사에게 기본계획 및 시행계획을 각각 계획 시행 전년도 11월 31일까지 통보해야 한다.
④ 관계 중앙행정기관의 장 및 시·도지사는 세부시행계획을 수립하여 계획 시행 전년도 12월 31일까지 소방청장에게 통보해야 한다.

14 「화재의 예방 및 안전관리에 관한 법률 시행령」상 이동식난로를 사용할 수 없는 장소에 해당하지 않는 것은?(난로가 쓰러지지 않도록 받침대를 두어 고정시키거나 쓰러지는 경우 즉시 소화되고 연료의 누출을 차단할 수 있는 장치가 부착된 경우는 제외)

① 한방병원   ② 도서관
③ 가설건축물 ④ 공연장

15 「화재의 예방 및 안전관리에 관한 법률 시행령」 상 소방청장은 소방안전관리자 자격의 정지 및 취소에 관한 업무를 누구에게 위임하는가?

① 시·도지사
② 소방본부장
③ 소방서장
④ 화재안전조사위원회 위원장

16 「화재의 예방 및 안전관리에 관한 법률 시행령」상 소방안전관리대상물의 관계인이 관리업자로 하여금 소방안전관리업무를 대행하게 할 수 있는 경우이다. (   ) 안에 적절한 것은?

- 지상층의 층수가 (ㄱ)층 이상인 1급 소방안전관리대상물[연면적 (ㄴ) 제곱미터 이상인 특정소방대상물과 아파트는 제외한다]
- 2급 소방안전관리대상물
- 3급 소방안전관리대상물

	ㄱ	ㄴ		ㄱ	ㄴ
①	6	2만	②	6	1만5천
③	11	2만	④	11	1만5천

17 「화재의 예방 및 안전관리에 관한 법률 시행령」상 소방안전 특별관리기본계획 등에 대한 설명으로 옳지 <u>않은</u> 것은?

① 소방청장은 소방안전 특별관리기본계획을 3년마다 수립하여 시·도에 통보해야 한다.
② 특별관리기본계획에는 화재예방을 위한 교육·홍보 및 점검·진단, 화재대응을 위한 훈련 사항이 포함되어야 한다.
③ 시·도지사는 매년 소방안전 특별관리시행계획을 수립·시행하고, 그 결과를 다음 연도 1월 31일까지 소방청장에게 통보해야 한다.
④ 시·도지사는 특별관리시행계획을 수립하는 경우 성별, 연령별, 화재안전취약자별 화재 피해현황 및 실태 등을 고려해야 한다.

18 「화재의 예방 및 안전관리에 관한 법률 시행규칙」상 실태조사의 방법 및 절차 등에 관한 내용으로 옳지 않은 것은?

① 실태조사는 통계조사, 문헌조사 또는 현장조사의 방법으로 하며, 정보통신망 또는 전자적인 방식을 사용할 수 있다.
② 소방청장은 실태조사를 실시하려는 경우 실태조사 시작 14일 전까지 조사 일시, 조사 사유 및 조사 내용 등을 포함한 조사계획을 조사대상자에게 서면 또는 전자우편 등의 방법으로 미리 알려야 한다.
③ 소방청장은 실태조사를 전문연구기관·단체나 관계 전문가에게 의뢰하여 실시할 수 있다.
④ 관계 공무원 및 실태조사를 의뢰받은 관계 전문가 등이 실태조사를 위하여 소방대상물에 출입할 때에는 그 권한 또는 자격을 표시하는 증표를 지니고 이를 관계인에게 내보여야 한다.

19 「화재의 예방 및 안전관리에 관한 법률」상 화재예방안전진단에 관한 내용으로 옳지 않은 것은?

① 소방안전 특별관리시설물의 관계인은 화재의 예방 및 안전관리를 체계적·효율적으로 수행하기 위하여 대통령령으로 정하는 바에 따라 「소방산업의 진흥에 관한 법률」 제14조에 따른 한국소방산업기술원 또는 소방청장이 지정하는 화재예방안전진단기관으로부터 정기적으로 화재예방안전진단을 받아야 한다.
② 비상대응조직 및 교육훈련에 관한 사항은 화재예방안전진단의 범위에 해당한다.
③ 소방본부장 또는 소방서장은 제출받은 화재예방안전진단 결과에 따라 보수·보강 등의 조치가 필요하다고 인정하는 경우에는 해당 소방안전 특별관리시설물의 관계인에게 보수·보강 등의 조치를 취할 것을 명할 수 있다.
④ 화재예방안전진단 업무에 종사하고 있거나 종사하였던 사람은 업무를 수행하면서 알게 된 비밀을 이 법에서 정한 목적 외의 용도로 사용하거나 다른 사람 또는 기관에 제공하거나 누설하여서는 아니 된다.

20 「화재의 예방 및 안전관리에 관한 법률」상 청문에 관한 내용으로 옳게 고른 것은?

ㄱ. 소방안전관리자의 자격 취소
ㄴ. 소방안전관리자의 자격 정지
ㄷ. 진단기관의 지정 취소
ㄹ. 진단기관의 업무 정지

① ㄱ, ㄴ
② ㄴ, ㄷ
③ ㄱ, ㄷ
④ ㄴ, ㄹ

21 「화재의 예방 및 안전관리에 관한 법률」상 과태료에 관한 내용으로 100만원 이하의 과태료에 해당하는 것은?

① 소방훈련 및 교육을 하지 아니한 자
② 실무교육을 받지 아니한 소방안전관리자 및 소방안전관리보조자
③ 소방설비등의 설치 명령을 정당한 사유 없이 따르지 아니한 자
④ 소방안전관리업무를 하지 아니한 소방안전관리대상물의 소방안전관리자

22 「소방시설 설치 및 관리에 관한 법률」 및 같은 법 시행령 상 자체점검 결과 중대위반사항이 발견된 경우에 특정소방대상물의 관계인이 지체 없이 수리 등 필요한 조치를 하여야 하는 것으로 규정되어 있지 않은 것은?

① 소화펌프, 동력·감시 제어반 또는 소방시설용 전원의 고장으로 소방시설이 작동되지 않는 경우
② 가스누설경보기의 전원표시등에 점등이 되지 않거나 화재탐지기의 작동시 점멸이 되지 않는 경우
③ 소화배관 등이 폐쇄·차단되어 소화수(消火水) 또는 소화약제가 자동 방출되지 않는 경우
④ 방화문 또는 자동방화셔터가 훼손되거나 철거되어 본래의 기능을 못하는 경우

23 「소방시설 설치 및 관리에 관한 법률 시행령」상 특정소방대상물의 소방시설 설치의 면제 기준으로 옳지 않은 것은?

① 스프링클러설비를 설치해야 하는 전기저장시설에 소화설비를 소방청장이 정하여 고시하는 방법에 따라 설치한 경우에는 그 설비의 유효범위에서 설치가 면제된다.
② 비상경보설비 또는 단독경보형 감지기를 설치해야 하는 특정소방대상물에 자동화재탐지설비 또는 화재알림설비를 화재안전기준에 적합하게 설치한 경우에는 그 설비의 유효범위에서 설치가 면제된다.
③ 누전경보기를 설치해야 하는 특정소방대상물에 화재알림설비를 화재안전기준에 적합하게 설치한 경우에는 그 설비의 유효범위에서 설치가 면제된다.
④ 연소방지설비를 설치해야 하는 특정소방대상물에 스프링클러설비, 물분무소화설비 또는 미분무소화설비를 화재안전기준에 적합하게 설치한 경우에는 그 설비의 유효범위에서 설치가 면제된다.

24 「소방시설 설치 및 관리에 관한 법률 시행령」상의 특정소방대상물 중 근린생활시설을 설명한 것으로 옳지 않은 것은?

① 인터넷컴퓨터게임시설제공업의 시설로서 같은 건축물에 해당 용도로 쓰는 바닥면적의 합계가 500㎡ 미만인 것
② 종교집회장으로서 같은 건축물에 해당 용도로 쓰는 바닥면적의 합계가 300㎡ 미만인 것
③ 골프연습장, 물놀이형 시설(안전성검사의 대상이 되는 물놀이형 시설)로서 같은 건축물에 해당 용도로 쓰는 바닥면적의 합계가 500㎡ 미만인 것
④ 단란주점으로서 같은 건축물에 해당 용도로 쓰는 바닥면적의 합계가 200㎡ 미만인 것

25 「소방시설 설치 및 관리에 관한 법률 시행규칙」상 건축허가등의 동의 절차이다. ( )에 들어갈 적절한 숫자는?

> • 동의 요구를 받은 소방본부장 또는 소방서장은 건축허가등의 동의 요구서류를 접수한 날부터 (ㄱ)일[허가를 신청한 건축물 등이 특급 소방안전관리대상물인 경우에는 (ㄴ)일] 이내에 건축허가등의 동의 여부를 회신해야 한다.
> • 소방본부장 또는 소방서장은 동의요구서 및 첨부서류의 보완이 필요한 경우에는 (ㄷ)일 이내의 기간을 정하여 보완을 요구할 수 있다.

	ㄱ	ㄴ	ㄷ		ㄱ	ㄴ	ㄷ
①	7	14	5	②	10	14	3
③	5	10	4	④	3	5	3

소방전술 (25문항)

01 내부 화점 확인(연기·열에 의한 방법) 방법으로 옳지 <u>않은</u> 것은?

① 최상층의 창 등으로부터 분출속도가 약한 백색연기가 나오는 경우 : 아래층이 화점
② 공조설비를 정지 또는 없는 경우 : 연기가 있는 최하층을 확인
③ 연기가 가득한 경우 : 각층 계단실의 출입구 및 방화문을 폐쇄하고, 옥탑실 출입구 및 피난층 출입구를 개방하여 배연을 행하면서 확인
④ 옥외로 연기가 분출, 옥내로 연기가 있는 경우 : 공조설비 등을 즉시 정지

02 화재진행에 영향을 미치는 요인들로써 옳지 <u>않은</u> 것은?

① 유도등의 크기, 수 및 위치
② 최초 발화되는 가연물의 크기, 합성물의 위치
③ 구획실을 둘러싸고 있는 물질들의 열 특성
④ 추가적 가연물의 이용가능성 및 위치

03 소방활동 검토회의 대상으로 옳지 <u>않은</u> 것은?

① 재산피해 30억 발생은 소방본부 검토대상이다.
② 사상자 15명 발생은 소방본부 검토대상이다.
③ 이재민 110명 발생은 소방본부 검토대상이다.
④ 사망자 3명 발생은 소방서 검토대상이다.

04 화재의 진행단계에 대한 설명으로 옳지 <u>않은</u> 것은?

① 발화기 : 화재의 4요소들이 서로 결합하여 연소가 시작될 때의 시기를 말하며, 화염이 커짐에 따라 주위 공간으로부터 화염이 상승하는 공간으로 공기를 끌어들이기 시작한다.
② 성장기 : 중앙에 있는 가연물보다 구석에 있는 가연물이 더욱 더 적은 공기를 흡수하고, 가장 높은 화염온도를 지닌다.
③ 플래시오버 : 화염에서 발생한 복사열에 의해 가구 등 내장재가 인화점에 이르고 가연성 가스가 축척되면서 실내 전체가 한순간에 폭발적으로 화염에 휩싸이는 현상이다.
④ 최성기에는 구획실 연소에서는 산소공급이 잘 되지 않으므로 많은 양의 연소하지 않은 가스가 생성된다.

05 건물유형별 안전도 평가에 대한 설명으로 옳지 <u>않은</u> 것은?

① 내화구조 건물에서 화재와 연기가 확대될 수 있는 두 가지 통로는 창문과 지붕이다.
② 준 내화구조 건물의 붕괴 위험성은 바로 철재구조의 지붕 붕괴의 취약성에 달려 있다.
③ 벽돌, 돌 등 조적조 건물의 가장 위험한 붕괴요인은 벽이 붕괴되는 것이다.
④ 중량 목구조 건물의 약점은 지붕과 바닥 층을 지탱하는 트러스트 구조의 연결부분에 있다.

06 구조대상자 운반법에 대한 설명으로 옳은 것은?

① 메어서 운반구출 : 구조대상자의 부상부위가 허리부분인 경우는 피한다.
② 끈 운반구출 : 구조대상자의 부상부위가 허리 또는 복부부분의 경우는 피한다.
③ 모포 등을 이용하여 끌어당겨 구출 : 구조대상자는 낮은 위치에 있으므로 짙은 연기 중의 구출에 적합하다.
④ 1인 확보 운반구출 : 부상부위가 가슴부분 또는 허리부분의 경우 활용한다.

07 대상별 관창배치 요령으로 옳지 않은 것은?

① 일반목조건물 화재 방수구는 3구를 원칙으로 한다.
② 구획별 관창 배치에서 도로에 면하는 화재는 도로의 접하지 않는 쪽을 우선하여 배치하고 풍횡측, 풍상측의 순으로 포위한다.
③ 화재 최성기에는 연소 건물의 풍하측에 우선 배치하고 풍횡, 풍상측의 순으로 포위한다.
④ 풍속이 3m/sec 이하일 때는 풍하측의 연소위험이 크므로 풍하측을 중점으로 관창 배치한다.

08 환자에게 적절한 치료를 계속 제공하지 못한 것은?

① 태만 ② 유기
③ 면책 ④ 거절

09 3D 방수기법에 대한 설명으로 옳은 것은?

① 펜슬링, 페인팅 방수기법은 화재환경을 제한하고 통제하며 화점실까지 도달하게 도와주는 것이라면 펄싱 방수기법은 실제 화재진압용 기술이다.
② 숏펄싱은 1~2초 이내로 짧게 끊어서 방수하며, 물의 입자(0.3mm 이하)가 작을수록 효과가 높은 장점을 가지고 있다.
③ 미디움펄싱은 관창수는 화점실 진입 전 전면 상층부 연기층 및 간헐적 화염을 목표로 방수한다.
④ 롱펄싱은 건물내부에 진입하기 전 출입문 상부에 방수를 하여 물이 방수와 동시에 증발을 하는지 확인한다.

10 화재현장에서 발생한 사상자에 대한 설명으로 옳은 것은?

① 병원치료를 필요로 하지 않고 단순하게 연기를 흡입한 사람도 포함한다.
② 중상이란 3주 이상의 입원치료를 필요로 하는 부상이다.
③ 경상이란 부상자로 입원치료를 필요로 하는 자이다.
④ 화재현장에서 부상을 당한 후 48시간 이내에 사망한 경우에는 당해 화재로 인한 사망자로 본다.

11 다음 중 출동도중의 조치사항으로 옳은 것은?

① 사고발생 장소와 무선정보 등에 의한 출동지령 장소에 변경이 없는가를 확인
② 사고정보를 통하여 구출방법을 검토
③ 사고의 확대 등 위험요인과 구조활동 장애요인 여부
④ 필요시 진입로 확보를 위한 조치를 요청

12 로프의 재질에서 내충격력이 강한 것부터 순서대로 나열하세요.(Scale : Best=1, Poorest = 8)

㉠ 나일론	㉡ 마닐라 삼
㉢ 폴리에틸렌	㉣ 면
㉤ 폴리에스터	

① ㉠-㉤-㉢-㉡-㉣
② ㉢-㉡-㉠-㉤-㉣
③ ㉠-㉤-㉢-㉣-㉡
④ ㉠-㉢-㉤-㉡-㉣

13 하강기의 종류에 대한 설명으로 옳지 않은 것은?

① 8자하강기는 작고 가벼우면서도 견고하고 사용이 간편하다.
② 그리그리는 로프의 역회전을 방지할 수 있는 구조로 주로 확보용 장비이다.
③ 스톱하강기는 로프 두 가닥을 이용하여 하강 스피드를 조절해 준다.
④ 아이디는 고소작업 및 로프엑세스 작업용으로 제작된 개인 하강용 장비이다.

14 다음 로프에 대한 설명으로 옳은 것은?

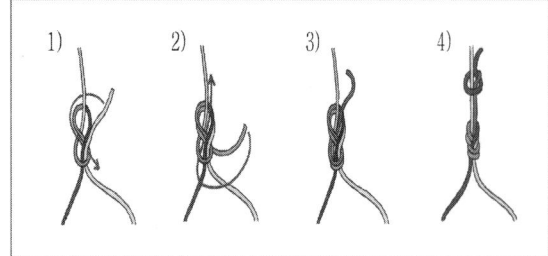

① 묶고 풀기가 쉬우며 같은 굵기의 로프를 연결하기에 적합한 매듭이다.
② 두 로프가 다른 로프를 묶고 당겨서 매듭부분이 맞물리도록 하는 방법이다.
③ 많은 힘을 받을 수 있고 힘이 가해진 경우에도 풀기가 쉬워 로프를 연결하거나 안전을 확보하기 위한 매듭으로 자주 사용된다.
④ 조여지지 않으므로 로프를 물체에 묶어 지지점을 만들거나 유도 로프를 결착하는 경우 등에 활용한다.

15 로프정리방법에 대한 설명으로 옳지 않은 것은?

① 한발감기 사리기 : 50~60m의 비교적 긴 로프를 사릴 때 사용하는 방법이다.
② 8자모양 사리기 : 나비형 사리기와 함께 로프가 꼬이지 않게 사리는 방법으로 풀 때 꼬이지 않는 장점이 있다. 굵고 뻣뻣한 로프나 와이어로프 등을 정리할 때 편리하다.
③ 사슬사리기 : 로프를 휴대하고 장거리를 이동하는 방법으로 먼저 로프를 나비모양으로 사리고 마무리하여 어깨에 맨다.
④ 둥글게 사리기 : 무릎이나 팔뚝을 이용하여 로프를 신속히 감아 나가는 방법으로 비교적 짧은 로프를 사릴 때 사용한다.

16 화재 시 콘크리트 온도에 대한 색깔 변화로써 옳은 것은?

① 290℃~590℃ : 붉은색이 회색으로 변색
② 590℃~900℃ : 연홍색이 붉은 색으로 변색
③ 900℃ 이상 : 석회암은 회색이 황갈색으로 변색
④ 230℃까지 : 정상

17 산악의 기상특성에 대한 설명으로 옳지 않은 것은?

① 고도가 높을수록 산의 기온은 내려가며 100m마다 0.6℃가 내려간다.
② 대량의 눈이 쌓인 지역에 기온이 올라가면 눈의 접착력이 약해지면서 눈의 밑바닥에서 슬립이 일어나 눈이 무너져 내리게 되는데 이를 표층 눈사태라 한다.
③ 산에서 만나는 안개는 입자가 더 크고 짙은 것이 특징이며, 산에서 안개를 만나면 활동을 중지하고 한 자리에 머물러야 한다.
④ 번개는 고적운과 적란운 그리고 태풍이 있을 때 일어난다. 통계상으로 번개는 바람이 약하고 기온이 높은 오후에 많이 발생한다.

18 개인방호복에 대한 내용으로 관계 깊은 것은?

> 헬멧과 방호복, 공기호흡기로 구성된다. 위험물질의 비산에 의하여 손상을 입을 수 있는 액체를 다룰 경우 사용한다. 장갑과 장화가 방호복과 일체형인 경우도 있고 분리된 장비도 있다.

① A급
② B급
③ C급
④ D급

19 제독에 대한 설명으로 옳지 않은 것은?

① 제독소는 Hot Zone 내에 위치하며 경계구역 설정과 동시에 설치하여야 한다.
② Red trap 입구에 장비수집소를 설치하고 손에 들고 있는 장비를 이곳에 놓도록 한다. 장비는 모아서 별도로 제독하거나 폐기한다.
③ Yellow trap으로 이동하여 솔과 세제를 사용하여 방호복의 구석구석(발바닥, 사타구니, 겨드랑이 등)을 세심하게 세척한다.
④ 긴급상황에서 사용하는 비상 제독은 소방호스를 이용하여 물 또는 세척제를 뿌려서 오염물질을 제거하는 것이며, 신경계 작용물질의 중독은 오염된 의복을 벗고 신선한 공기에 15분 동안 노출하는 것이다.

20 안전교육의 방법으로서 다음 내용과 관계없는 것은?

> ㉠ 경제적이며 시간이 절약된다.
> ㉡ 행동요소를 포함하는 기술교육에 적합하며, 이해도 측정이 용이하다.
> ㉢ 현실적인 문제의 학습이 가능하고 흥미있고 학습동기를 유발할 수 있다.

① 강의식교육
② 시범실습식 교육
③ 토의식 교육
④ 문제해결식 교육

21 환자와의 의사소통방법으로 옳지 않은 것은?

① 환자의 의식이 명료하며 대화에 기꺼이 응한다면 친구나 환자 주변인을 통하여 환자와 소통하도록 한다.
② 가능하다면 간결하고 분명한 어조로 대화를 해야 하며 전문용어는 피하도록 한다.
③ 폭력적인 환자는 대화가 불가능할 수 있으며 눈을 맞추거나 신체접촉과 같은 행동은 오히려 환자를 흥분시킬 수 있다.
④ 폭력 환자는 경찰이 오기 전에는 환자를 처치하거나 진입해서는 안 된다.

22 AIDS의 감염경로로 옳지 않은 것은?

① HIV에 감염된 혈액
② 성교
③ 수혈
④ 바이러스 감염

23 START분류법에서 환자상태에 따라 3가지 처치제공에 해당되지 않은 것은?

① 기도개방 및 입인두 기도기 삽관
② 맥박확인에 따른 혈압체크
③ 직접압박에 따른 지혈
④ 환자상태에 따른 팔다리거상

24 다음은 환자자세의 종류와 적용에 관한 사항으로 옳지 않은 것은?

① 호흡곤란이나 가슴통증 호소 환자는 보통 좌위나 앉은 자세를 취해준다.
② 머리나 척추 손상이 의심되는 환자는 긴 척추고정판으로 고정시킨 후 이송해야 한다.
③ 쇼크환자는 다리를 곧게 편 후 트렌델렌버그 자세로 이송한다.
④ 임신기간이 6개월 이상인 임산부는 좌측위로 이송해야 한다.

25 다음 중 명시적 동의 내용으로 옳은 것은?

① 긴급한 상황에만 국한된다.
② 미성년자 치료의 동의
③ 정신질환자의 동의
④ 구급대원이 제공하는 환자치료에 대해 그 내용을 알고 이해해야 한다.

최단기 소방승진 이패스 소방사관
www.kfs119.co.kr

※ 이 책은 저작권법에 의해 보호를 받는 저작물이므로 무단전재와 복제를 금합니다.
※ 본 교재의 저작권은 이패스코리아에 있습니다.

2025년 소방교 소방승진 제5회

응시번호	
성명	

【시험 과목】

편철순서	제1과목	제2과목	제3과목
과목명	소방법령 Ⅰ(25문항)	소방법령 Ⅱ(25문항)	소방전술(25문항)

응시자 준수사항

☞ 시험지를 받으면 "시험 감독관 또는 방송"의 안내에 따라 다음 사항을 반드시 지켜 주시기 바랍니다.

1. 시험지 표지의 응시번호 및 성명"을 기재하여 주십시오.

2. 시험이 시작되면 시험지의 "편철순서", "페이지 수량", "인쇄 상태"를 반드시 확인한 후에 문제를 푸십시오.
   ※ 본 시험지는 총 20페이지입니다.

3. 시험이 시작되면 문제를 주의 깊게 읽고, 문항의 취지에 가장 적합한 하나의 정답만을 고르십시오. 운영요원에게 문제 내용에 관한 질문은 하실 수 없습니다.

※ 본 시험지는 공개이므로 시험이 종료된 후 가지고 나갈 수 있습니다.

※ 본 표지는 실제 시험지를 모델로 제작되었습니다.

epasskorea

소방교 소방승진

제5회 모의고사

문 항 수 : 75문항
응시시간 : 75분

소방법령 Ⅰ (25문항)

01 소방공무원의 임용시기에 관한 내용으로 틀린 것은?

① 시보임용예정자가 소방공무원의 직무수행과 관련한 실무수습 중 사망한 경우 사망일의 전날에 임용한다.
② 소방공무원은 임용장 또는 임용통지서가 도달된 날에 임용된 것으로 본다.
③ 재직 중 순직한 경우 사망일의 전날을 임용일자로 하여 특별승진임용한다.
④ 사망으로 인한 면직은 사망한 다음 날에 면직된 것으로 본다.

02 소방공무원 근속승진의 계급별 소요기간으로 옳은 것은?

① 소방위 → 소방경 : 해당 계급에서 8년 이상 근속자
② 소방장 → 소방위 : 해당 계급에서 6년 이상 근속자
③ 소방교 → 소방장 : 해당 계급에서 4년 이상 근속자
④ 소방사 → 소방교 : 해당 계급에서 3년 이상 근속자

03 소방공무원 인사기록의 관리에 관한 내용으로 옳지 않은 것은?

① 기록의 말소는 인사기록카드상의 당해 처분기록에 말소된 사실을 표기하는 방법에 의한다.
② 소방공무원은 성명·주소 기타 인사기록의 기록내용을 변경하여야 할 정당한 사유가 있는 때에는 그 사유가 발생한 날부터 30일 이내에 소속 인사기록관리자에게 신고해야 한다.
③ 중앙소방학교장 및 지방소방학교장은 교육훈련을 받은 자의 교육훈련성적을 교육훈련을 마친 날로부터 10일 이내에 인사기록관리자에게 보고 또는 통보하여야 한다.
④ 소방공무원의 승진·전출 등으로 인사기록관리자가 변경된 경우 변경 전 인사기록관리자는 변경 후 인사기록관리자에게 3일 이내에 해당 소방공무원의 인사기록카드와 최근 3년간(소방위 이하의 소방공무원인 경우에는 최근 2년간)의 근무성적평정표 및 경력·교육훈련성적·가점 평정표 사본을 송부해야 한다.

04 소방청장이 시·도지사에게 위임할 수 있는 권한이 아닌 것은?

① 시·도 소속 소방경 이하의 소방공무원에 대한 임용권
② 소방정인 지방소방학교장에 대한 휴직, 직위해제, 정직 및 복직에 관한 권한
③ 경기도소방학교장에 대한 강등, 정직 및 복직에 관한 권한
④ 시·도 소속 소방령인 소방공무원에 대한 전보, 휴직에 관한 권한

05 징계위원회의 의결에 대한 심사 또는 재심사청구 제도의 내용으로 틀린 것은?

① 소방공무원의 징계의결을 요구한 기관의 장은 관할 징계위원회의 의결이 경(輕)하다고 인정할 때에는 그 처분을 하기 전에 직근 상급기관에 설치된 징계위원회에 심사 또는 재심사를 청구할 수 있다.
② 소방청 및 그 소속기관에 설치된 소방공무원 징계위원회의 의결에 대하여는 국무총리 소속으로 설치된 징계위원회에 재심사를 청구할 수 있다.
③ 국무총리 소속으로 설치된 징계위원회의 의결에 대하여는 해당 징계위원회에 재심사를 청구할 수 있다.
④ 징계의결등을 요구한 기관의 장은 심사 또는 재심사를 청구하려면 징계의결등을 통지받은 날부터 15일 이내에 징계의결등 심사(재심사) 청구서에 의결서 사본 및 사건 관계 기록을 첨부하여 관할 징계위원회에 제출해야 한다.

06 소방공무원 甲에 대한 징계처분 내용이 다음과 같을 때 견책, 감봉, 정직을 모두 말소하는 일자는?

- 2021년 2월 1일 : 견책 처분
- 2024년 1월 10일 : 감봉 1월 처분
- 2025년 9월 25일 : 정직 3월 처분

① 2034년 2월 1일   ② 2034년 7월 10일
③ 2036년 2월 1일   ④ 2036년 7월 10일

07 소방공무원 보통승진심사위원회에 관한 설명으로 옳지 않은 것은?

① 위원장을 포함한 위원 5명 이상 9명 이하로 구성한다.
② 소방청 보통승진심사위원회는 소방청과 그 소속기관 소방공무원의 소방정 이하 계급으로의 승진심사를 관할한다.
③ 보통승진심사위원회의 위원은 해당 승진심사기간 중에는 둘 이상의 계급에 대한 승진심사위원을 겸할 수 없다. 다만, 위원이 될 대상자가 부족한 경우 또는 특별승진심사나 근속승진심사를 하는 경우에는 그러하지 아니하다.
④ 위험직무순직공무원으로서 특별한 공적이 있다고 인정하는 사람에 대한 특별승진임용 여부를 심사하기 위한 위원회의 회의는 재적위원 3분의 2이상의 출석과 출석위원 과반수의 찬성으로 의결한다.

08 승진심사위원회가 승진심사대상에서 제외해야 할 사람을 모두 고르면?

㉠ 시험부정행위자
㉡ 징계의결 요구 중인 자
㉢ 시보임용 기간 중에 있는 사람
㉣ 정직 징계처분의 집행이 끝난 날부터 20개월이 지난 자
㉤ 「소방공무원교육훈련규정」에 따른 지휘역량교육을 이수하지 아니한 사람

① ㉠, ㉡, ㉢, ㉣, ㉤   ② ㉠, ㉡, ㉢, ㉤
③ ㉠, ㉢, ㉣, ㉤   ④ ㉡, ㉣

09 임용권자 또는 임용제청권자가 채용후보자명부의 유효기간의 범위안에서 기간을 정하여 임용 또는 임용제청을 유예할 수 있는 사유로 가장 옳지 않은 것은?

① 학업의 계속
② 임신, 출산 또는 육아를 하는 경우
③ 6월 이상의 장기요양을 요하는 질병이 있는 경우
④ 「병역법」에 따른 병역의무복무를 위하여 징집 또는 소집되는 경우

10 채용후보자명부의 등재순위에 관계없이 임용할 수 있는 경우가 아닌 것은?

① 채용후보자의 부양가족이 거주하고 있는 지역에 근무할 채용후보자를 임용하는 경우
② 6개월 이상 소방공무원으로 근무한 경력이 있거나 임용예정직위에 관련된 특별한 자격이 있는 사람을 임용하는 경우
③ 도서·벽지·군사분계선 인접지역 등 특수지역 근무희망자를 그 지역에 배치하기 위하여 임용하는 경우
④ 임용예정기관에 근무하고 있는 소방공무원 외의 공무원을 소방공무원으로 임용하는 경우

11 소방공무원의 교육훈련성적의 평정에 대한 설명으로 옳은 것은?

① 직장훈련성적은 직장훈련의 성적 중 평정 기준일 이전 1년간의 평정점을 말한다.
② 시보임용이 예정된 사람 또는 시보임용된 사람이 신임교육과정을 졸업한 경우에는 이를 임용예정계급에서 받은 전문교육훈련성적으로 보아 평정한다.
③ 관리역량교육과정을 수료한 소방경에게 부여하는 평정점은 4점이다.
④ 소방공무원 교육훈련기관 및 공무원교육훈련기관에서 실시하는 사이버교육 과정을 수료한 사람에게 전문능력성적을 부여한다.

12 소방공무원 고충심사위원회에 대한 설명으로 옳은 것은?

> ㉠ 소방청, 시·도 소방본부 및 대통령령으로 정하는 소방기관(중앙소방학교·중앙119구조본부·국립소방연구원·지방소방학교·서울종합방재센터·소방서·119특수대응단 및 소방체험관)에 소방공무원 고충심사위원회를 둔다.
> ㉡ 회의는 위원장과 위원장이 회의마다 지정하는 5명 이상 7명 이내의 위원으로 성별을 고려하여 구성한다. 이 경우 민간위원이 2분의 1 이상 포함되어야 한다.
> ㉢ 공무원위원은 청구인보다 상위 계급 또는 이에 상당하는 소속 공무원(지방공무원을 포함) 중에서 설치기관의 장이 임명한다.
> ㉣ 위원장은 설치기관 소속 공무원 중에서 인사 또는 감사 업무를 담당하는 과장 또는 이에 상당하는 직위를 가진 사람이 된다.

① ㉢
② ㉡, ㉢
③ ㉢, ㉣
④ ㉠, ㉡, ㉣

13 소방공무원의 징계양정 기준에 관한 내용으로 옳지 <u>않은</u> 것은?

① 의결 대상이 직무와 관련한 금품수수 비위 사건인 경우, 해당 비위와 관련된 감독자 및 그 비위행위의 제안·주선자도 엄중히 책임을 물어야 한다.
② 징계위원회는 서로 관련 없는 2개 이상의 비위가 경합될 때와 하나의 행위로 동시에 여러 종류의 비위가 발생한 때에는 그 중 책임이 무거운 비위에 해당하는 징계로 의결해야 한다.
③ 부작위 또는 직무태만으로 국민의 권익을 침해하거나 국가 재정상의 손실을 발생하게 한 비위 사건인 경우, 해당 비위와 관련된 감독자도 엄중히 책임을 물어야 한다.
④ 각급 징계위원회에서는 징계양정기준에 따라 당해 징계위원회 의결을 거쳐 구체적인 세부기준을 정하여 시행할 수 있다.

14 소방공무원의 계급정년에 대한 설명으로 틀린 것은?

① 징계로 강등된 계급의 계급정년은 강등되기 전 계급 중 가장 높은 계급의 계급정년으로 한다.
② 징계로 인하여 강등된 소방공무원의 계급정년을 산정할 때에는 강등되기 전 계급의 근무연수와 강등 이후의 근무연수를 합산한다.
③ 소방감의 계급정년은 4년, 소방령의 계급정년은 14년이다.
④ 소방청장은 전시, 사변, 그 밖에 이에 준하는 비상사태에서는 2년의 범위에서 계급정년을 연장할 수 있다. 이 경우 소방령 이상의 소방공무원에 대해서는 행정안전부장관의 제청으로 국무총리의 승인을 받아야 한다.

15 소방공무원을 신규채용할 때에 시보임용을 면제할 수 있는 경우는?

① 정규의 소방공무원이었던 자가 퇴직당시의 계급 또는 그 상위의 계급으로 임용되는 경우
② 시보임용예정자로서 소방청장이 정하는 교육훈련을 받은 경우
③ 소방학교 또는 각급 공무원교육원 기타 소방기관에 위탁하여 일정한 기간 직무수행에 필요한 교육훈련(실무수습을 포함한다)을 시킨 경우
④ 소방공무원으로서 소방공무원승진임용규정에서 정하는 상위계급에의 승진에 필요한 자격요건을 갖춘 자가 승진예정계급에 해당하는 계급의 공개경쟁채용시험에 합격하여 임용되는 경우

16 「소방공무원 승진임용 규정 시행규칙」상 소방공무원의 가점평정에 관한 내용으로 옳지 <u>않은</u> 것은?

① 가점평정하는 경우 그 가점합계는 5점 이내로 한다.
② 소방위가 1종대형운전면허를 취득한 경우 가점을 받지 못한다.
③ 소방경이 워드프로세서 자격증을 취득한 경우 0.3점을 받는다.
④ 가점평정에 필요한 세부기준은 대통령령으로 정한다.

17 소방공무원의 강임에 관한 내용으로 옳지 않은 것은?

① 소방공무원을 강임할 때에는 바로 하위계급에 임용하여야 한다.
② 강임된 사람에게는 강임된 봉급이 강임되기 전보다 많아지게 될 때까지는 강임되기 전의 봉급에 해당하는 금액을 지급한다.
③ 본인이 동의하여 강임된 공무원은 상위 직급에 결원이 생기면 우선 임용하여야 한다.
④ 동일계급에 강임된 자가 2인 이상인 경우의 우선 승진임용 순위는 강임일자 순으로 하되, 강임일자가 같은 경우에는 강임되기 전의 계급에 임용된 일자의 순에 의한다.

18 소방공무원법에 따른 인사교류에 의한 임용에 대한 설명으로 옳지 않은 것은?

① 시·도 소속 소방령 이하의 소방공무원의 연고지배치를 위하여 필요한 경우 시·도 상호 간 소방공무원의 인사교류계획을 수립하여 실시할 수 있다.
② 시·도 간 인력의 균형있는 배치와 소방행정의 균형있는 발전을 위하여 시·도 소속 소방령 이상의 소방공무원을 교류하는 경우 시·도 상호 간 소방공무원의 인사교류계획을 수립하여 실시할 수 있다.
③ 소방청장은 소방인력 관리를 위해 필요한 경우에는 소방청과 시·도 간 및 시·도 상호 간의 인사교류를 제한할 수 있다.
④ 시·도 상호 간 인사교류의 인원(연고지배치를 위하여 실시하는 인원을 제외)은 필요한 최소한으로 하되, 소방청장은 교류인원을 정할 때에는 미리 해당 시·도지사의 의견을 들어야 한다.

19 소방공무원의 근무성적평정에 대한 내용으로 옳지 않은 것은?

① 근무성적의 평정은 연 2회 실시하되, 매년 3월 31일과 9월 30일을 기준으로 한다.
② 소방공무원이 국외 파견 등 교육훈련으로 인하여 실제 근무기간이 1개월 미만인 경우에는 직무에 복귀한 후 첫 번째 정기평정을 하기 전까지 최근 2회의 근무성적평정결과의 평균을 해당 소방공무원의 평정으로 본다.
③ 근무성적은 평정대상자의 계급별로 평정결과가 (수) 20퍼센트, (우) 40퍼센트, (양) 30퍼센트, (가) 10퍼센트의 분포비율에 맞도록 평정하여야 함을 원칙으로 한다.
④ 소방공무원 승진임용 규정 시행규칙상 '근무성적의 평정자'(별표1)에도 불구하고 소방청장 또는 시·도 소방본부장은 평정자가 누구인지 특정하기 어려운 경우 평정자를 따로 지정할 수 있다.

20 다음 중 소방청장이 승진대상자명부를 작성하는 대상이 아닌 것은?

① 중앙119구조본부 소속의 소방경인 소방공무원
② 중앙소방학교 소속의 소방위인 소방공무원
③ 국립소방연구원 소속의 소방령인 소방공무원
④ 소방정인 지방소방학교장

21 경력 등 응시요건을 정하여 같은 사유에 해당하는 다수인을 대상으로 경쟁의 방법으로 채용하는 시험으로 소방공무원을 채용할 수 있는 경우로서 틀린 것은?

① 외국어에 능통한 사람을 소방경 이하 소방공무원으로 채용하는 경우
② 신체·정신상의 장애로 장기 요양이 필요하여 휴직하였다가 휴직기간이 만료되어 퇴직한 소방공무원을 퇴직한 날부터 3년 이내에 퇴직 시에 재직하였던 계급 또는 그에 상응하는 계급의 소방공무원으로 재임용하는 경우
③ 직위가 없어지거나 과원이 되어 퇴직한 소방공무원을 퇴직한 날부터 3년 이내에 퇴직 시에 재직하였던 계급 또는 그에 상응하는 계급의 소방공무원으로 재임용하는 경우
④ 5급 공무원의 공개경쟁채용시험이나 변호사시험에 합격한 사람을 소방령 이하의 소방공무원으로 임용하는 경우

22 소방 분야의 경력경쟁채용시험등에 응시할 수 있는 교육과정상 응시자격으로 옳지 않은 것은?

① 4년제 대학의 소방행정학과에 재학 중인 사람
② 2년제 이상 대학의 소방방재학과를 졸업한 사람
③ 고등학교의 소방 관련 학과를 졸업한 사람
④ 4년제 대학의 소방안전공학과에 재학했던 사람으로서 소방청장이 정하는 소방관련 과목을 45학점 이상 이수한 사람

23 소방청장은 다음 연도의 소방공무원 교육훈련에 관한 기본정책 및 기본지침을 수립하여 특별시장·광역시장·특별자치시장·도지사·특별자치도지사와 교육훈련기관의 장에게 언제까지 통보해야 하는가?

① 매년 12월 31일   ② 매년 10월 31일
③ 매년 11월 30일   ④ 매년 12월 20일

24 경력평정에 대한 설명으로 옳지 않은 것은?

① 연 2회 실시하되, 매년 3월 31일과 9월 30일을 기준으로 한다
② 승진소요최저근무연수가 경과된 소방정 이하의 소방공무원을 대상으로 한다
③ 소방경 계급의 기본경력은 평정기준일로부터 최근 2년간이다.
④ 징계처분의 집행에 따른 승진임용제한기간 및 소방공무원으로 신규임용될 사람이 받은 교육훈련기간은 경력평정대상기간에 포함한다.

25 소방공무원시험의 응시자격에 대한 설명으로 옳지 않은 것은?

① 소방공무원의 채용시험에 응시할 수 있는 신체조건으로서 시력은 두 눈의 맨눈 시력이 각각 0.3 이상이거나 교정 시력이 각각 0.8 이상이어야 한다.
② 소방공무원 공개경쟁시험에 있어서는 최종시험예정일이 속한 연도에 응시연령에 해당하여야 한다.
③ 소방간부후보생 선발시험 또는 소방사 공개경쟁채용시험에 응시하고자 하는 자는 제1종 운전면허 중 대형면허 또는 보통면허를 받은 자이어야 한다.
④ 소방교 경력경쟁채용시험의 응시연령은 20세 이상 40세 이하가 원칙이다.

소방법령 Ⅱ (25문항)

01 「소방기본법」상 위험시설 등에 대한 긴급조치를 할 수 있는 사람을 모두 열거한 것으로 옳은 것은?

① 소방대장
② 소방서장, 소방대장
③ 소방본부장, 소방서장 또는 소방대장
④ 소방청장, 소방본부장, 소방서장 또는 소방대장

02 「소방기본법」 및 같은 법 시행령상 손실보상의 내용으로 옳지 않은 것은?

① 강제처분에 따른 처분으로 인하여 손실을 입은 자도 손실보상의 대상이 된다.
② 소방청장 또는 시·도지사는 손실보상심의위원회의 심사·의결에 따라 정당한 보상을 하여야 한다.
③ 손실보상을 청구할 수 있는 권리는 손실이 있음을 안 날부터 3년, 손실이 발생한 날부터 5년간 행사하지 아니하면 시효의 완성으로 소멸한다.
④ 사망자의 보상금액 기준은 「의사상자 등 예우 및 지원에 관한 법률 시행령」에 따라 행정안전부장관이 결정하여 고시하는 보상금에 따른다.

03 「소방기본법 시행규칙」 제3조에 소방서의 119종합상황실장이 소방본부의 119종합상황실에 지체 없이 보고해야 하는 상황으로 규정된 것은?

① 사상자가 5인 이상 발생한 화재
② 이재민이 50인 이상 발생한 화재
③ 연면적 1만제곱미터 이상인 공장에서 발생한 화재
④ 항구에 매어둔 총 톤수가 1천톤인 선박에서 발생한 화재

04 「소방기본법」상 5년 이하의 징역 또는 5천만원 이하의 벌금에 처하는 경우에 해당하지 않는 것은?

① 소방자동차의 출동을 방해한 사람
② 위력을 사용하여 출동한 소방대의 화재진압·인명구조 또는 구급활동을 방해하는 행위를 한 사람
③ 소방활동을 위하여 긴급하게 출동할 때 소방활동에 방해가 되는 물건을 제거하거나 이동시키는 것을 방해한 자
④ 정당한 사유 없이 소방용수시설 또는 비상소화장치를 사용하거나 소방용수시설 또는 비상소화장치의 효용을 해치거나 그 정당한 사용을 방해한 사람

05 「소방기본법 시행규칙」상 소방활동장비 및 설비의 규격 및 종류와 기준가격에 관한 내용으로 옳은 것만 고른 것은?

ㄱ. 소방활동장비 중 화학소방차(고성능)는 240마력 이상일 경우 국고보조대상이 된다.
ㄴ. 소방활동장비 중 배연차(중형)는 240마력 이상일 경우 국고보조대상이 된다.
ㄷ. 국고보조산정을 위한 기준가격은 국내조달품의 경우 정부고시가격으로 한다.
ㄹ. 국고보조산정을 위한 기준가격은 수입물품의 경우 조달청에서 조사한 해외시장의 시가로 한다.
ㅁ. 국고보조산정을 위한 기준가격은 정부고시가격 또는 조달청에서 조사한 해외시장의 시가가 없는 물품의 경우 2 이상의 공신력 있는 물가조사기관에서 조사한 가격의 평균가격으로 한다.

① ㄱ, ㄴ, ㄷ, ㄹ
② ㄴ, ㄷ, ㄹ, ㅁ
③ ㄷ, ㄹ, ㅁ
④ ㄱ, ㄷ, ㅁ

06 「소방기본법 시행규칙」상 소방력의 동원 요청에 관한 내용으로 동원 요청 시 팩스 또는 전화 등의 방법으로 통지하여야 하는 사항을 고른 것으로 옳은 것은?

> ㄱ. 동원 요청 사실
> ㄴ. 동원을 요청하는 인력 및 장비의 규모
> ㄷ. 소방력 이송 수단 및 집결장소
> ㄹ. 소방활동을 수행하게 될 재난의 피해규모, 진행경로 등 소방활동에 필요한 정보

① ㄱ
② ㄱ, ㄴ
③ ㄱ, ㄴ, ㄷ
④ ㄱ, ㄴ, ㄷ, ㄹ

07 「소방기본법」상 소방산업의 육성·진흥 및 지원 등에 관한 내용으로 옳지 않은 것은?

① 국가는 소방산업의 육성·진흥을 위하여 필요한 계획의 수립 등 행정상·재정상의 지원시책을 마련하여야 한다.
② 국가는 소방산업과 관련된 기술의 개발을 촉진하기 위하여 기술개발을 실시하는 자에게 그 기술개발에 드는 자금의 전부나 일부를 출연하거나 보조할 수 있다.
③ 국가가 기관이나 단체로 하여금 소방기술의 연구·개발사업을 수행하게 하는 경우에는 필요한 경비를 지원하여야 한다.
④ 국가는 소방기술 및 소방산업의 국제경쟁력과 국제적 통용성을 높이기 위하여 소방기술 및 소방산업의 국제 협력을 위한 조사·연구사업을 추진하여야 한다.

08 「소방기본법 시행규칙」상 한국119청소년단의 사업 범위 등에 관한 내용으로 사업의 범위에 해당하는 것을 고른 것으로 옳은 것은?

> ㄱ. 한국119청소년단 단원의 선발·육성과 활동 지원
> ㄴ. 한국119청소년단의 활동·체험 프로그램 개발 및 운영
> ㄷ. 한국119청소년단의 활동과 관련된 학문·기술의 연구·교육 및 홍보
> ㄹ. 한국119청소년단 단원의 교육·지도를 위한 전문인력의 향상교육
> ㅁ. 관련 기관·단체와의 경영 협의

① ㄱ, ㄴ, ㄷ
② ㄱ, ㄷ, ㄹ
③ ㄴ, ㄷ, ㄹ
④ ㄱ, ㄹ, ㅁ

09 「소방기본법 시행령」상 운행기록장치 장착 소방자동차의 범위에 관한 내용으로 운행기록장치를 장착하여야 하는 소장자동차를 고른 것으로 옳은 것은?

> ㄱ. 소방펌프차   ㄴ. 소방물탱크차
> ㄷ. 소방화학차   ㄹ. 소방고가차(消防高架車)
> ㅁ. 유인방수차   ㅂ. 구급차

① ㄱ, ㄴ, ㄷ, ㄹ
② ㄴ, ㄷ, ㄹ, ㅁ
③ ㄱ, ㄷ, ㄹ, ㅁ
④ ㄷ, ㄹ, ㅁ, ㅂ

10 「소방기본법 시행규칙」상 운행기록장치 데이터의 보관, 운행기록장치 데이터 등의 제출, 운행기록장치 데이터의 분석·활용 등에 관한 내용으로 옳지 않은 것은?

① 소방청장, 소방본부장 및 소방서장은 소방자동차 운행기록장치에 기록된 데이터를 6개월 동안 저장·관리해야 한다.
② 소방청장은 소방자동차의 안전한 운행 및 교통사고 예방을 위하여 소방본부장 또는 소방서장에게 운행기록장치 데이터 및 그 분석 결과 등 관련 자료의 제출을 요청할 수 있다.
③ 소방본부장 또는 소방서장은 자료의 제출을 요청받은 경우에는 소방청장 또는 소방본부장에게 해당 자료를 제출해야 한다.
④ 소방청장 또는 소방본부장은 운행기록장치 데이터 중 과속, 급감속, 급출발 등의 운행기록을 점검·분석해야 한다.

11 「소방기본법 시행령」상 손실보상심의위원회 위원의 제척·기피·회피에 관한 내용으로 제척 대상에 해당하는 경우를 고른 것으로 옳은 것은?

> ㄱ. 위원 또는 그 배우자나 배우자였던 사람이 심의 안건의 청구인인 경우
> ㄴ. 위원이 심의 안건의 청구인과 친족이거나 친족이었던 경우
> ㄷ. 위원이 심의 안건에 대하여 증언, 진술, 자문, 용역 또는 감정을 한 경우
> ㄹ. 위원에게 공정한 심의·의결을 기대하기 어려운 사정이 있는 경우

① ㄱ, ㄴ, ㄷ
② ㄱ, ㄴ, ㄹ
③ ㄱ, ㄷ, ㄹ
④ ㄴ, ㄷ, ㄹ

12 「소방기본법 시행령」상 과태료 부과기준에 관한 내용으로 괄호 안에 들어갈 단어로 옳은 것은?

> 1. 일반기준
> 가. 위반행위의 횟수에 따른 과태료의 가중된 부과기준은 최근 (㉠) 같은 위반행위로 과태료 부과처분을 받은 경우에 적용한다. 이 경우 기간의 계산은 위반행위에 대하여 (㉡)과 그 처분 후 다시 같은 위반행위를 하여 적발된 날을 기준으로 한다.
>
> 2. 개별기준

위반행위	근거 법조문	과태료 금액(만원)		
		1회	2회	3회 이상
법 제21조의2제2항을 위반하여 전용구역에 차를 주차하거나 전용구역에의 진입을 가로막는 등의 방해행위를 한 경우	법 제56조제3항	(㉢)	(㉣)	(㉤)

	㉠	㉡	㉢	㉣	㉤
①	1년간	위반이 적발된 날	50	100	150
②	1년간	과태료 부과처분을 받은 날	50	100	100
③	3년간	위반이 적발된 날	50	100	100
④	3년간	과태료 부과처분을 받은 날	100	150	200

13 「화재의 예방 및 안전관리에 관한 법률」 및 같은 법 시행령 상 화재예방강화지구 화재안전조사에 설명으로 옳지 않은 것은?

① 소방관서장은 대통령령으로 정하는 바에 따라 화재예방강화지구 안의 소방대상물의 위치·구조 및 설비 등에 대하여 화재안전조사를 연 1회 이상 실시할 수 있다.
② 소방관서장은 화재예방강화지구 안의 관계인에 대하여 대통령령으로 정하는 바에 따라 소방에 필요한 훈련 및 교육을 실시할 수 있다.
③ 소방관서장은 소방에 필요한 훈련 및 교육을 실시하려는 경우에는 화재예방강화지구 안의 관계인에게 훈련 또는 교육 10일 전까지 그 사실을 통보해야 한다.
④ 시·도지사는 화재예방 강화를 위하여 필요한 사항 등을 행정안전부령으로 정하는 화재예방강화지구 관리대장에 작성하고 관리해야 한다.

14 「화재의 예방 및 안전관리에 관한 법률 시행령」상 기체연료를 사용하는 보일러의 경우 준수사항으로 적절하지 않은 것은?

① 연료를 공급하는 배관은 금속관으로 할 것
② 화재 등 긴급 시 연료를 차단할 수 있는 개폐밸브를 연료용기 등으로부터 0.5미터 이내에 설치할 것
③ 보일러가 설치된 장소에는 가스누설경보기를 설치할 것
④ 보일러에 연료를 공급하는 배관에는 여과장치를 설치할 것

15 「화재의 예방 및 안전관리에 관한 법률 시행령」상 특수가연물의 저장·취급 기준에 관한 설명이다. ( ) 안에 적절한 것은? (석탄·목탄류를 발전용으로 저장하는 경우는 제외)

> 살수설비를 설치하거나 방사능력 범위에 해당 특수가연물이 포함되도록 대형수동식소화기를 설치하는 경우, 쌓는 높이는 (ㄱ)미터 이하, 쌓는 부분의 바닥면적은 (ㄴ)제곱미터 [석탄·목탄류의 경우에는 (ㄷ)제곱미터] 이하가 되도록 할 것

	ㄱ	ㄴ	ㄷ
①	15	150	200
②	15	200	300
③	10	150	200
④	10	200	300

16 「화재의 예방 및 안전관리에 관한 법률」 및 같은 법 시행령 상 화재안전영향평가심의회에 관한 설명으로 옳지 않은 것은?

① 심의회는 위원장 1명을 포함한 12명 이내의 위원으로 구성한다.
② 위원은 화재안전과 관련되는 법령이나 정책을 담당하는 관계 기관의 소속 직원으로서 대통령령으로 정하는 사람 및 소방기술사 등 대통령령으로 정하는 화재안전과 관련된 분야의 학식과 경험이 풍부한 전문가로서 소방청장이 위촉한 사람으로 한다.
③ 심의회의 업무를 효율적으로 수행하기 위하여 심의회에 분야별로 전문위원회를 둘 수 있다.
④ 시행령에서 규정한 사항 외에 심의회의 운영 등에 필요한 사항은 행정안전부령으로 정한다.

17 「화재의 예방 및 안전관리에 관한 법률」 및 같은 법 시행령상 특정소방대상물의 관계인 등의 의무에 대한 설명으로 옳지 않은 것은?

① 소방안전관리대상물의 관계인은 소방안전관리자가 소방안전관리업무를 성실하게 수행할 수 있도록 지도·감독하여야 한다.
② 소방안전관리자는 인명과 재산을 보호하기 위하여 소방시설·피난시설·방화시설 및 방화구획 등이 법령에 위반된 것을 발견한 때에는 지체 없이 소방안전관리대상물의 관계인에게 소방대상물의 개수·이전·제거·수리 등 필요한 조치를 할 것을 요구하여야 하며, 관계인이 시정하지 아니하는 경우 소방청장에게 그 사실을 알려야 한다.
③ 소방안전관리자로부터 조치요구 등을 받은 소방안전관리대상물의 관계인은 지체 없이 이에 따라야 하며, 이를 이유로 소방안전관리자를 해임하거나 보수의 지급을 거부하는 등 불이익한 처우를 하여서는 아니 된다.
④ 소방청장, 소방본부장 또는 소방서장은 관계인 등의 소방안전관리 업무 수행에 관한 사항에 대하여 화재안전조사를 실시한다.

18 「화재의 예방 및 안전관리에 관한 법률 시행령」상 시행계획의 수립·시행 및 세부시행계획의 수립·시행에 관한 내용으로 괄호 안에 들어갈 단어로 옳은 것은?

> 가. 소방청장은 기본계획을 시행하기 위한 계획을 계획 시행 전년도 (㉠)까지 수립해야 한다.
> 나. 소방청장은 관계 중앙행정기관의 장과 특별시장·광역시장·특별자치시장·도지사 또는 특별자치도지사에게 기본계획 및 시행계획을 각각 계획 시행 전년도 (㉡)까지 통보해야 한다.
> 다. 통보를 받은 관계 중앙행정기관의 장 및 시·도지사는 세부시행계획을 수립하여 계획 시행 전년도 (㉢)까지 소방청장에게 통보해야 한다.

	㉠	㉡	㉢
①	10월 31일	12월 31일	12월 31일
②	10월 31일	11월 30일	11월 30일
③	10월 31일	11월 30일	12월 31일
④	10월 31일	10월 31일	12월 31일

19 「소방시설의 설치 및 관리에 관한 법률 시행령」상 소방시설의 분류로 옳지 않은 것은 몇 개인가?

> ㄱ. 소화용수설비 : 상수도소화용수설비, 연결송수관설비
> ㄴ. 소화활동설비 : 연소방지설비, 비상콘센트설비
> ㄷ. 경보설비 : 무선통신보조설비, 자동화재속보설비
> ㄹ. 피난구조설비 : 완강기, 휴대용비상조명등
> ㅁ. 소화설비 : 소화수조·저수조, 가스자동소화장치

① 1개 ② 2개
③ 3개 ④ 4개

20 「소방시설의 설치 및 관리에 관한 법률 시행령」상 수용인원 산정방법으로 옳은 것은?

① 침대가 없는 숙박시설은 해당 특정소방대상물의 종사자 수에 숙박시설 바닥면적의 합계를 1.9㎡로 나누어 얻은 수를 합한 수로 한다.
② 강의실 용도로 쓰는 특정소방대상물은 해당 용도로 사용하는 바닥면적의 합계를 3㎡로 나누어 얻은 수로 한다.
③ 종교시설의 경우 긴 의자의 경우에는 의자의 정면너비를 0.45m로 나누어 얻은 수로 한다.
④ 바닥면적을 산정할 때에는 복도, 계단 및 화장실의 바닥면적을 포함한다.

21 「소방시설의 설치 및 관리에 관한 법률 시행령」상 비상조명등을 설치해야 하는 특정소방대상물에 해당하지 않는 것은? (창고시설 중 창고 및 하역장, 위험물 저장 및 처리 시설 중 가스시설 및 사람이 거주하지 않거나 벽이 없는 축사 등 동물 및 식물 관련 시설은 제외)

① 터널로서 그 길이가 500m 이상인 것
② 지하층을 포함하는 층수가 5층 이상인 건축물로서 연면적 3천㎡ 이상인 경우에는 모든 층
③ 지하층을 포함하는 층수가 5층 이상인 건축물로서 연면적 3천㎡ 이상인 경우에 해당하지 않는 특정소방대상물로서 그 지하층 또는 무창층의 바닥면적이 450㎡ 이상인 경우에는 해당 층
④ 수용인원 100명 이상의 영화상영관, 판매시설 중 대규모점포, 철도 및 도시철도 시설 중 지하역사, 지하상가

22 「소방시설의 설치 및 관리에 관한 법률 시행령」상 임시소방시설을 설치해야 하는 공사의 종류와 규모에 관한 설명으로 옳지 않은 것은?

① 간이소화장치는 연면적 2천㎡ 이상인 공사의 화재위험작업현장에 설치한다.
② 비상경보장치는 연면적 400㎡ 이상인 공사의 화재위험작업현장에 설치한다.
③ 가스누설경보기는 바닥면적이 150㎡ 이상인 지하층 또는 무창층의 화재위험작업현장에 설치한다.
④ 간이피난유도선은 바닥면적이 150㎡ 이상인 지하층 또는 무창층의 화재위험작업현장에 설치한다.

23 「소방시설의 설치 및 관리에 관한 법률 시행령」상 건축허가등을 할 때 규모와 관계없이 소방본부장 또는 소방서장의 동의를 받아야 하는 시설은?

① 학교시설 ② 주차시설
③ 방송용 송수신탑 ④ 노유자 시설

24 「소방시설 설치 및 관리에 관한 법률 시행규칙」상 신고된 성능위주설계에 대한 검토·평가에 관한 내용으로 옳지 않은 것은?

① 성능위주설계의 신고를 받은 소방서장은 필요한 경우 보완 절차를 거쳐 소방청장 또는 관할 소방본부장에게 성능위주설계 평가단의 검토·평가를 요청해야 한다.
② 검토·평가를 요청받은 소방청장 또는 소방본부장은 요청을 받은 날부터 20일 이내에 평가단의 심의·의결을 거쳐 해당 건축물의 성능위주설계를 검토·평가하고, 성능위주설계 검토·평가 결과서를 작성하여 관할 소방서장에게 지체 없이 통보해야 한다.
③ 성능위주설계 신고를 받은 소방서장은 신기술·신공법 등 검토·평가에 고도의 기술이 필요한 경우에는 중앙위원회에 심의를 요청할 수 있다.
④ 중앙위원회는 요청된 사항에 대하여 14일 이내에 심의·의결을 거쳐 성능위주설계 검토·평가 결과서를 작성하고 관할 소방서장에게 지체 없이 통보해야 한다.

25 「소방시설 설치 및 관리에 관한 법률」 및 같은 법 시행령 상 소방시설기준 적용의 특례 및 강화된 소방시설기준의 적용대상에 관한 내용으로 강화된 소방시설기준의 적용대상에 해당하는 것을 고른 것으로 옳은 것은?

> ㄱ. 「국토의 계획 및 이용에 관한 법률」 제2조 제9호에 따른 공동구에 설치하는 소화기, 자동소화장치, 자동화재탐지설비, 통합감시시설, 유도등 및 연소방지설비
> ㄴ. 전력 및 통신사업용 지하구에 설치하는 소화기, 자동소화장치, 자동화재탐지설비, 통합감시시설, 유도등 및 연소방지설비
> ㄷ. 노유자 시설에 설치하는 스프링클러설비, 자동화재탐지설비 및 단독경보형 감지기
> ㄹ. 의료시설에 설치하는 간이스프링클러설비, 화재조기진압용 스프링클러설비, 자동화재탐지설비 및 자동화재속보설비

① ㄱ, ㄴ
② ㄱ, ㄴ, ㄷ
③ ㄴ, ㄷ, ㄹ
④ ㄱ, ㄴ, ㄷ, ㄹ

소방전술 (25문항)

01 다음은 백드래프트와 관계있는 것을 모두 고르세요.

> ㉠ 자유연소 ㉡ 훈소 ㉢ 산소부족
> ㉣ 폭발현상 ㉤ 열축적 ㉥ 산소공급원활
> ㉦ 성장기, 감퇴기 ㉧ 성장기 마지막단계

① ㉡㉢㉣㉦
② ㉠㉡㉣㉤㉦
③ ㉡㉢㉣㉦㉧
④ ㉡㉣㉥

02 알람밸브가 작동될 때 그 원인을 찾는 5단계 활동으로 다음 내용과 관계 깊은 것은?

> 건물 위층부터 검색을 시작한다. 검색분대는 꼭대기 층에서부터 계단을 내려오면서 각 층 입구에서 물소리나 연기 냄새가 나는지 확인해야 한다.

① 1단계   ② 2단계
③ 3단계   ④ 4단계

03 고층건물화재 진압전술에 대한 설명으로 옳지 <u>않은</u> 것은?

① 측면공격은 정면공격이 실패한 경우 적용할 수 있는 유용한 공격 전략으로 보고 있고 정면공격이 시행되고 있는 동안 보조적 수단으로도 실행될 수 있다.
② 화점층이 고층인 경우 소방대 진입은 엘리베이터 사용이 안전하다고 판명되는 경우 화재층을 기점으로 2층 이하까지 이용하고 화점층으로의 진입은 옥내특별피난계단을 활용한다.
③ 화재 시 짙은 연기의 흐름은 공조시스템 차단을 통해 굴뚝효과를 막을 수 없다.
④ 진입대의 활동거점은 화점 직상층의 특별피난계단 부속실에 확보하는 것을 원칙으로 한다.

04 지휘권을 확립하는 데 필요한 8단계 필수적 행동요소에서 다음 내용을 순서대로 나열하세요.

> ㉠ 지휘소가 설치되어 있다면 그곳을 활용하고, 아니면, 가능한 지휘소를 설치 운영한다.
> ㉡ 화재 현장의 의사결정에서 가장 중요한 것 중 하나는 화재가 더 이상 지역 사회에 위협이 되지 않는 시점을 결정하고 선언하는 것이다.
> ㉢ 지휘권 확립의 첫 출발은 현장에 도착한 즉시 무전으로 자신이 지휘를 하게 된다.
> ㉣ 화재에 대한 현재 상황을 평가한 후 미래의 상황을 주기적으로 평가·예측하여 예비적 현황정보를 각 출동대에 송신한다.
> ㉤ 가능한 한 신속하게 현장에 도착하기 전에 선착한 현장지휘관과 연락하여 현재까지의 상황정보를 파악한다.

① ㉢-㉠-㉤-㉣-㉡
② ㉠-㉢-㉤-㉣-㉡
③ ㉡-㉠-㉢-㉤-㉣
④ ㉤-㉢-㉠-㉣-㉡

05 현장지휘관의 책임완수를 위해 요구되는 능력으로서 의사결정능력에 해당되는 것은?

① 스트레스관리
② 표준대응방법의 개발
③ 고독한 방랑자관리
④ 중간점관리

06 사고예방대책의 기본원리 5단계 중 3단계는?

> ㉠ 분석 평가 ㉡ 안전조직 ㉢ 사실의 발견
> ㉣ 시정책의 적용 ㉤ 시정방법의 선정

① ㉢   ② ㉠
③ ㉣   ④ ㉡

07 고가·굴절사다리차 안전수칙에 대한 설명으로 옳지 않은 것은?

① 고가차는 지표 경사면이 5도 초과 시 아웃트리거 및 차량을 보호하기 위해 오토 레벨링 동작이 제한된다.
② 고가 및 굴절 사다리차는 무게중심이 일반적으로 아래쪽에 있다.
③ 전선이 가까운 곳에서 작업할 때에는 최소한 5m의 거리를 유지하여야 한다.
④ 사다리 작업 시 풍속이 8m/s 이상 되면 사다리가 더 이상 움직이지 않게 시스템이 작동되어 있다.

08 다음 내용에서 설명이 옳지 않은 것은?

① 무선통신은 보안에 취약하므로 구조대상자의 신상을 송신하지 않도록 한다.
② 초기수색은 현장에 있던 주민으로부터 필요한 정보를 얻어 구조대상자가 생존할 가능성이 가장 큰 곳부터 실시한다.
③ 지휘자는 현장의 상황에서 구출방법, 구출순서의 결정, 대원의 임무부여 후 구출행동을 이행하고 사고현장에 위험물, 전기, 가스 등 복합적인 위험요인이 혼재하는 경우에는 위험이 큰 장애로부터 순차적으로 제거하면서 구조활동을 전개한다.
④ 수색구조에 있어서 구조활동은 ① 수색 ② 구조 ③ 위험평가 ④ 응급의료의 순서로 진행된다.

09 위험예지훈련에 대한 설명으로 다음 내용에서 1~4라운드까지 순서대로 바르게 된 것은?

> ㉠ 당신이라면 어떻게 할 것인가.
> ㉡ 어떠한 위험이 잠재하고 있는가.
> ㉢ 우리들은 이렇게 한다.
> ㉣ 이것이 위험의 요점이다.

① ㉡-㉣-㉠-㉢
② ㉣-㉠-㉢-㉡
③ ㉡-㉠-㉣-㉢
④ ㉣-㉡-㉠-㉢

10 화학보호복(레벨A) 착용순서로서 다음 내용 중에서 마지막 사항은?

> ㉠ 화학보호복 하의를 착용한다.
> ㉡ 공기조절밸브호스를 공기호흡기에 연결한다.
> ㉢ 공기호흡기 면체를 목에 걸고 등지게를 착용한다.
> ㉣ 공기호흡기 실린더를 개방한다.
> ㉤ 화학보호복 안면창에 성애방지제를 도포한다.

① 공기호흡기 면체를 목에 걸고 등지게를 착용한다.
② 화학보호복 하의를 착용한다.
③ 공기호흡기 실린더를 개방한다.
④ 공기조절밸브호스를 공기호흡기에 연결한다.

11 자동차사고 시 구조차량의 주차에 대한 설명으로써 옳은 것은?

① 구조대원이 활동할 수 있도록 15m 정도의 공간을 확보하고 주차한다.
② 구조차량 주차는 사고 장소의 전면에 주차하는 것이 좋다.
③ 신속한 구조를 위하여 양방향의 차로 통행로는 통제하는 것이 좋다.
④ 유도표지의 설치범위는 도로의 제한속도와 반비례한다.

12 위험물 사고현장 구급활동에 대한 설명으로써 옳은 것은?

① 오염구역에서 척추손상 환자 발생 시 빠른 환자 이동 후 척추고정을 적용한다.
② 오염 통제구역은 오염구역과 안전구역 사이에 위치해 있으며 제독 텐트 및 필요 시 펌프차량 등이 위치해 오염을 통제하는 구역이다.
③ 오염통제구역 내 구급처치는 기본인명소생술로 기도, 호흡, 순환(지혈), 경추고정, CPR, 전신중독 평가 및 정맥로 확보가 포함된다.
④ 오염통제구역은 현장지휘소 및 인력·자원 대기소 등 현장활동 지원을 하는 구역으로 구급대원이 활동하는 구역이기도 하다.

13 에어백 사용법 및 주의사항에 대한 설명으로서 옳은 것은?

① 커플링으로 공기용기와 압력조절기, 에어백을 연결할 때 스패너, 렌치 등 장비를 활용하도록 한다.
② 2개의 백을 사용하는 경우 작은 백을 위에 놓고 위의 백을 먼저 부풀려 위치를 잡고 균형유지에 주의하면서 두 개의 백을 교대로 부풀게 한다.
③ 에어백을 부풀리기 전에 버팀목을 준비해 두어야 한다.
④ 2개의 에어백을 겹쳐 사용하면 부양능력이 증가한다.

14 잠수용어에 대한 설명으로 옳지 않은 것은?

① 실제잠수시간 : 수면에서 하강하여 최대수심에서 활동하다가 상승을 시작할 때까지의 시간을 말한다.
② 안전정지 : 모든 스쿠버잠수 후 상승할 때에 수심 5m 지점에서 약 5분간 정지하여 상승속도를 완화한다.
③ 최대잠수가능조정시간 : 최대 잠수 가능시간에서 잔류질소 시간을 뺀 나머지 시간이다.
④ 감압정지와 감압시간에서 감압은 얼굴 정 중앙이 지시된 수심에 위치하여야 한다.

15 매듭관리에 대한 내용으로 옳지 않은 것은?

① 될 수 있으면 매듭의 크기가 작은 방법을 선택한다. 매듭부분으로 기구, 장비 등을 통과시켜야 하는 경우가 있기 때문이다.
② 매듭의 끝 부분이 빠지지 않도록 주매듭을 묶은 후 절반매듭 등으로 다시 마감해 준다.
③ 끝 부분이 빠지지 않도록 충분한 길이를 남겨두어야 하는데 매듭에서 로프 끝까지 11~20cm 정도 남겨 두도록 한다.
④ 묶기 쉬워야 하고 사용 후 간편하게 해체할 수 있어야 한다.

16 구조대의 종류에서 다음 내용과 관계 깊은 것은?

> 대형·특수 재난사고의 구조, 현장 지휘 및 지원 등을 위하여 소방청 또는 소방본부에 설치하되, 소방본부에 설치하는 경우에는 시·도의 규칙으로 정하는 바에 따른다.

① 특난구조대 ② 직할구조대
③ 테러대응구조대 ④ 국제구조대

17 구조활동의 우선순위로서 2번째 사항은?

> ㉠ 구명 ㉡ 정신적·육체적 고통경감
> ㉢ 피해의 최소화 ㉣ 신체구출

① 정신적·육체적 고통경감
② 구명
③ 신체구출
④ 피해의 최소화

18 화재발생과 관련하여 콘크리트 원리와 특성에 대한 설명으로 옳지 않은 것은?

① 화재발생 시 290℃에서는 표면균열, 540℃에서는 균열 심화된다.
② 900℃ 이상이면 회색이 황갈색으로 변색된다.
③ 표면온도와 콘크리트 내부의 온도 차이에 의한 열팽창률 차이에 따라 내부 응력이 발생하고 이 열응력이 콘크리트의 압축강도 보다 커지면 균열이 발생한다.
④ 철근콘크리트에 있어서 철근의 열팽창률이 콘크리트에 비해 20% 작기 때문에 철근과 결합력이 상실되어 강도가 저하되고 붕괴의 원인이 된다.

19 초기대응(LAST)에 대한 설명으로 다음 내용과 관계 깊은 것은?

> 구조대상자를 위험상황에서 구출하고 부상이 있으면 적절한 응급처치를 한다.

① 1단계 : 현장 확인 ② 2단계 : 접근
③ 3단계 : 상황의 안정화 ④ 4단계 : 후송

20 주 들것 사용 시 유의사항으로 옳지 <u>않은</u> 것은?

① 환자의 머리가 진행방향으로 먼저 와야 하며 대원 모두 진행방향을 향해 위치해야 한다.
② 가능하다면 주 들것의 바퀴를 이용해 환자를 이동시킨다.
③ 바닥이 고르지 못하다면 4명의 대원이 주 들것의 네 모서리에 위치해 환자를 이동시킨다.
④ 대원이 2명이라면 한명은 머리 쪽, 다른 한명은 다리 쪽에서 이동시켜야 하며 대원은 서로 마주보아야 한다.

21 들것의 종류 중 다음 내용과 관계없는 것은?

> ① 손잡이는 세 군데 혹은 네 군데에 있으며 보관할 때 쉽게 접히거나 말린다.
> ② 주로 고지대·저지대 구출용과 산악용으로 사용된다.
> ③ 척추손상이나 하체손상 환자 그리고 기도 유지를 못하는 의식장애 환자에게 사용해서는 안 된다.

① 바스켓형 들것 ② 의자형 들것
③ 가변형 들것   ④ 접이식 들것

22 환자의 중증도 분류에서 다음 내용과 관계<u>없는</u> 것은?

> ㉠ 손상이 전신적 증상이나 반응이 발생하더라도 적절한 조치를 행할 경우 즉각적인 위험 없이 45~60분 정도 견딜 수 있는 상태
> ㉡ 대량 재난시에 임상적 및 생물학적 사망이 명확히 구분되지 않는 상태와, 자발 순환이나 호흡이 없는 모든 무반응의 상태
> ㉢ 생명을 위협할만한 쇼크 또는 저산소증이 나타나거나 임박한 경우

① 긴급환자   ② 비응급환자
③ 응급환자   ④ 지연환자

23 죽음에 대한 정서적 반응에서 순서대로 나열된 것은?

① 부정 - 협상 - 분노 - 우울 - 수용
② 부정 - 우울 - 분노 - 협상 - 수용
③ 부정 - 분노 - 협상 - 우울 - 수용
④ 부정 - 협상 - 우울 - 분노 - 수용

24 구급차 현장 최초 도착 시 배치요령으로 옳은 것은?

① 구급차량의 전면이 주행차량의 전면을 향한 경우에는 경광등과 전조등을 끄고 비상등만 작동시킨다.
② 차량화재가 있는 경우에는 화재차량으로부터 600~800m 밖에 위치시킨다.
③ 폭발물이나 유류를 적재한 차량으로부터 30m 밖에 위치한다.
④ 화학물질이나 유류가 누출되는 경우에는 물질이 유출되어 흘러내리는 방향으로 위치시킨다.

25 인체 해부학적 기본용어에 대한 설명으로 옳은 것은?

① 중간선 : 중앙겨드랑이선으로 인체를 나누어 앞과 뒤를 구분한 것이다.
② 앞/뒤 : 코에서 배꼽까지 수직으로 내린 선으로 인체를 좌우로 나눈다.
③ 안쪽/가쪽 : 몸통에 가까이 있는지 멀리 있는지를 나타낸다.
④ 해부학적 자세 : 전면을 향해 서있는 자세로 손바닥은 앞으로 향하고 양팔은 옆으로 내린 상태

최단기 소방승진 이패스 소방사관
www.kfs119.co.kr

※ 이 책은 저작권법에 의해 보호를 받는 저작물이므로 무단전재와 복제를 금합니다.
※ 본 교재의 저작권은 이패스코리아에 있습니다.

2025년 소방승진(소방교) 공개경쟁체용시험 답안지

2025년 소방승진(소방교) 공개경쟁채용시험 답안지

2025년 소방승진(소방교) 공개경쟁채용시험 답안지

2025년 소방승진(소방교) 공개경쟁채용시험 답안지

2025 소방승진 소방교 파이널 봉투모의고사 <정오표>

(250902기준)

페이지	교정 전	교정 후
P.41	**3회 해설 <21번>** <남아 있는 환자 중에서 우선순위를 분류> 설명 박스	삭제
P.66	**5회 해설 <9번>** <자동노출> 하위 설명	삭제

이상 끝.